Andrea Funck
Verborgene Wissenschaft?

Edition Museum | Band 22

Für meine Mutter

Andrea Funck (Dr.), geb. 1976, leitet die Restaurierungswerkstätten am Landesmuseum Württemberg. Sie promovierte an der Staatlichen Akademie der Bildenden Künste Stuttgart im Fach Konservierung und Restaurierung. Ihre Forschungsschwerpunkte sind Vermittlung von restauratorischen Inhalten an Museen, Ausstellungs- und Vitrinenplanung sowie -technik und Präventive Konservierung.

Andrea Funck

Verborgene Wissenschaft?

Restaurierung als Vermittlungsthema in Museen

[transcript]

Dissertation der Staatlichen Akademie der Bildenden Künste Stuttgart zur Erlangung des Grades eines Doktors der Philosophie vorgelegt von Dipl. Rest. (FH) Andrea Funck M.A.

Tag der Promotionsprüfung: 11.11.2015

Rektorin: Petra von Olschowski

1. Betreuende und begutachtende Person: Prof. Volker Schaible, Staatliche Akademie der Bildenden Künste Stuttgart, Studiengang Konservierung und Restaurierung

2. Betreuende und begutachtende Person: Prof. Dr. Annette Noschka-Roos, TU München School of Education, Fachgebiet Museumspädagogik

Bibliografische Information der Deutschen Nationalbibliothek
Die Deutsche Nationalbibliothek verzeichnet diese Publikation in der Deutschen Nationalbibliografie; detaillierte bibliografische Daten sind im Internet über http://dnb.d-nb.de abrufbar.

Umschlagkonzept: Kordula Röckenhaus, Bielefeld
Umschlagabbildung: willma... / Photocase.de
Printed in Germany
Print-ISBN 978-3-8376-3601-7
PDF-ISBN 978-3-8394-3601-1

Gedruckt auf alterungsbeständigem Papier mit chlorfrei gebleichtem Zellstoff.
Besuchen Sie uns im Internet: *http://www.transcript-verlag.de*
Bitte fordern Sie unser Gesamtverzeichnis und andere Broschüren an unter: *info@transcript-verlag.de*

Inhalt

Danksagung

Zum Gelingen meiner Dissertation und zu ihrer Veröffentlichung haben einige Personen wesentlich beigetragen, denen ich zu Dank verpflichtet bin, allen voran meine »Doktoreltern« Herr Professor Volker Schaible und Frau Professorin Dr. Annette Noschka-Roos, die diese Arbeit überhaupt erst ermöglicht haben.

Volker Schaible danke ich in diesem Zusammenhang für die restauratorischen Fachdiskussionen und die kritische Sicht auf unser restauratorisches Selbstbild und berufsethisches Verständnis. Möge diese Arbeit ihn dazu animieren, seinen reichhaltigen Erfahrungsschatz niederzuschreiben.

Annette Noschka-Roos gebührt besonderer Dank für ihren ausdauernden Einsatz, mir das zunächst gänzlich neue und abstrakte Feld der Besucherforschung nahegebracht zu haben. Sie öffnete mir den Blick auf den Besucher – eine spannende Erfahrung für mich als Restauratorin.

Darüber hinaus danke ich meinem Arbeitgeber, dem Landesmuseum Württemberg, namentlich Frau Professorin Dr. Cornelia Ewigleben, die mir ermöglichte, die dieser Arbeit zugrunde liegenden Evaluierungen am Haus durchzuführen. Danken möchte ich auch der Abteilung Kommunikation und Kulturvermittlung (besonders Dr. Heike Scholz, Tanja Karrer und Nina Baier) für die Kooperationsbereitschaft und dafür, dass ich meine Fragen in ihre Besucherstrukturanalyse einfügen durfte. Den Professoren Stephan Ferdinand und Eckhard Wendling von der Hochschule der Medien Stuttgart sei für die Entwicklung der hier betrachteten Filme und für den fachlichen Austausch gedankt.

Ein besonders großes Dankeschön gilt »meinen« Restauratoren am Landesmuseum. Sie haben mich über viele Jahre in meinem Vorhaben unterstützt, die Entstehung der Filme begleitet und mit großem Einsatz Führungen geleitet. Dass die Angebote im Landesmuseum von den Besuchern so hervorragend bewertet wurden, liegt v.a. an ihrer Art der Vermittlung. Mein Dank gilt überdies den drei Interviewerinnen Sabine Beck, Stefanie Göltz und Eva Habermehl, die mit viel

Charme und Geschick die Besucher zur Teilnahme an den Evaluierungen bewegen konnten.

Ferner möchte ich den vielen Fachkollegen für den wertvollen Austausch, die Hinweise auf Vermittlungstätigkeiten und v.a. für die Teilnahme an der Onlinebefragung danken.

Dank außerdem an Leena Flegler und Dr. Christine Krinn: Obwohl nicht in der Museumsbranche beheimatet, haben sie die richtigen Fragen gestellt und somit nicht nur sprachlich zum Verständnis dieser Arbeit beigetragen.

Mein Dank gebührt v.a. aber meinem Lebensgefährten Dr. Markus Speidel. Er brachte mich auf die Idee, meine beiden Studiengänge Restaurierung und Kulturmanagement inhaltlich zu verknüpfen, und unterstützte mich in der Folge fachlich wie auch persönlich.

Stuttgart, den 29. Februar 2016

1. Einleitung

Die Restaurierung von Museumsobjekten geschieht in der Regel vom Besucher[1] verborgen in den hauseigenen Werkstätten. Meist weist lediglich ein Schild in einer Vitrine auf den Verbleib eines Objekts zum Zweck der Restaurierung hin. Anders ist dies in der Denkmalpflege. Hier werden Maßnahmen, z.B. die Restaurierung eines Saals in einem Schloss, schon einmal unter den Augen der Öffentlichkeit durchgeführt; ein Gerüst vor der Außenseite eines Gebäudes lädt den Passanten zur Betrachtung ein, und häufig erläutern angebrachte Schilder geplante Maßnahmen (vgl. Zacher 1994: 78 ff.). Zum Thema Restaurierung von Baudenkmälern und Öffentlichkeit gibt es bereits einige, wenn auch nicht allzu viele Veröffentlichungen. Noch viel weniger zahlreich sind Publikationen zur Vermittlung von Restaurierungstätigkeiten an Museen. Angesichts der Tatsache, dass Museen in den vergangenen Jahren vermehrt Vermittlungsarbeit in ihren Restaurierungswerkstätten anbieten, ist dies erstaunlich.

In den letzten Jahrzehnten ist eine deutliche Zunahme von Museumsbesuchen in Deutschland zu verzeichnen. Für das Jahr 1990 wurden 100 Millionen, im Jahr 2000 105 Millionen und 2013 gar 113 Millionen Museumsbesuche deutschlandweit gezählt. Trotz dieses Zuwachses erreichen die deutschen Museen nur knapp die Hälfte der Bevölkerung; nur jeder Dritte zählt zu den regelmäßigen Museumsgängern. Da aber parallel auch die Anzahl der Museen gewachsen ist, relativieren sich diese Steigerungsraten, während sich gleichzeitig der Konkurrenzdruck zwischen den Museen erhöht (vgl. Graf 2003: 73 f.). Gründe für den Zuwachs bzw. das Sinken von Besucherzahlen in einzelnen Museen sind

1 In der vorliegenden Arbeit wird, sofern nicht anders gekennzeichnet, zugunsten der Lesbarkeit auf die weibliche Funktionsbezeichnung verzichtet. Bei der Verwendung von männlichen Formen ist somit im Geiste immer auch die weibliche Entsprechung hinzuzufügen.

vor allen Dingen große Sonderausstellungen, gefolgt von erweiterter Öffentlichkeitsarbeit und Museumspädagogik sowie die Eröffnung neuer Museums- und Ausstellungsräume bzw. ein Neubau (vgl. Graf 2003: 74).

Der Wandel an Museen – die Öffnung der Häuser für ein breiteres Besucherspektrum, aber auch der eben beschriebene Konkurrenzdruck und die Bemühungen um steigende Besucherzahlen in den vergangenen Jahrzehnten – hat vor den Restauratoren bzw. Restaurierungswerkstätten keinen Halt gemacht. Ein Großteil der Häuser versucht inzwischen, auch restauratorische Inhalte zu vermitteln. Was wird angeboten und wie oft? Was ist der Grund hierfür? Von wem gehen die Impulse für die Vermittlung aus? Dies soll im Rahmen einer Umfrage an deutschen Museen eruiert werden.

Angebote in Restaurierungswerkstätten durchzuführen erfordert einen hohen Zeit- und Personalaufwand. Um unnötige Arbeit zu vermeiden, sollte noch vor dem Ergreifen jedweder Maßnahme – der Planung und Umsetzung von ausgewählten Angeboten – zunächst in Erfahrung gebracht werden, ob die Besucher überhaupt ein grundsätzliches Interesse am Themenfeld Restaurierung aufweisen. Daneben ist es für die Entwicklung der Inhalte von restauratorischen Angeboten wichtig zu wissen, welches Vorwissen die Besucher zu dem Thema mitbringen. Eine vorgeschaltete Evaluierung hilft dabei, die Museumsbesucher und potenziellen Nutzer von Vermittlungsangeboten besser kennenzulernen und die entsprechenden Vermittlungsinstrumente zu optimieren oder gegebenenfalls anzupassen. Eine Evaluierung zweier konkreter Maßnahmen am Landesmuseum Württemberg (im Folgenden mit dem eingeführten Akronym »LMW« bezeichnet) – Führungen in den Restaurierungswerkstätten und Dokumentarfilme über Themen der Restaurierung im Rahmen der Dauerausstellung »Legendäre-MeisterWerke« – soll zu den oben genannten Punkten beispielhaft Aufschluss geben.

Die Erkenntnis über Nutzen, Verständnis und Gefallen unterschiedlicher Maßnahmen dient nicht nur den Restauratoren, sondern auch anderen Tätigkeitsbereichen am Museum; doch v.a. Restauratoren selbst erkennen die bereits von ihnen geleistete Öffentlichkeitsarbeit gar nicht als solche an. Dabei liegen deren Vorteile nicht nur darin, zum Meinungsbild in der Besucherschaft aktiv beizutragen, sondern auch ihre Rolle im eigenen Haus sowie unter Fachkollegen zu professionalisieren.

Dieser Anspruch wiederum ist untrennbar mit dem Selbstverständnis und dem Berufsbild der Restauratoren verknüpft. Zunächst muss folglich klar werden, welche Rolle und Bedeutung den Restauratoren in heutigen Museen zukommt. Ihre Position ist lediglich aus einer historischen Entwicklung heraus zu begreifen, insofern muss zunächst die Entstehung von Museen und deren Umgang mit und der Erhalt von Objekten betrachtet werden. Die Rolle des Restaurators hat sich im Lauf der Zeit enorm gewandelt. Um sein heutiges Selbstverständnis, seine Berufsethik und damit auch seinen Umgang mit der Öffentlichkeit besser nachvollziehen zu können, soll dieses Selbstverständnis ebenfalls durchleuchtet werden. Dafür sind grundlegende Begriffsklärungen notwendig.

Die vorliegende Arbeit richtet sich vornehmlich an Restauratoren in Museen und soll ihnen ein besseres Verständnis für den Nutzen der eigenen restauratorischen Angebote an Museen sowie für interagierende Berufsgruppen und deren Vermittlungstätigkeiten wecken. Ziel der berufsbezogenen Selbstreflexion soll außerdem die Professionalisierung des Berufsbilds des Restaurators an Museen und in der Öffentlichkeit sowie ein besseres gegenseitiges Verständnis der Berufsgruppen innerhalb eines Museums sein. Dieses Nachdenken über sich selbst ist zwangsläufig wichtig, wenn der Restaurator glaubwürdig und nachhaltig vermitteln will, wer er ist, was seine Rolle sowie seine Aufgaben sind und worauf er abzielt. Auf der anderen Seite soll die vorliegende Arbeit aber auch anderen Berufsgruppen im Museum – insbesondere den Kollegen aus der Vermittlung, Pädagogik und Öffentlichkeitsarbeit – dabei helfen zu verstehen, welche Anliegen Restauratoren an Museen verfolgen und welche Ziele sie bezwecken. Zu guter Letzt soll auch die Möglichkeit geschaffen werden, die Sicht und das Verständnis des Besuchers zu verdeutlichen, um dadurch Vermittlungsangebote in Restaurierungswerkstätten zu entwickeln bzw. bereits vorhandene zu optimieren.

2. Ziele der Arbeit und methodisches Vorgehen

Ziel der vorliegenden Arbeit ist die Betrachtung des Themas »Vermittlung von restauratorischen Inhalten in Museen«. Diese findet – begründet im Museumsboom sowie der inhaltlichen Weiterentwicklung von Museen in den letzten Jahrzehnten – vermehrt statt, weshalb es sinnvoll erscheint, die Art der Maßnahmen, ihre Durchführung und Qualität genauer unter die Lupe zu nehmen. Denn was genau bringt die Vermittlung für die Restaurierungstätigkeit am Museum mit sich? Welches Selbstverständnis liegt zugrunde, wie sieht die Vermittlungspraxis aus? Mit dieser Arbeit soll der Versuch unternommen werden, das Thema anhand von drei Kernbereichen und mithilfe entsprechender Zielfragen zu untersuchen.

Zunächst ist festzustellen, dass zahlreiche Restaurierungswerkstätten an deutschen Museen bereits heute Inhalte an interessierte Besucher vermitteln. In einem ersten, allgemeinen Teil der Arbeit sollen demnach zunächst folgende Fragestellungen behandelt werden: Wird in Restaurierungswerkstätten in deutschen Museen restauratorisches Wissen vermittelt, von wem geht die Initiative aus und, wenn vermittelt wird, was sind die Angebote, wie häufig stehen sie zur Verfügung, und was ist der Grund für die Vermittlungstätigkeiten in der Restaurierung?

Ob sich die Besucher grundsätzlich für Themen der Restaurierung interessieren, wie die Angebote angenommen werden und wie die Besucherstrukturen sind, wird in einem zweiten Teil der Arbeit untersucht. Diese Fragestellungen sollen am eigenen Haus – dem LMW, das sich in den letzten Jahren vermehrt der Aufgabe zu stellen versucht, restauratorische Inhalte systematisch zu vermitteln – differenziert nachgegangen werden.

Im dritten Untersuchungsteil der Arbeit wird tiefer in die Vermittlungstätigkeiten des LMW vorgedrungen. Anhand zweier Angebote zum Thema Restaurierung – drei Filme in der Dauerausstellung und Führungen in den Restaurierungswerkstätten – werden folgende Fragen geprüft: Wie ausgeprägt ist das Interesse von Teilnehmern speziell an den restauratorischen Angeboten? Wie unterscheiden sich die Rezipienten der jeweiligen Angebote? Befürworten die Besucher eine Vermittlung im Bereich der Restaurierung? Wie kann man die Angebote verbessern? Diese aufgeführten Zielfragen zum Thema Restaurierung und Vermittlung an Museen sollen anhand eines dreiteiligen Untersuchungsverfahrens (siehe Grafik 1) beantwortet werden.

Hierfür werden zunächst Restaurierungswerkstätten an deutschen Museen mithilfe von online erhobenen Expertenaussagen zu öffentlichkeitswirksamen Maßnahmen in der Restaurierung, deren Häufigkeit und Zweck durchleuchtet (siehe Grafik 1, »Allgemeiner Teil«).

Der zweite Teil untersucht mithilfe einer Besucherstrukturanalyse in der Dauerausstellung »LegendäreMeisterWerke« des LMW die Besucherstruktur und allgemeine Fragen zu Restaurierung (siehe Grafik 1, »Besucherforschung am LMW«).

Im dritten Teil werden zwei Vermittlungsangebote in den Restaurierungswerkstätten des LMW auf Basis von insgesamt 86 Interviews mit dem Ziel evaluiert, Gefallen, Verständnis und Verbesserungsmöglichkeiten zu erfragen (siehe Grafik 1, »Evaluierung am LMW«).

Grafik 1: Dreistufiges Erhebungsverfahren der Arbeit

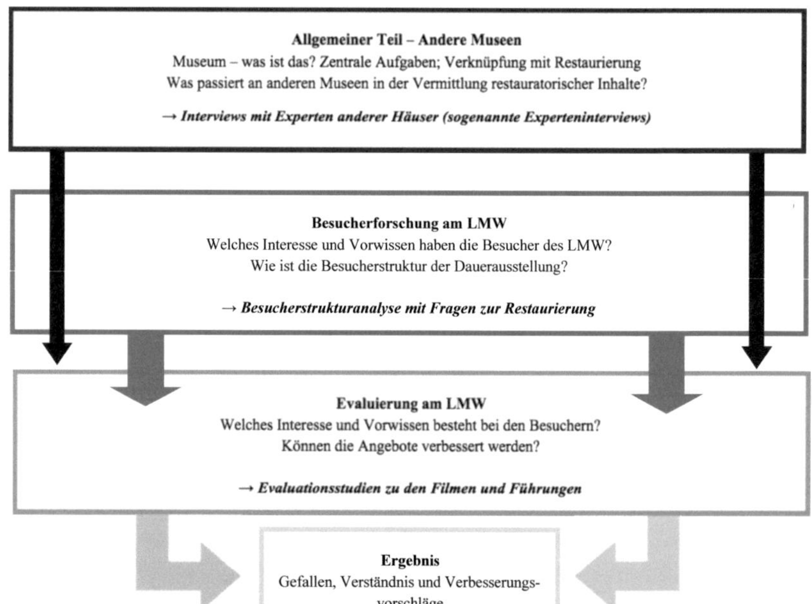

Gliederung der Arbeit

Kapitel 3 soll nach den einleitenden Kapiteln 1 und 2 das Thema genau eingrenzen und nochmals verdeutlichen, welche Inhalte in der Arbeit behandelt werden und welche aber auch unbearbeitet bleiben müssen.

In Kapitel 4 werden zunächst Museen und ihre Aufgaben im Wandel der Zeit, ihre Funktion und Geschichte sowie die Rolle der Restaurierung beschrieben. Vor diesem Hintergrund wird sich zeigen, warum gerade jetzt das Thema »Restaurierung und Öffentlichkeit« und die damit verbundene Vermittlung restauratorischer Inhalte in Museen an Relevanz gewonnen hat. Doch führen das Öffnen von Museen für eine breitere Öffentlichkeit, pädagogische Angebote, zielgruppenspezifisches Marketing, Sponsoring und Fundraising sowie das Erreichen hoher Besucherzahlen zur Etablierung neuer Berufsgruppen in Museen und zu veränderten Funktionen von bereits bestehenden Arbeitsfeldern?

Zahlreiche Beispiele verdeutlichen, dass Besuchern deutscher Museen restauratorische Inhalte bereits vermittelt werden. Wo werden welche restauratorischen Inhalte vermittelt, auf welche Weise und auf welcher Grundlage? Diese Fragen führen zum zweiten Schwerpunkt der Arbeit (Kapitel 5). In diesem werden die Tätigkeiten eines Restaurators am Museum erläutert, ohne dabei die hiermit einhergehenden Spannungsfelder auszulassen. Wie bereits einleitend erwähnt, ist die Vermittlung restauratorischer Inhalte untrennbar verbunden mit dem Berufsbild des Restaurators. Das Selbstverständnis des Restaurators wird anhand seiner berufsethischen Grundsätze verdeutlicht. Deren Komplexität und teilweise Inhomogenität sollen ebenfalls in Kapitel 5 zur Sprache kommen.

Welche Formate werden für die Vermittlung restauratorischer Inhalte eingesetzt? Diese werden in Kapitel 6 dargelegt, das wie bereits aufgeführt den Sachstand aufzeigen und Formen der Vermittlung, Hintergründe und Ziele dieser Maßnahmen aus Sicht der Restauratoren beschreiben soll.

Am LMW bestehen seit vielen Jahren Angebote zum Thema Restaurierung. Wie setzen sich die Restaurierungswerkstätten zusammen? Welche Maßnahmen ergreifen die Restauratoren zur Vermittlung ihrer Inhalte? Kapitel 7 stellt diese vor. Darüber hinaus sollen die Ergebnisse der Besucherstrukturanalysen dargelegt werden, die in den Dauerausstellungen des Museums erhoben wurden.

Kapitel 8 erläutert das Thema »Besucherforschung in Museen«, dient dem Verständnis der gewählten Methodik und bildet die Grundlage für Kapitel 9: Welche Begrifflichkeiten werden verwendet? Wie hat sich die Besucherforschung entwickelt, und was sind ihre Gegenstandsfelder?

Kapitel 9 selbst behandelt die Vorstellung der beiden untersuchten Vermittlungsangebote – Filme und Führungen –, deren Inhalte, Positionierung und Botschaften. Außerdem wird das Evaluierungsdesign auf Grundlage des vorangegangenen Kapitels beschrieben. Daneben sind die Durchführung der Evaluation, die Konzeption des Interviewleitfadens und die Auswertung Inhalte dieses Kapitels.

Das darauffolgende Kapitel 10 fasst die Ergebnisse der Evaluierung zusammen. Wer sind die Besucher? Welches Interesse und Vorwissen zum Thema Restaurierung bringen die Betrachter der Filme bzw. Teilnehmer der Führungen mit? In weiteren zwei Kapiteln wird den Fragen nachgegangen, wie das Interesse der Befragten am jeweiligen Angebot, ihr Verständnis und ihre Wertung ausfallen.

Welche Verbesserungsmöglichkeiten schlagen die Betrachter der Filme und Teilnehmer der Führungen vor? Ferner wird ein Vergleich der Evaluierung mit der Besucherstrukturanalyse und den Ergebnissen der Evaluierung nach Interesse der Besucher angestellt.

Mit der Diskussion der Ergebnisse sowie den Schlussfolgerungen (Kapitel 11), in denen Empfehlungen für den Umgang mit der Vermittlung restauratorischer Inhalte an Museen ausgesprochen und deren Vorteile, aber auch Probleme geschildert werden, sowie dem Gesamtfazit (Kapitel 12) endet die Arbeit.

3. Abgrenzung des Themas

Die vorliegende Arbeit soll neue Möglichkeiten der Verknüpfung von Restaurierung, Vermittlung und Öffentlichkeitsarbeit in Museen aufzeigen; dennoch müssen viele spannende Aspekte unangetastet bleiben.

Im Zuge der Arbeit werden zwei Angebote in der Restaurierung des LMW untersucht. Darüber hinausgehende Maßnahmen wie Führungen in Ausstellungen und Vorträge oder spezielle Kinderprogramme können leider aus Gründen des Umfangs nicht berücksichtigt werden.

Außerdem wird das Thema »Vermittlung von restauratorischen Inhalten« nur an Museen behandelt, nicht jedoch in der Denkmalpflege oder in Schlösserverwaltungen, obwohl es auch hier zahlreiche interessante Beispiele für Öffentlichkeitsarbeit von Restauratoren und museale Ausstellungstätigkeiten gibt. Doch die Restaurierung in der Denkmalpflege und in Schlösserverwaltungen ist in der Regel grundlegend anders organisiert; die Restaurierung wird häufig vor den Augen der Besucher umgesetzt, was zu einer wesentlich unmittelbareren Auseinandersetzung mit den Besuchern führt. In Museen findet die Restaurierung in der Regel hinter verschlossenen Werkstatttüren statt, außer sie wird als »Live-Restaurierung« gezielt in die Ausstellungsbereiche verlegt.

Daneben kann auch die Geschichte der Denkmalpflege und Schlösserverwaltungen nicht zusätzlich behandelt werden. Dennoch lassen sich die Ergebnisse der Evaluierung auf Restaurierungswerkstätten anderer Einrichtungen übertragen.

Ferner bleiben die restauratorischen Vermittlungstätigkeiten in Archiven und Bibliotheken in dieser Arbeit unbeachtet. Auch wird es nicht um die Vermittlung restauratorischer Inhalte von freiberuflichen Restauratoren gehen können, obwohl auch diese mit jedem Kundenkontakt automatisch Öffentlichkeitsarbeit für den Berufsstand betreiben.

Im Zuge der Arbeit werden die Verbände der Restauratoren, die Restaurierungsethik, Ausbildung und Studium, die Rolle der Restauratoren an Museen und deren mittelbare oder unmittelbare Auswirkung auf die museale Arbeit und Vermittlungstätigkeiten thematisiert. Allerdings können diese Bereiche nur angeschnitten werden; indes wäre jeder eine eigene weiterführende wissenschaftliche Arbeit wert, insbesondere die Diskussion um restaurierungsethische Grundsätze in der Museumsarbeit.

V.a. auf die Geschichte der Restaurierung – besonders im Kontext der ureigenen Aufgaben von Museen (Ausstellen, Forschen, Sammeln und Bewahren) – und dies unter besonderer Berücksichtigung der einzelnen Fachbereiche kann ebenfalls nicht im Detail eingegangen werden.

Daneben kann auch die öffentliche Wahrnehmung der Restaurierung nicht Teil dieser Arbeit sein, auch wenn ihre Betrachtung in den Printmedien (Zeitungen, Zeitschriften) und im Fernsehen sowie in den Neuen Medien wie Facebook, Twitter, auf Blogs und Homepages interessant wäre. Außerdem würde sich beispielsweise die Frage stellen, welches Bild der Restaurierung bei (potenziellen) Geldgebern und politischen Mandatsträgern vorherrscht, da diese in der Regel über das Fortbestehen und die Höhe der finanziellen Mittel für Restaurierungsarbeiten entscheiden.

4. Museen und der Wandel ihrer Aufgaben

Bei dem Versuch, sich dem Thema Restaurierung und seiner Vermittlung an die Öffentlichkeit zu nähern, fällt auf, dass es sich um eine – im Verhältnis zum Bestehen von Museen – verhältnismäßig junge Disziplin handelt. Dies macht einen Blick auf die Funktionen und Aufgaben von Museen gestern wie heute erforderlich. Dabei muss die Geschichte der Museen mit der Geschichte der Ausstellung und des Vermittelns gemeinsam betrachtet werden – das eine bestand und besteht auch heute noch nicht ohne das andere. Das Thema »Restaurieren in Museen« tritt dabei allerdings kaum in Erscheinung. Das mag unter Umständen daran liegen, dass das Restaurieren an sich keiner der vier Funktionen eines Museums – Sammeln, Forschen, Bewahren und Ausstellen/Vermitteln – entspricht. Es wird zwar in der Regel dem Bewahren zugeteilt, doch sowohl dem Bewahren als auch dem Restaurieren wird in der allgemeinen Museumsgeschichtsschreibung selten Beachtung geschenkt. Und doch ist die Fachkompetenz des Restaurators auch im Bereich des Sammelns (z.B. in Form von Empfehlungen zum Thema Erhalt der Materialien oder Authentizität der Objekte) und Ausstellens (z.B. als Fachplaner in Fragen zum Thema präventive Konservierung) gefragt. Aber auch im Bereich der Forschung können Restauratoren ihre Arbeit gewinnbringend einsetzen (z.B. durch Materialanalysen, kunsttechnologische Untersuchungen).

Bei der Restaurierung handelt es sich um eine Fachwissenschaft mit der Kernaufgabe, die Objekte eines Museums für die nachfolgenden Generationen zu bewahren. Meist vollzieht sich diese Aufgabe im Verborgenen. Dies ändert sich zusehends – die Restaurierung tritt an die Öffentlichkeit. Die Vermittlung der Tätigkeiten an ein interessiertes Publikum bedeutet Zeitaufwand – Zeit, die v.a. aufgrund von Stellenabbau und dem Hinzukommen anderer Tätigkeiten (häufiger Ausstellungsauf- und -abbau) sowie von regem Leihverkehr fehlt.

Heute werden bei der Frage nach den Aufgaben eines Museums das Sammeln, Forschen, Bewahren und Ausstellen/Vermitteln genannt. Zusammengefasst und erläutert finden sich diese Aufgaben in den »Standards für Museen«

des Deutschen Museumsbunds (DMB) und des ICOM.[1] Allerdings sind diese Bereiche nicht seit jeher Aufgaben der Museen. Das hat verschiedene Ursachen. So ist mit dem Sammeln und Bewahren zunächst vor rund hundert Jahren die materielle Grundlage für die Entstehung von Museen im heutigen Sinn gelegt worden. Im 19. Jahrhundert kommt das Forschen als Aufgabe hinzu. Erst im 20. Jahrhundert wird das Vermitteln von Inhalten durch das Öffnen der Museen zugunsten der Öffentlichkeit als eine der wesentlichen Aufgaben erkannt (vgl. Klein/Bachmayer 1981: 30).

Diese Veränderung ist bis heute nicht abgeschlossen und spiegelt sich in der jüngsten Entwicklung wider: dem Öffnen der »verborgenen Aufgaben« des Museums im Bereich des Bewahrens, wie beispielsweise der Blick in die Restaurierungswerkstätten oder Depots. Klein und Bachmayer formulieren bereits 1981: »Es bleibt nach wie vor die Frage, wie und wem gegenüber die Museen ihre allgemein anerkannten Funktionen als öffentliche Einrichtung erfüllen können und sollen.« (Klein/Bachmayer 1981: 37) Daneben besteht die Schwierigkeit, die Funktionsbereiche eines Museums so aufeinander abzustimmen, dass diese gleichwertig berücksichtigt werden (vgl. Noschka-Roos 2002: 172). So wird das Ausstellen und Sammeln in der Regel im Vordergrund stehen, Interessen und Ziele der Vermittlung müssen sich dagegen behaupten. Erst recht gilt dies für die Restaurierung, da sie sich – meist dem Bewahren zugeordnet – gegen zahlreiche anderslautende Interessen innerhalb desselben Funktionsbereichs (Geldmittelverteilung, Schwerpunkte der Sammlung vs. Restaurierung etc.) behaupten muss.

Museen sind gekennzeichnet durch ihre vier Funktionen und doch vielschichtiger, auch was ihre Verbindung zur Restaurierung angeht. Die folgende Auflistung soll die eingangs benannte Heterogenität verdeutlichen.

Pomian weist darauf hin, dass es nicht »das Museum«, dafür aber »die Museen« gibt. Sie lassen sich nach Größe, Status, Trägerschaft und Funktion gliedern (vgl. Baur 2010: 16). Baur führt diese von Pomian genannten Museumstypen wie folgt aus: Die Größe eines Museums hängt von seiner Fläche, seinem Budget, der Sammlung, der Anzahl seiner Mitarbeiter oder Besucher ab. Daneben kann eine Unterscheidung nach dem Alter eines Museums getroffen werden (vgl. Baur 2010: 16), wobei das Alter keinen Museumstyp bestimmt, sondern sich neuere Museen in ihrer Funktionalität von alten Museen unterscheiden dürften, beispielsweise baulich durch von vornherein eingeplante Shop- und Eventflächen, Didaktikräume etc.. Die wesentliche Unterscheidung dürfte die nach

1 http://www.museumsbund.de/fileadmin/geschaefts/dokumente/Leitfaeden_und_andere/Standards_fuer_Museen_2006.pdf vom 03.06.2014

wissenschaftlichen Disziplinen ausgerichtete und auf spezifische Themen festgelegte sein. So wird hierbei u.a. nach Fachgruppen wie kunst- und kulturhistorischen, archäologischen, ethnologischen, technikhistorischen oder naturkundlichen Museen unterschieden, aber auch nach Themen wie Migration, Krieg, Religion oder gar Schokolade (vgl. Baur 2010: 17). Ferner gibt es Museen mit lokalem, regionalem oder supranationalem Bezugsrahmen wie Heimat-, Stadt-, Nationalmuseen oder – als Beispiel für supranational – das Haus der Europäischen Geschichte in Brüssel (vgl. Baur 2010: 17). Universalmuseen hingegen vereinen spezifisch geografische, disziplinäre und thematische Bezüge, wie z.B. das British Museum (vgl. Baur 2010: 17).

Daneben charakterisiert die Trägerschaft ein Museum. So sind Museen in staatlicher, privater oder in sonstiger Trägerschaft oder werden etwa durch Vereine oder Verbände geführt (vgl. Baur 2010: 17). Ferner gibt es zahlreiche Museen, die nicht »Museum« heißen – so das Haus der Geschichte der Bundesrepublik Deutschland – und trotzdem seinen Funktionen nachkommen (vgl. Baur 2010: 17f).

Die Unterscheidung in Fachgebiet und Größe eines Museums hat Auswirkung auf die Restaurierungsabteilungen der jeweiligen Einrichtung. In der Regel ist an größeren Museen auch eine höhere Anzahl von Restauratoren angestellt. Insbesondere Museen mit einer großen Materialvielfalt wie kulturhistorische Museen unterhalten Restaurierungswerkstätten. Meist sind die Werkstätten gemischt gegliedert nach Material (Textil/Leder, Stein/Gips, Glas, Metall, Papier, organische Materialien, anorganische Materialien) und/oder Objektgruppen (Gemälde/Skulpturen, Möbel/Musikinstrumente/moderne Materialien, Grafik/Buch, archäologische Objekte, ethnologische, kunsthandwerkliche Objekte etc.). Finanzkräftigere Bundesländer und ihre Hauptstädte leisten sich in ihren Museen meist größere Restaurierungswerkstätten. Daneben beschäftigen Museen mit vielen Materialien in ihren Sammlungen häufig eine größere Anzahl von unterschiedlichen Fachrestauratoren. Gemeinsam ist den meisten Museen, dass mehr und mehr Arbeiten von Restauratoren an Externe vergeben werden.

Eine weitaus folgenreichere Unterscheidung ist, ob ein Museum eine eigene Sammlung besitzt oder nicht. Traditionell gesehen ist das Vorhandensein einer Sammlung ein Charakteristikum eines Museums. Baur führt hier das Deutsche Hygiene-Museum in Dresden auf, das neben Sammlungsgegenständen Immaterielles wie Geschichten sammelt (vgl. Baur 2010: 18). Dies stellt auch Restauratoren vor Herausforderungen; die Folge ist beispielsweise die Gründung neuer Studiengänge.[2]

Eine weitere Unterscheidung kann in der baulichen Struktur getroffen werden. So gibt es Museen, bei denen das »Museum« auch das Gebäude benennt. Dem entgegengesetzt gibt es Museen mit einer anderen Struktur, wie beispielsweise Freilichtmuseen, bei denen eine Ansammlung von Gebäuden das Museum darstellt (vgl. Baur 2010: 18).

Daneben gibt es auch Museen, die sich »Museum« nennen, aber keine klassischen Charakteristika eines Museums aufweisen. Bei ihnen fehlen beispielsweise Sammlungen oder gar Ausstellungen (vgl. Falk/Dierking 2013: 25). In Ausstellungshallen, die Ausstellungen ohne eigenen Bestand zusammenstellen, werden häufig keine fest angestellten Restauratoren beschäftigt. Hier werden Restauratoren lediglich für Ausstellungsauf- und -abbauten, Montagen und Hängungen benötigt. Dies hat nicht nur Auswirkung auf das Objekthandling in einer Ausstellung, sondern auch auf präventive Maßnahmen zum Erhalt der ausgestellten Objekte, wie die Zustandsüberwachung und die Klimatisierung. Allerdings gibt es daneben viele Museen, die aus finanziellen Gründen keine, nur mehr einen oder für die Sammlungsgröße und Aufgaben zu wenige Restauratoren beschäftigen. Dies hat häufig Auswirkungen auf die Pflege der Sammlungen, da diese – für den Besucher nicht sichtbare – Tätigkeit zwangsläufig vernachlässigt wird.

Eine weitere Möglichkeit, sich dem Konzept von Museen zu nähern, ist die Unterscheidung in öffentliche und nicht öffentliche Bereiche eines Museums. So sind die Ausstellungen (ob als ständige Sammlung oder als Sonderausstellung) zum öffentlichen Bereich zu zählen, nicht aber die Depots oder die Restaurierungswerkstätten, dabei scheinen genau diese in der Regel für Besucher nicht sichtbaren Bereiche eines Museums eine magische Anziehungskraft auf die Öffentlichkeit auszuüben. Depot-, Hausmeister- und Restauratorenführungen sind in der Regel rasch ausgebucht. Mit der Öffnung der nicht öffentlichen Bereiche und dem großen Interesse der Öffentlichkeit an derlei Angeboten zeigt sich ein erstes Merkmal des Wandels an Museen.

Unabhängig von der Museumsgattung, der Trägerschaft, der Größe des Hauses etc. scheint es keine nennenswerten Übereinstimmungen in der Verortung der Restaurierungswerkstätten in einem Museum zu geben. So zeigt der Blick auf die Organigramme der Museen meist auch den Stellenwert und somit die

2 Z.B. Masterstudiengang »Konservierung Neuer Medien und Digitaler Informationen« an der ABK Stuttgart: http://www.mediaconservation.abk-stuttgart.de/ vom 28.02.2016.

Mitsprachemöglichkeiten von Restauratoren im Haus. Sind in einigen, meist großen Museen die Restauratoren als (Haupt-)Abteilung direkt unter der Direktion angesiedelt, rangieren sie in anderen Museen unter den Sammlungen oder gar auf einer Ebene mit den Handwerksbetrieben. Leider sind, wie auch die Angaben zur Anzahl und Fachrichtung der Restauratoren in Museen fehlen, keine Angaben zur Verortung der Restaurierungswerkstätten in deutschen Museen vorhanden. Aber auch zu diesem Thema ist ein Wandel hinsichtlich der Aufwertung des Restaurators im Museum zu beobachten (siehe Kapitel 5). Dies zeigt v.a. die Gründung des Arbeitskreises Konservierung/Restaurierung im Deutschen Museumsbund im Mai 2015.[3]

Auch baulich sind Restaurierungswerkstätten in Museen unabhängig von ihrer Gattung, Ausrichtung etc. unterschiedlich verortet. So besteht zunächst die Möglichkeit, dass sich die Werkstätten im selben Haus befinden. Dies hat den Vorteil kurzer Wege zu den Objekten in den Dauerausstellungen und zum Auf- und Abbau sowie der Pflege von Wechselausstellungen. Nachteil ist indes, dass in historischen Gebäuden der Platz häufig beengt ist und der Weg zu den gelagerten Sammlungen in den Depots weiter ist.

Eine andere Möglichkeit ist die Ausgliederung der Restaurierungswerkstätten. Hierbei werden die Werkstätten außerhalb des Museums in einem externen Gebäude zusammengefasst. Diese zentralen Werkstätten können einem Depot angeschlossen sein. Vorteil dieser Zentralisierung ist, dass sich die Restauratoren mehr auf die Restaurierungsarbeit konzentrieren können, da andere Tätigkeiten im Museum wegfallen. Nachteil sind die längeren Wege und eine zwangsläufige Distanzierung der Restaurierungsabteilungen von den Kollegen, den übrigen Tätigkeiten und dem Geschehen im Haus. Diese Trennung erfordert eine erhöht disziplinierte Einplanung von regelmäßigen Treffen, auch vor Objekten.

Eine dritte Möglichkeit besteht in der Zusammenlegung von Restaurierungswerkstätten unterschiedlicher Museen. Hierbei werden – meist aus Kostengründen oder zur Nutzung von Synergien bei Geräten, Einrichtung und Personal – Werkstätten zu einem Restaurierungszentrum zusammengelegt. Gegen dieses Vorgehen spräche grundsätzlich wenig (außer dass die Werkstätten keine Nähe zu »ihren« Museen haben), wenn dies nicht häufig auch bedeuten würde, dass in den Jahren nach einem solchen Zusammenschluss Restauratorenstellen wegfallen.

Als Vorläufer des modernen Museums können zwei voneinander unabhängige Quellen benannt werden: Zum einen entwickelte sich das moderne Museum

3 http://www.museumsbund.de/de/fachgruppen_arbeitskreise/konservierung_restaurierung_ak/ vom 28.02.2016.

aus den mittelalterlichen Schatzsammlungen und den Kunst- und Wunderkammern der Renaissance- und Barockzeit. Zum anderen werden die mittelalterlichen Gelehrtenstuben, die sich wiederum von den fürstlichen Studioli der Renaissance zu den bürgerlichen Naturalien- und Raritätenkammern des 16. und 17. Jahrhunderts wandelten, als Quelle angegeben (vgl. Parmentier 2009: 49).

Im 18. Jahrhundert entwickelt sich im Zuge der Aufklärung – u.a. mit der Eröffnung des British Museum in London im Jahr 1753 – erstmals das Museum als Institution (vgl. Waidacher 1996: 91). Ziel des öffentlichen Museums ist, als Erziehungsstätte dem ganzen Volk zu dienen (vgl. Jensen 1994: 160).

Das 19. Jahrhundert ist geprägt von der Entstehung zahlreicher neuer Museumsgebäude in ganz Europa, was dieser Epoche den Titel »goldenes Zeitalter der Museen« beschert (vgl. Jensen 1994: 160). Hierbei vollzieht sich eine Umadressierung an ein allgemeineres Publikum, was auch zu einer Veränderung der Sammlungen selbst führt. Aus Schatzhäusern, die zunächst nur für ein spezielles Publikum von Interesse waren, werden öffentliche Museen. Diese neue Museumsform muss entsprechend an ein breites Publikum adressiert sein. Die Ausstellungen werden mit Belehrungen versehen, denn die Werke werden nicht mehr bloß nach Sammlerinteresse gezeigt, sondern nach ihrem Bildungsinteresse geschätzt und ausgestellt. Dies wiederum führt zu neuen Formen der Präsentation und neuen Klassifikationen. Es erfolgt nun nicht mehr die Sortierung nach Exponatgruppen wie Gemälden, Skulpturen etc., sondern eine chronologische Hängung bzw. Aufstellung nach Epochen oder Schulen (vgl. Ritter 2003: 98). Zu dieser Zeit setzt sich auch die klassische Dreiteilung der Museen in Kunst, Naturkunde und Geschichte durch. Alles, was nicht in eine dieser Kategorien passt, wandert in die Depots, wird zerstört oder vergessen (vgl. Ritter 2003: 101).

Allerdings hat diese Präsentation der Exponate, die uns heute als Selbstverständlichkeit erscheint, den Wegfall der einstigen Funktion des Sammelns und somit auch der Kunst- und Wunderkammern zur Folge; diese werden zugunsten der öffentlichen Museen aufgelöst (vgl. Ritter 2003: 99).

Zu Beginn des 20. Jahrhunderts vollzieht sich eine Museumsreformbewegung. Ihre Anhänger sprechen sich, im Gegensatz zur Museumstheorie des 19. Jahrhunderts und deren Beschränkung auf eine hierarchische Ordnung der institutionellen Vermittlungsziele, für einen museologischen Diskurs mit den Zielen der Vermittlung und geeigneter Verfahrensweisen aus. Ziele sind nun, verbesserte Qualität statt Masse zu zeigen, weiträumige Aufstellungen und eine Differenzierung der einzelnen Schauräume (vgl. Joachimides 2001: 99 ff.).

Die Folgen des verlorenen Ersten Weltkriegs und die Ereignisse der Novemberrevolution haben auf die Museumspolitik beträchtliche Auswirkungen. Vor allen Dingen von den Kunst- und Kunstgewerbemuseen gehen Reformideen aus. Sie üben u.a. Kritik an der überrepräsentierten Museumsarchitektur und fordern eine Neuorganisation des Museumswesens (vgl. Roth 1990: 17 ff.).

Mit der Machtergreifung der Nationalsozialisten ändert sich die Kulturlandschaft erneut grundlegend. So ist die Administration von Anfang an in allen Lebensbereichen um Zentralisierung bemüht – auch im Museumswesen. Rigorose sogenannte Arisierungsmaßnahmen, die politische Verfolgung und persönliche Opportunismen kennzeichnen die Situation an deutschen Museen nach dem 30. Januar 1933 (vgl. Roth 1990: 83 ff.).

In Westdeutschland sind die 1950er Jahre durch den Wiederaufbau und die Verankerung der Bundesrepublik im öffentlichen Leben geprägt. Entsprechend werden in historischen Ausstellungen vornehmlich Schatzkunst und Meisterwerke und somit Kunstwerke hohen Ranges präsentiert (vgl. Korff 2002: 25). In den 1960er Jahren wird dieser Trend zwar fortgeführt, aber es werden auch immer mehr regionale und ländergeschichtliche Themen und Thesen zur Schau gestellt (vgl. Korff 2002: 26), und zögerlich öffnen sich die Museen nach US-amerikanischem Vorbild erneut einer breiteren Öffentlichkeit (vgl. Pomian 2007: 21). Nach dem Wiederaufbau sind die 1960er Jahre darüber hinaus gekennzeichnet von Bildungsreformdiskussionen, im Zuge derer die Bildungsfunktion der Museen diskutiert und die Museumspädagogik in deutschen Museen institutionalisiert werden (vgl. Noschka-Roos 2012: 163 und Noschka-Roos 1994: 17; siehe auch Punkt 4.4.1).

Die 1970er und 80er Jahre lassen sich durch zwei Entwicklungen charakterisieren. Zum einen führen die zunehmend breite soziale Basis der Museumsklientel und die kulturelle Ausweitung der Sammlungs- und Expositionsbemühungen zu einem Museumsboom in Deutschland (vgl. Korff 2002: 29). Diesen in den 1980er Jahren vollzogenen Aufschwung bezeichnet Klein als »Doppelboom«, da nicht nur mehr Museen eröffnet werden, sondern das Angebot auch zusehends von der Bevölkerung angenommen wird – ein Boom auf beiden Seiten: sowohl was Angebot, als auch was Nachfrage betrifft. So werden vom Institut für Museumskunde in einer Gesamterhebung der Museen in Deutschland für das Jahr 1981 insgesamt 2076 Museen erfasst. 1987 sind es bereits 2314. Die Ursache hierfür sieht Klein in den Denkschriften zur Lage der Museen von Anfang der 1970er Jahren und der damit verbundenen Forderung, Museen für eine breite Öffentlichkeit zu erschließen. Daneben ziehen spektakuläre Museumsneubauten mit Sonderausstellungen als temporäre Ereignisse Besucher an (vgl. Klein 1990: 30 ff.). Zum anderen übt die Bildungsreform Einfluss auf außerschulische Bereiche wie Museen aus. Anfang der 1970er Jahre erfährt die Museumspädagogik einen gewaltigen Aufschwung (vgl. Korff 2002: 29). Der Besucher mit seinen

Wünschen und Bedürfnissen rückt nun in den Vordergrund. Aus der Vermittlung wird im Zuge der Veränderungen eine neue Form der musealen Kommunikation (Kaiser 2006: 21).

In den 1980er Jahren wird die Musealisierung und die Bildungsreform fortgeführt. Daneben entwickeln sich neue Trends, basierend auf einem Kulturdiskurs um das Schlagwort »Postmoderne«, der sich in einer soziokulturellen Dynamik, die heute als Erlebnisgesellschaft bezeichnet wird, und der generellen Ästhetisierung von Kultur und Alltagswelt widerspiegelt. Letzteres zeigt sich im Gestaltungswillen der Ausstellungsmacher, die mit Architekten, Raumkünstlern und Bühnenbildnern zusammenarbeiten. Nach Korff machen die Musealisierung der Alltagswelt, die Präsentation von Objekten ohne ästhetischen Eigenwert sowie die Orientierung von Originalobjekten in Ausstellungsräumen eine Inszenierung und die Gestaltung von Arrangements nötig (vgl. Korff 2002: 33 f.).

Daneben verändert der Einzug neuer Medienformen die Museen. Computer, Audioguides, Animationen – später auch das Internet – liefern zusätzliche Informationen für Besucher, ersetzen aber nicht das reale Objekt. Dennoch, so Pomian, haben sich die Wünsche der Besucher im Vergleich zu jenen aus der vormedialen Zeit verändert. Sie erwarten mehr als nur eine traditionelle Präsentation: Inszenierungen, etwas Außergewöhnliches, ein Spektakel. Eine Ausstellung gilt erst dann als erfolgreich, wenn sie hohe Besucherzahlen generiert. Um dies zu ermöglichen, müssen die Museen in den Medien präsent sein, mit besonderen Angeboten locken, Events inszenieren (vgl. Pomian 2007: 21 f.). Entsprechend sind die Museen der 1990er Jahren geprägt von einer sogenannten Eventkultur – das Museum wird, als »Erlebnismuseum« kritisiert, auf seine Erlebnisqualitäten hin mit anderen Freizeitangeboten verglichen. Insbesondere die stark wachsende Anzahl von Museen nicht nur in Deutschland, sondern auch weltweit führt – in Abhängigkeit von immer knapperen Ressourcen – zu einer zusehends marktwirtschaftlichen Betrachtung der Einrichtungen. Der Ökonomisierungsdruck birgt die Gefahr, dass Museen nur mehr nach Besucherzahlen bewertet werden, nicht aber nach dem qualitativen Besuchserlebnis (vgl. Noschka-Roos 2012: 166). Nichtsdestotrotz, so Höge, haben Events zwei positive Effekte. Zum einen kommen mehr Besucher, zum anderen berichten die Medien sehr viel eher über ein Event als über alltägliche Museumsaktivitäten (vgl. Höge 2004: 43). Diese Effekte führen zu Mehreinnahmen, zur Möglichkeit, neue Besuchergruppen zu generieren und Gründe für einen Wiederholungsbesuch zu schaffen (vgl. Schormann 2004: 91). Allerdings wird in Fachkreisen im Zusammenhang mit speziellen Großveranstaltungen die Nachhaltigkeit des Erlernten beim Besucher infrage gestellt und diskutiert, ob derlei Events zur Wiederholung eines Museumsbesuchs führen (vgl. Höge 2004: 39 ff.).

Dafür erhält – gespeist aus der Problematik der »betriebswirtschaftlichen Wende« – die Besucherorientierung frischen Wind. Fragen, welche Rolle Museen in der Erlebnisgesellschaft übernehmen und welche Methoden es gibt, um Besucher zu binden, rücken zunehmend in den Vordergrund (vgl. Noschka-Roos 2012: 166). Veranstaltungen wie die Lange Nacht der Museen oder der Internationale Museumstag werden ausgebaut. Programme für Schüler sind auch weiterhin ein Hauptmerkmal, daneben spielen aber auch zielgruppendifferenziertere, -spezifischere Angebote eine wichtige Rolle (vgl. Noschka-Roos 2012: 167). Zudem wird der Besucher mehr und mehr als Kunde mit Wünschen, Interessen und Neigungen gesehen und nicht mehr nur als Empfänger (vgl. Noschka-Roos 2012: 166). Diese Verknüpfung von Besucher und Vermittlung hat auch Einfluss auf das Exponieren. So sind die Objekte nicht mehr nur nach fachwissenschaftlichen Kriterien ausgestellt, sondern werden thematisch arrangiert und inszeniert – unterstützt durch die Verwendung Neuer Medien, durch Interaktivität. So rücken neben Bildung und Didaktik auch Erlebnis und Interaktion in den Vordergrund (vgl. Noschka-Roos 2012: 167).

In den vergangenen Jahren zeichnet sich unter den Stichworten »Partizipation« und »kulturelle Bildung« eine Veränderung weg von der hierarchischen Vermittlung von Inhalten hin zur gemeinsamen Entwicklung ab. Dabei werden Besucher, aber auch Nicht-Besucher in die Entwicklung und Realisierung einer Ausstellung eingebunden (vgl. Noschka-Roos 2012: 167). Ziel dabei ist es, mit den Besuchern zunehmend in Verbindung zu treten, sie nicht mehr bloß als passive Konsumenten anzusehen, sondern ihren Wert und ihre Relevanz für die Gesellschaft zu betonen. Bisher wurden in traditionellen Ausstellungen und Veranstaltungen Museumsbesuchern Inhalte geboten, auf dass diese sie konsumieren. Mit einem partizipativen Vermittlungsansatz werden die Inhalte nun im Zusammenspiel mit dem Besucher geschaffen, geteilt und sich darüber vernetzt. Teilen bedeutet dabei, dass das Besuchserlebnis in der Ausstellung diskutiert, neu definiert und mit nach Hause mitgenommen werden kann. Als Sich-Vernetzen bezeichnet es Simon, wenn Besucher mit anderen Besuchern oder den Mitarbeitern eines Museums aufgrund ähnlicher Interessen in Kontakt treten (vgl. Simon 2012: 95 f.). Das Internet und die sozialen Netzwerke spielen dabei eine zentrale Rolle, sind aber nur der Anfang. So ist der Vorteil von Museen, dass diese mit realen Orten und authentischen Objekten verknüpft werden können (vgl. Simon 2012: 97 f.).

So werden Besucher und Nicht-Besucher, beispielsweise zu Themen wie Stadtgeschichte oder Migration, in die Entwicklung von Ausstellungen miteinbezogen. Ein Beispiel hierfür ist das transkulturelle Projekt des Stadtmuseums Stuttgart, das noch während seiner Planungsphase eine Sonderausstellung im

Stuttgarter Rathaus zum Thema »50. Jahrestag der Anwerbeabkommen mit Griechenland und Spanien« organisierte. Hierfür wurden 30 Stuttgarter der »Gastarbeiter«-Generation interviewt und um Erinnerungsobjekte gebeten. Doch die Befragten waren dabei nicht nur Informationsgeber, sondern durften sich auch selbst aktiv an der Ausstellungskonzeption beteiligen (vgl. Speidel/Dauschek 2012: 43). Insbesondere diese neue Entwicklung wird Restauratoren an Museen vor große Herausforderungen stellen.

Der vielschichtige Wandel über die Jahrhunderte betraf und betrifft bis heute alle Funktionen eines Museums. Diese sollen in den folgenden vier Kapiteln – Sammeln, Forschen, Bewahren und Ausstellen/Vermitteln – mit den jeweiligen Kennzeichen und deren Entwicklungen im Speziellen dargestellt werden. Allerdings ist eine klare Trennung hier nicht immer möglich, denn sowohl die Geschichtsschreibung als auch die Funktionen lassen sich nicht immer klar voneinander abgrenzen.

4.1 SAMMELN

Die Geschichte der Museen ist eine Geschichte des Sammelns. Da Erstere bereits in Kapitel 4 dargestellt wurde, sollen an dieser Stelle das Sammeln, dessen Geschichte und Problematik aus konservatorischer Sicht betrachtet werden (siehe Punkt 4.1.1).

Obwohl vieles zunächst lediglich gesammelt wurde, um es zu präsentieren, erforderten das Weitersammeln, Schenkungen und neue, objektreduzierte Ausstellungen die Einrichtung von Depots, was wiederum zu überfüllten Lagern und der damit einhergehenden Schwierigkeit führte, die gelagerten Objekte adäquat zu bewahren. Der heutige Umgang mit Objektlagerung und -sammlung wird unter Punkt 4.1.2 behandelt. In den letzten Jahren gewinnt zudem ein alter Aspekt neu an Bedeutung: die Öffnung der Depots für die Öffentlichkeit (siehe Punkt 4.1.3).

Es gibt viele Gründe zu sammeln. Schärer unterscheidet generell in Dinge, die wegen ihrer Gebrauchsfunktion und/oder ihres zugeschriebenen Werts gesammelt bzw. bewahrt werden. Zugeschriebene ideelle Werte wiederum können aus heuristischen, ästhetischen, symbolischen oder aus Gründen der Erinnerung entstehen. Grund hierfür kann das Material, seine Bedeutung oder der Sachverhalt sein, auf den etwas als Zeichen verweist. Daneben spielt im Museum die Echtheit eines Objekts eine wichtige Rolle (vgl. Schärer 2003: 58). Die aufgeführten Gründe haben großen Einfluss auf durchzuführende Restaurierungs- bzw. Konservierungsmaßnahmen, z.B. den Grad einer Restaurierung[4].

Ungefähr 90 Prozent der Museumssammlungen befinden sich in Depots, zehn Prozent sind ausgestellt oder verliehen. Für Fachwissenschaftler sind die gelagerten Museumsbestände in der Regel einsehbar, nicht jedoch für die allgemeine Öffentlichkeit. Allerdings vollzieht sich auch hier ein Wandel hin zu einer Öffnung des Verborgenen. Zum einen sind Sammlungen teils über Objektdatenbanken auf Museumshomepages einsehbar. Zum anderen ist in den letzten Jahren in zahlreichen Eröffnungen von Schaudepots ein Trend zu erkennen.

Dennoch führen die Depots häufig ein Schattendasein. Die Pflege der großen Bestände in den Museumsdepots zieht viel Arbeit nach sich, kostet Zeit und Geld. So müssen die Objekte zunächst in einem vor Diebstahl, Schädlingen und Klimaeinflüssen geschützten Raum aufgenommen, dann inventarisiert, einem Standort zugewiesen, restauriert und unter Umständen speziell verpackt werden. Sie weisen je nach Material spezielle Klimaanforderungen auf, müssen aber auch, wenn toxisch (entweder weil sie ihrer Bestimmung nach radioaktiv, asbesthaltig etc. oder durch Biozide wie Holzschutzmittel kontaminiert sind), speziell gelagert werden. Im Alltag müssen die Objekte weiterhin auf Veränderungen hin beobachtet werden; ein Schädlingsbefall beispielsweise muss schnell erkannt werden. Die Fokussierung der Museen auf wechselnde große Ausstellungen und intensiven Leihverkehr führt dazu, dass die Objekte in den Depots ein weniger beachtetes Dasein fristen. Die Sammlungspflege – eine wichtige Arbeit v.a. der Restauratoren, aber auch der Kuratoren und Depotmitarbeiter – gerät im Alltag ins Hintertreffen (vgl. Griesser-Stermscheg 2013: 126 f.).

Doch zunächst stellt sich die Frage, warum überhaupt gesammelt wird. Schärer beschreibt das Sammeln als anthropologisches Grundphänomen. Allerdings ist damit nicht das Sammeln zur Aufbewahrung gemeint – Tiere beispielsweise sammeln lediglich zur Vorratshaltung. Wird hingegen aufgrund ideeller Beweggründe gesammelt, schließt dies tierisches Verhalten aus (vgl. Schärer 2003: 60). Vielmehr spielen symbolische und ästhetische Aspekte beim Sammeln zum Gebrauch eine Rolle: Schärer spricht in diesem Zusammenhang von symbolischer Gebrauchsfunktion, womit er Dinge meint, die gebraucht werden, um eine Selbststrukturierung in Szene zu setzen (vgl. Schärer 2003: 60 f.). Autonomer Kunst spricht Schärer eine Sonderstellung zu, da deren Gebrauchsfunktion vernachlässigbar ist (vgl. Schärer 2003: 61).

4 Der Grad einer Restaurierung soll die Summe bzw. die Intensität der Eingriffe an einem Objekt bezeichnen.

4.1.1 Geschichtlicher Abriss des Lagerns von Sammlungen

Als Beispiel früher permanenter Lagerorte benennt Griesser-Stermscheg Depots für Reliquien. Sie sind im Mittelalter so groß, dass selbst Knochen und Gewandteile darin Platz finden.

Die Reliquien werden in Räumen zusammengetragen – wie beispielsweise die Reliquienbüsten in der Goldenen Kammer der Kirche St. Ursula zu Köln. Im 17. Jahrhundert werden Teile dieser mittelalterlichen Kammern mit barocken Einbauten verbunden, und es entstehen neue Raumensembles, die aus verglasten Schrankwänden bestehen (vgl. Griesser-Stermscheg 2013: 14 f.).

1565 veröffentlicht Samuel Quiccheberg das laut Griesser-Stermscheg früheste Handbuch der Museumskunde »Inscriptiones vel Tituli Theatri Amplissimi«, das die Empfehlung enthält, vorhandene Bestände in eine Schau- und eine Archivsammlung zu trennen und somit eine Art Depot anzulegen. Quiccheberg macht darin auch Angaben zur Möblierung, die formenreich sein sollte, alles darin sollte jederzeit greifbar sein, und der Schrank sollte von zwei Personen zu tragen sein. Kunstkammern jener und späterer Zeiten weisen nachweislich entsprechende Aufbewahrungsmöbel auf (vgl. Griesser-Stermscheg 2013: 17 ff.).

Ende des 16. Jahrhunderts entstehen Kleiderschränke für die Hängung der wertvollen kirchlichen Gewänder zum Schutz vor Insekten, Gestank und Falten. Sie lösen die bis dahin gängigen Truhen zu Lagerung ab. Diese Entwicklung führt zum Sammeln und zur Aufbewahrung von Kirchengut in Sakristeien, Paramentenkammern und Bibliotheken. Ab Mitte des 17. Jahrhunderts findet der Kleiderschrank auch Einzug in die weltlichen Haushalte (vgl. Griesser-Stermscheg 2013: 19 f.).

Ein Fossilienschrank des Naturforschers Johannes Kentmann, der im Jahr 1565 erstmals in einer Publikation abgebildet und beschrieben wird, gilt als ältestes überliefertes Ordnungsmöbel einer Sammlung. Ein im selben Jahr von Quiccheberg veröffentlichtes Werk zum Thema Ordnungssysteme beschreibt die Aufbewahrung von Objekten in Schränken, Koffern, Kisten, auf Tischen und Pulten. Er weist besonders auf die Notwendigkeit kleiner Einteilungen hin – z.B. Holzlatten mit Einbuchtungen oder Schubladen mit eingesetzten Rastern – sowie auf die Standortkennzeichnung. Ferner beschreibt er Behältnisse zur Aufbewahrung kleinerer Objekte in Schränken wie etwa nummerierte »lädlein« (vgl. Griesser-Stermscheg 2013: 21).

In den folgenden Jahrzehnten wird in Kunst- und Naturalienkammern sowie Apothekeneinrichtungen die Funktionalität von Sammlungsmöbeln weiterentwickelt. Es kommen Schranktüren, Einschubfächer, Klappen als Lesepulte, Schachteln, aber auch verschließbare Bereiche hinzu. Anregungen finden die

Entwickler des Weiteren in Aufbewahrungsmöbeln für Theaterrequisiten und chirurgisches Gerät, in Gärtnereien und Sämereien sowie Herbarsammlungen (vgl. Griesser-Stermscheg 2013: 23 ff.).

Bereits im 17. Jahrhundert werden Empfehlungen zur sorgsamen Lagerung von Raritäten in Naturalkammern veröffentlicht (Johann Daniel Major, 1674). Als konservatorische Vorgaben heißt es hier: Der Raum soll zum Schutz vor Dieben, aber auch vor Eindringlingen wie Ratten, Mäusen, Schwalben und Katzen sowie vor Staub, Regen und Feuer geräumig, gewölbt, nicht vertäfelt, rundum gemauert, nicht bemalt und mit Marmor gepflastert sein. Daneben sollen einige wenige Fenster gegen Südosten vorhanden sein, um eine trockene, saubere Belüftung zu gewährleisten. Verglaste Türen stellen laut Major zusätzlich einen Schutz vor Staub und Diebstahl dar (vgl. Griesser-Stermscheg 2013: 32 f.).

Bis ins 18. Jahrhundert bleibt im privaten Bereich die Kunstkammer lebendig, was die Entwicklung und den Vertrieb von platzeffizienten Lagermobiliar – dem »repositorium«, sprich: Schränken, Regalen und Tischen – befördert (vgl. Griesser-Stermscheg 2013: 28). Aber auch die Einrichtung von Bibliotheken im 18. Jahrhundert soll Erleichterung im täglichen Umgang mit Büchern und Raritäten schaffen. Zu dieser Zeit sind Bibliothek und Museum noch nicht voneinander getrennt, Bücher und andere Ausstellungsgegenstände mischen sich (vgl. Griesser-Stermscheg 2013: 30 ff.).

Das 19. Jahrhundert gilt mit der Entwicklung der bürgerlichen Museumsidee als das Jahrhundert der Museen, wobei mit der Französischen Revolution der Grundstock gelegt wird. Es entstehen erste »dépots«, um die vor Vandalismus bedrohten Objekte zu schützen. Sie werden zum nationalen Erbe erklärt und müssen entsprechend gesichert und inventarisiert werden, häufig in enteigneten Kirchen oder Klöstern. Ebendiese Orte entwickeln sich zu Depots im heutigen Sinne (vgl. Griesser-Stermscheg 2013: 34 f.).

Im 19. Jahrhundert ist es üblich, vollständige Sammlungen zu zeigen; Lager und Ausstellung sind in einer »magazinartigen Inszenierung« eins. Infolge der Ausweitung von Sammlungen und um dem Anspruch einer Vollständigkeit in Chronologie und Präsentation gerecht zu werden, wird der Platz in Museen knapp. Doch nicht alles, was gesammelt wird, findet den Weg in Schausammlungen. Mehr und mehr Depots entstehen (vgl. Griesser-Stermscheg 2013: 36 ff.). Trotzdem finden Depots in dieser Zeit nur selten Erwähnung und wenn, dann lediglich im Zusammenhang mit größeren Objektverlusten beispielsweise durch Brände. Manchmal wird von Neueinrichtungen oder Erweiterungen von Depots berichtet (vgl. Griesser-Stermscheg 2013: 40 f.). Auch Neuaufstellungen haben zur Folge, dass mehr und mehr Objekte in die Depots wandern (auch »Vorrath«, Reservesammlung, Speicher oder Magazin genannt: vgl. Griesser-

Stermscheg 2013: 43). So wird 1878 berichtet, dass das Bayerische Nationalmuseum in München nach seiner Neuaufstellung in der Ausstellung ein Depot für »werthlose Dinge« einrichtet (vgl. Griesser-Stermscheg 2013: 42).

1903 wird im Rahmen einer Eröffnungsrede auf einer Tagung zum Thema »Museen als Volksbildungsstätten«, organisiert von der Zentralstelle für Arbeiterwohlfahrtseinrichtungen in Mannheim, vom Präsidenten des britischen Museumsbunds Francis Arthur Bather die Frage nach den Aufgaben von Museen und einer damit einhergehenden Trennung der funktionalen Bereiche aufgeworfen. Bather erweitert die traditionellen Aufgaben des Forschens und Vermittelns um die Bereiche Untersuchung (für Forscher und Wissenschaftler), Belehrung (für Schüler, Studenten, Amateure) und Inspiration (für das breite Publikum). Dies hat laut Bather eine Dreiteilung der Sammlung zur Folge: eine Depotsammlung für die Forscher, eine nicht öffentliche Sammlung für die Belehrung der Schüler und Studenten und eine Präsentation weniger herausragender Objekte – als »geführter Blick« – für das breite Publikum (vgl. Griesser-Stermscheg 2013: 44 f.). Allerdings sind nicht alle Museumsgattungen von diesem Vorschlag begeistert; insbesondere die traditionellen Kunstmuseen sind skeptisch. Die Trennung dieser drei Bereiche halten sie im Hinblick auf ihre Sammlungen für ungeeignet. So vergrößern sie ihre Präsentationsflächen, indem sie Neben- oder Dachräume für minder wertvolle Bilder, Stiche oder Zeichnungen öffnen. In der Folge verändert sich auch die Hängung in Kunstmuseen. Statt der »enzyklopädischen Vollständigkeit«, der »Salonhängung« oder »Petersburger Hängung« des 18. Jahrhunderts setzt sich die Präsentation nach Malschulen durch (vgl. Griesser-Stermscheg 2013: 49 f.). Die Reduzierung der ausgestellten Objekte – auch »weiße Wand« genannt – hat in den darauffolgenden Jahrzehnten, insbesondere um 1900, die Füllung der Depots zur Folge (vgl. Griesser-Stermscheg 2013: 51). In dieser Zeit entstehen erste eigenständig geplante Depotbauten bzw. Depotbereiche. So werden u.a. für die königliche Nationalgalerie, das Alte Museum und das Museum für Naturkunde in Berlin Münzschränke nach hohen konservatorischen Anforderungen und Sicherheitsstandards in neu eingerichtete Magazine eingebaut (vgl. Griesser-Stermscheg 2013: 57 f.). Das Zoologische Museum der Kaiserlichen Akademie der Wissenschaften in St. Petersburg ist zu dieser Zeit das erste Museum, das für sein Depot eine holzfreie Einrichtung fordert. Auch die Lochpfostenkonstruktion an Stahlregalen hält Einzug in Museumsdepots (vgl. Griesser-Stermscheg 2013: 59 f.).

Die beiden Weltkriege führen zur Entwicklung von Bergedepots. Sie sollen den Museums- und Kirchensammlungen Schutz bieten. Häufig werden diese in Kellern, Stollen und Bunkern untergebracht. Zur erhöhten Gefährdung der Sammlungen durch die Transporte in die Bergedepots kommen verstärkt Probleme mit Feuchtigkeit und Schädlingen hinzu (vgl. Griesser-Stermscheg 2013: 65 ff.).

4.1.2 Lagern und Sammeln heute

Die Veränderung der Ausstellungspraxis und die Reduktion der Objektanzahl in den Schausammlungen führt in der zweiten Jahrhunderthälfte des 20. Jahrhunderts zur Einrichtung zahlreicher neuer Depots. In den 1990er Jahren gewinnt die präventive Konservierung an Bedeutung, v.a. in Zusammenhang mit der Lagerung von Objekten somit auch in den Depots (vgl. Griesser-Stermscheg 2013: 71 f.). Die Erkenntnis, dass viele Objekte unter unzureichenden Bedingungen (Platzmangel, Klimaprobleme, Schimmel, Schädlinge, Schadstoffe etc.) gelagert werden, bewegt die Verantwortlichen in den letzten Jahrzehnten vermehrt dazu, neue Depotflächen zu schaffen. Dabei handelt es sich häufig um die Zweitnutzung von vorhandenen, leer werdenden Gebäudeflächen, aber auch um Neubauten. Zu beobachten ist hierbei der Trend zur Zentralisierung von Sammlungsbeständen, aber auch zur Zusammenlegung von Depots verschiedener Museen zu großen Zentraldepots. Oft befinden sich diese am Stadtrand oder gar außerhalb der Stadt und somit weitab des Museums selbst, wodurch ein Arbeiten mit den eingelagerten Sammlungen mitunter erschwert wird (vgl. Griesser-Stermscheg 2013: 72 ff.). Es müssen längere Transportwege zwischen den Ausstellungsbereichen, den Restaurierungswerkstätten und den abseits gelegenen Depots zurückgelegt werden. Daneben bringen immer größere Lagerflächen auch einen gesteigerten Betreuungsaufwand zulasten der zuständigen Mitarbeiter mit sich.

Die Standards für die Depotneubauten und -einrichtung sind in der Regel hoch und entsprechen den konservatorischen und sicherheitstechnischen Anforderungen. Lediglich das vorhandene Budget entscheidet über die Möglichkeiten der Umsetzung (vgl. Griesser-Stermscheg 2013: 80). So gibt es auf dem Markt zahlreiche Anbieter für die Einrichtung und den Umzug von Museumsdepots, jeweils angepasst an die Besonderheiten der Objektgattungen, die Menge, Größe und Sammlungszusammenhänge. Datenbanken und Barcodesysteme helfen bei der Standortverwaltung und dabei, Objekte rasch wiederzufinden. Auch im Bereich Klimatechnik hat eine Professionalisierung hinsichtlich der Depotbauten stattgefunden.

Die neueste Entwicklung auf diesem Gebiet vollzieht sich unter dem Motto »grünes Museum«. Hierbei wird nach Möglichkeiten gesucht, Depots so zu bauen, dass sie möglichst energieeffizient und somit nachhaltig zu betreiben sind (vgl. Griesser-Stermscheg 2013: 83 f.). So wurden in Deutschland bereits Depots errichtet, die durch Solarzellen auf dem Dach, eine stark gedämmte Gebäudehülle und sparsamen Verbrauch mehr Energie erzeugen, als sie verbrauchen, z.B. das Depot der Städtischen Museen Freiburg.[5] Das Fraunhofer-Institut beispielsweise entwickelte ein Nullenergiedepot, das genauso viel Energie erzeugt, wie es im Betrieb verbraucht.[6]

Im Zuge der Energie- und Kostenkrise der letzten Jahre wird indes eine hitzige Diskussion über die Ausweitung der bisher engen Klimawerte geführt, wie sie für die einzelnen Materialgruppen festgelegt wurden. Hierbei wird gefordert, die Klimabereiche stark aufzuweiten, insbesondere um Energiekosten bei den Depots mit Vollklimaanlagen zu sparen. Einig sind sich Restauratoren, dass saisonale Schwankungen – langsame Temperaturschwankungen und die relative Feuchtigkeit über ein ganzes Jahr hinweg gesehen – (mit einigen wenigen Ausnahmen) keine Schäden an Objekten hervorrufen (vgl. Griesser-Stermscheg 2013: 84 ff.). Allerdings ist man sich über die erlaubten Schwankungsbreiten nicht einig. Dies dürfte v.a. am schwer zu generalisierenden Feld – an den Objekten selbst – liegen. Häufig ist ihre Herstellungsweise, Benutzung, Alterungs- und Restaurierungsgeschichte in weiten Teilen nicht bekannt, und von einem Objekt auf das andere zu schließen ist in der Regel nicht möglich. Schäden sind somit häufig nicht vorhersehbar. Um dieses Risiko nicht eingehen zu müssen, wird an alten – meist strengen – Werten festgehalten.

Häufig sehen sich Verantwortliche in Museen (Direktoren, Restauratoren, Kuratoren) gezwungen, die qualitativ geeignete Lagerung und die damit verbundenen Kosten gegenüber den Trägerschaften zu rechtfertigen. So werden gelagerte Sammlungen gern als unnütze Masse angesehen. Allerdings werden deponierte Sammlungen von Wissenschaftlern, Studenten, interessierten Laien oder auch im Rahmen von öffentlichen Führungen besucht und erforscht, häufig werden erst auf diese Weise Lücken hinsichtlich eingelagerter Objekte geschlossen, und deren Bedeutung wird bekannt. Auch im Rahmen von eigenen Ausstellungen und nationalem und internationalem Leihverkehr gelangen viele Depotobjekte ins Blickfeld der breiten Öffentlichkeit. Es dürfte unmöglich sein, zum jetzigen Zeitpunkt festzustellen, welche Schwerpunkte zukünftige Generationen in Sammlungen setzen werden und was somit aus dem Depot in die Schausammlungen gelangen wird. Trotzdem sollte man sich dem Thema des »Entsammelns« nicht verschließen, wie es Kostenträger neben der Reduzierung von Klimastandards aus Kostengründen gern fordern. Allerdings ist hier ein kluger Umgang mit Objektabgaben vonnöten. So steht zur Vermeidung von falschen Ent-

---

5 https://www.freiburg.de/pb/site/freiburg_museen/get/params_E294598559/498740/Broschuere_ZKD_Screen_72dpi.pdf vom 28.02.2016.

6 http://www.moduldepot.de/ vom 28.02.2016.

scheidungen vor jeder Neubewertung der Sammlung die intensive Erforschung von Kunst- und Kulturgut. Durch das »Abspecken« kann die eigene Sammlung an Qualität gewinnen, überzählige Objekte können an andere Häuser abgegeben oder eingetauscht werden. Wegwerfen sollte das letzte Mittel darstellen und Ausnahme bleiben.

Problematisch ist indes der Verkauf von Kulturgut. Dies birgt die Gefahr, dass sich Museen hierüber genötigt sehen, finanzielle Lücken zu schließen.

Vielmehr sollte vermehrt über strategisches Sammeln nachgedacht werden. Schenkungen an Museen werden nach dem Motto »Das kostet uns nichts« gern entgegengenommen. In diesem Zusammenhang ist eine vorausschauende Sammlungspolitik vonnöten, denn die wissenschaftliche Aufarbeitung, der Erhalt der Objekte und die Lagerflächen kosten Ressourcen. Daneben entsteht eine neue Problematik in einigen Sammlungen durch die Verwendung von nur schwer zu lagernden Materialien. So müssen sich Restauratoren in Technikmuseen um den Erhalt von kritischen Kunststoffen wie Gummi, Nitrozelluloseacetat und -nitrat, aber auch von Fetten, Ölen usw. bemühen. Diese Stoffe sind häufig nicht für die jahrzehntelange Aufbewahrung konzipiert, oder aber man hat noch keine ausreichende Kenntnis der entsprechenden Alterungseigenschaften. Kunstsammlungen haben es meist umso schwerer, weil zahlreiche Künstler des 20. und 21. Jahrhunderts Verbrauchsmaterialien wie Nahrungsmittel, Klebstreifen oder Folien verarbeiten.

Auch der Einsatz Neuer Medien wie Videokassetten, Tonbänder etc. stellt eine neue Herausforderung für den dauerhaften Erhalt dar. Die Lagerung und Verpackung der Objekte unter bestimmten Bedingungen (z.B. mit Schad- oder Sauerstoffabsorbern), die Entwicklung neuer Methoden zur Lagerung sowie das Monitoring nehmen viel Zeit in Anspruch. Sinnvoll wäre es im Rahmen des »intelligenten Sammelns«, vor dem Ankauf oder einer Schenkung solcher Objekte die Restauratoren zu den Möglichkeiten des Erhalts, zum entstehenden Aufwand und den Kosten zurate zu ziehen.

4.1.3 Lagern und Öffentlichkeit: Das Schaudepot

Eine weitere Entwicklung der letzten Jahre ist die Einrichtung von sogenannten Schaudepots. Sie verbinden für viele Geldgeber die Notwendigkeit, neue Depots zu finanzieren, mit der Möglichkeit, diese der Öffentlichkeit zu präsentieren. Die Einrichtung von Schaudepots kann als Trend in der Museumslandschaft bezeichnet werden. Sie ist Kennzeichen ihrer Modernität und wird als Medium der Erweiterung und Öffnung einer neuen Dimension der Vermittlung angesehen.

Ferner ermöglichen es Schaudepots, eine Institution mitsamt der Sammlungsbestände transparent zu machen (vgl. Christiansen 2007: 45).

Das »Phänomen Schaudepot« hat seinen Ursprung bereits vor rund 30 Jahren in Kanada. Das erste offiziell als »visible storage« bezeichnete Schaudepot wird 1976 in Vancouver (Kanada) vom Museum of Anthropology (MOA) eröffnet, einem Universitätsmuseum mit dem dezidierten Auftrag zu lehren und zu forschen. Um diesen Aufgaben gerecht zu werden, müssen kontinuierlich Objekte aus Depots geholt werden, was zu der Einrichtung eines für alle zugänglichen Schaudepots führt (vgl. Cunningham 1999: 41). Nicht nur der Experte oder Kurator, sondern jedweder Besucher kann nun zum Studenten werden (vgl. Cunningham 1999: 48) – eine Folge der Demokratisierung von Museumssammlungen im Kanada der 1960er und 70er Jahre. Der Grundgedanke ist hierbei, dass die Öffentlichkeit der eigentliche Besitzer der Sammlungen ist (vgl. Thristle 1990: 49).

Der Idee folgen in den letzten Jahrzehnten zahlreiche Museen erst in Nordamerika, dann auch in Europa. Seit den späten 1990er Jahren besteht auch bei immer mehr Museen in Deutschland, Österreich und der Schweiz der Wunsch, ihre reichhaltigen Sammlungen nicht weiter unbeachtet in den Depots schlummern zu lassen, sondern einem Publikum zugänglich zu machen. So entsteht im Untergeschoss des Museums für Angewandte Kunst in Wien 1993 unter dem Begriff der Studiensammlung ein Schaudepot. Im Jahr 1999 eröffnet das Überseemuseum in Bremen in Hausgemeinschaft mit einem Multiplexkino ein Schaumagazin (Christiansen 2007: 45 f.). In den letzten Jahren sind in Deutschland, Österreich und der Schweiz nicht nur weit über 30 Schausammlungen entstanden, sondern es bilden sich auch vielfältige Varianten heraus.

Schaudepots unterliegen unterschiedlichen Raum- und Funktionskonzepten. So kann lediglich ein Schaubereich innerhalb oder außerhalb des Museums zu besichtigen sein, oder aber ein reguläres Depot wird der Öffentlichkeit zugänglich gemacht und somit zum Schaudepot. Im Zuge einer Masterarbeit wurden durch die Autorin anhand einer Untersuchung von vorhanden Schaudepots in Deutschland, Österreich und der Schweiz drei Schaudepottypen definiert (Funck 2010a).

Beim Schaudepottyp I handelt es sich im Wesentlichen um ein reguläres Museumsdepot – das im Gegensatz zu diesem für die Öffentlichkeit jedoch nur im Rahmen angemeldeter Führungen zugänglich ist. Zielgruppen dieser Präsentationsform, die mit dem Begriff »begehbares Depot« beschrieben werden kann, sind mangels museumspädagogischer Zusatzangebote überwiegend Wissenschaftler, Studenten oder Experten sowie Erwachsene in Gruppen oder Einzelpersonen. Vorteil dieses Typs ist, dass er im Gegensatz zu den beiden anderen

Schaudepottypen kostengünstig in Einrichtung und Betrieb ist. Er greift keine der bekannten Inszenierungsformen auf, sondern öffnet das Depot in seiner originären Form für Interessierte. Dadurch wird für den Besucher eine Ordnung sichtbar, die er bisher nicht kannte, es öffnet sich ihm ein Blick hinter die Kulissen. Das dürfte den Reiz ausmachen – die »Schatzkammer« eines Museums zu besichtigen und eine Sehnsucht nach Geheimnisvollem und Kostbarem zu stillen. Dass ein Vergleich dieses Schaudepottyps mit Studiensammlungen und Wunderkammern naheliegt, belegen die vielen gemeinsamen Kennzeichen. Der Blick hinter die Kulissen scheint die Besucher zu faszinieren (vgl. Funck 2010b: 75 f.).

Bei Schaudepottyp II sind die Merkmale einer Ausstellung vorrangig, weshalb hier von einer Ausstellung mit Depotcharakter gesprochen werden kann. So gibt es auch hier museumspädagogische Angebote. Ferner sind die Exponate inszeniert. Ein Publikum, das an diesem Typus Gefallen findet, besteht aus Schulklassen, Familien mit Kindern und Personen, die Genaueres über die Objekte erfahren möchten. Nachteilig sind die hohen Kosten für Einrichtung, Betrieb sowie die Notwendigkeit eines zusätzlichen Depots. Es besteht eine ausgeprägte Ähnlichkeit zur musealen Ausstellung, weshalb in diesem Zusammenhang nicht von einer neuen Präsentationsform gesprochen werden kann (vgl. Funck 2010b: 77 f.).

Schaudepottyp III stellt die größtmögliche Mischung der Kennzeichen von Präsentieren und Deponieren dar. Allerdings kann dies leicht dazu führen, dass der Typus durch die Verbindung möglichst vieler Eigenschaften weder einer Ausstellung noch einem Depot gerecht wird. So handelt es sich um ein Depot mit inszenierten Objekten und didaktischen Angeboten, was eine breitere Öffentlichkeit und die Zielgruppen des Schaudepottypus II anspricht. Allerdings ist der Besuch nur im Zuge geregelter Führungen möglich. Außerdem wird aufgrund der kosten- und platzintensiven Präsentation ein zusätzliches Depot benötigt, oder aber es werden Objekte wie im Schaudepottypus I ohne Inszenierung gezeigt, und es gibt geregelte Öffnungszeiten. Der Vorteil hierbei ist, dass kein zusätzliches Depot benötigt wird. Die Zielgruppen ähneln denen des Schaudepottyps I (vgl. Funck 2010b: 78 f.).

4.2 FORSCHEN

In der Regel ist mit der Funktion des Forschens in Museen die sammlungsbezogene Forschung gemeint, wobei es überdies zahlreiche weitere Bereiche in einem Museum gibt, in denen geforscht werden kann (z.B. die Besucherforschung im Rahmen der Kulturvermittlung oder die Restaurierungs- und Konservierungsforschung). Häufig fehlen jedoch insbesondere für Forschungstätigkeiten Personal und Geld. Um diese Lücke zu füllen, gibt es Institute und Stiftungen, die ausgewählte Projekte an Museen fördern. Etwas anders verhält sich dies an Universitätsmuseen und den sogenannten Forschungsmuseen in Deutschland. An ihnen wird, je nach Festlegung und Schwerpunkt, intensiver Forschung betrieben.

Häufig gerät das Forschen an Museen – das neben der Forschung an Hochschulen und Instituten einen wichtigen Grundstein für die Weiterentwicklung eines Museums und der wissenschaftlichen Aufarbeitung seiner Sammlungen legt – in den Hintergrund. Ursache hierfür sind Personalabbau und die Verschiebung von Aufgaben weg vom Forschen hin zum Ausstellen und Vermitteln.

Die Geschichte der Forschung an Museen wurde bisher nur für einzelne Teilbereiche wissenschaftlich aufgearbeitet, weshalb an dieser Stelle nicht auf den geschichtlichen Hintergrund dieser Museumsaufgabe eingegangen werden kann. Stattdessen werden im Folgenden die (Restaurierungs-)Forschung an Museen (siehe Punkt 4.2.1), Eigenschaften von Forschungsmuseen (siehe Punkt 4.2.2) und die Möglichkeiten externer Förderung von Forschungsprojekten an Museen im Allgemeinen und in der Restaurierung im Speziellen vorgestellt (siehe Punkt 4.2.3).

4.2.1 Forschung an Museen

An bundesdeutschen Museen wird mitunter diskutiert, welche Museumstätigkeit als Forschung bezeichnet werden soll oder darf und in welcher Intensität geforscht werden sollte. So stellt sich beispielsweise die Frage, ob die Konzeption einer Ausstellung eine Forschungstätigkeit darstellt. Recherche zu Objekten, die Aufarbeitung wissenschaftlicher Fragestellungen (z.B. kunsthistorischer oder archäologischer Natur) sowie die damit zusammenhängende Publikationstätigkeit wird der Forschung zugeschrieben.[7] In der Regel werden Mitarbeiter von Museen, deren Stellenbeschreibung auch die Forschungstätigkeit beinhaltet, als wissenschaftliche Mitarbeiter tituliert, auch wenn sie sich selbst Kuratoren, Kustoden, Konservatoren nennen.

Auch die Bemühungen durch Museen, die Herkunft und ehemaligen Besitzer von Objekten aus Raub- oder Beutekunst zu identifizieren, wird als Forschungstätigkeit verstanden (»Provenienzforschung«).[8] Hierbei sind besonders häufig Untersuchungen zur Echtheit oder Materialität vonnöten, die meist von den Restauratoren selbst oder in Zusammenarbeit mit analytischen Fachlabors ausgeführt werden.

Restaurierungsforschung im Sinne der Durchführung aufwendiger Projekte, der Betreuung von Doktoranden oder der Akquise von Forschungsprojekten findet in der Regel nur an großen Museen statt.[9] Sie tragen beispielsweise durch kunsttechnologische Untersuchungen zur Aufklärung spezifischer Fragestellungen ihres Museums, aber auch zu Themen der allgemeinen Fachwissenschaft bei. Dennoch werden auch an kleineren Museen von den Restauratoren Materialien von Objekten oder neue Produkte, Techniken und Verfahren untersucht. Die »Alltagstätigkeiten« von Restauratoren an Museen wie Ausstellungsauf- und -abbau, Kurierfahrten sowie deren Vor- und Nachbereitung gelten dabei in der Regel nicht als Forschungstätigkeit. Kleinere Testreihen, Versuche oder das Testen neuer Produkte oder Techniken hingegen können als wissenschaftliche Tätigkeiten bezeichnet werden und sind gängige Praxis.

Restauratoren werden in der Regel trotz ihres akademischen Abschlusses und wissenschaftlicher Tätigkeiten an Museen (z.B. im Zuge von Untersuchungen, Testreihen, der Akquise und Betreuung von Forschungsprojekten, Publikationen, Lehrtätigkeiten an Hochschulen) zu Unrecht nicht zu den wissenschaftlichen Mitarbeitern gezählt. Dies hat Auswirkungen auf ihre Stellung im Haus und auf ihre Positionierung gegenüber Kuratoren.

---

7 Diese Fragestellung wurde im Rahmen einer Tagung der Volkswagenstiftung mit dem Titel »Zukunft der Forschung in Museen« im Juni 2014 diskutiert. http://www.volkswagenstiftung.de/nc/veranstaltungen/veranstdet/ttback/41/article/zukunft-der-forschung-in-museen.html vom 28.02.2016

8 http://www.landesmuseum-stuttgart.de/sammlungen/forschung/provenienzforschung/ vom 07.03.2016.

9 http://www.smb.museum/forschung/restaurierung-kunsttechnolgie.html vom 28.02.2016.

4.2.2 Forschungsmuseen

In Deutschland dürfen sich acht Museen als Forschungsmuseen der Leibniz-Gemeinschaft bezeichnen.[10] Neben Dauer- und Sonderausstellungen werden an diesen Museen umfangreiche Untersuchungen zur Erdgeschichte, zur Biodiversität und zur Kultur- und Technikgeschichte unternommen. Museen in diesem Verbund erhalten gesonderte finanzielle Mittel, müssen dafür aber zu einem individuell festgelegten Prozentsatz Forschung betreiben, der in Evaluierungen geprüft wird. Das Bundesministerium für Bildung und Forschung ist zu 50 Prozent an der Finanzierung beteiligt.[11]

In der Regel weisen die Häuser einen Teil ihrer Forschungsarbeit durch Projekte in der Restaurierung nach. Der Prozentsatz der Restaurierungsforschung innerhalb der Forschungsmuseen variiert im Verhältnis zu den anderen Forschungsbereichen, und auch die Form (d.h. personelle Besetzung, Ausstattung und Schwerpunkte) der Restaurierungsforschung ist vielfältig. So verfügt aus der Reihe der Forschungsmuseen beispielsweise das Germanische Nationalmuseum in Nürnberg mit dem Institut für Kunsttechnik und Konservierung[12] über eine ganze Abteilung zur Restaurierungsforschung (die allerdings auch nichtforscherische Aufgaben übernimmt); das Deutsche Museum München hat innerhalb seines Forschungsinstituts eine Stelle eigens für Objekt- und Restaurierungsforschung eingerichtet.[13]

10 Deutsches Bergbau Museum Bochum, Deutsches Museum München, Deutsches Schifffahrtsmuseum Bremerhaven, Germanisches Nationalmuseum Nürnberg, Museum für Naturkunde Berlin, Römisch-Germanisches Zentralmuseum Mainz, Senckenberg Naturmuseum Frankfurt, Görlitz, Dresden und Zoologisches Forschungsmuseum Alexander Koenig, Bonn.

11 www.leibniz-gemeinschaft.de/institute-museen/forschungsmuseen/ vom 28.02.2016 und http://www.bmbf.de/pub/museen_forschung_die_sich_sehen_laesst.pdf vom 04.06.2014.

12 http://www.gnm.de/museum/abteilungen-und-anlaufstellen/institut-fuer-kunsttechnik-und-konservierung-ikk/ vom 29.02.2016.

13 http://www.deutsches-museum.de/forschung/das-forschungsinstitut/ vom 28.02.2016.

4.2.3 Externe Förderung an Museen

Vielfach bleibt, wie bereits einleitend in diesem Kapitel beschrieben, an Museen keine oder nur wenig Zeit, um Forschung zu betreiben. Häufig fehlen die finanziellen Mittel, um externe Wissenschaftler zu beschäftigen oder notwendiges Equipment anzuschaffen (z.B. Mikroskope). Es besteht allerdings die Möglichkeit, mithilfe externer Förderung Forschungsprojekte durchzuführen. Je nach Forschungsschwerpunkt stehen den Museen hierfür zahlreiche Projektpartner zur Antragsstellung zur Verfügung. Dennoch ist es nicht einfach, eine externe Förderung zu erwirken: zum einen natürlich aufgrund der großen Konkurrenz um die Fördertöpfe, zum anderen ist häufig ein nicht unwesentlicher Anteil an finanzieller und personeller Eigenleistung zu erbringen, um eine Förderung zu erhalten. Dies macht es insbesondere kleineren Museen häufig unmöglich, sich um Fördermittel zu bewerben.

Speziell zum Thema »Restaurierung und Bestandserhalt« bieten nur wenige Förderer Mittel an. Ein Beispiel hierfür ist »KUR«, ein Programm zur Konservierung und Restaurierung von mobilem Kulturgut.[14] Es wurde im Jahr 2007 von der Kulturstiftung des Bundes gemeinsam mit der Kulturstiftung der Länder initiiert und förderte bis 2011 Konservierungs- und Restaurierungsprojekte in Museen, Archiven und Bibliotheken. Das Förderprogramm wurde mittlerweile eingestellt.

Seit 2008 bietet das Bundesland Nordrhein-Westfalen das »NRW-Restaurierungsprogramm« an: Hier haben nordrhein-westfälische Museen die Möglichkeit, die Förderung von Restaurierungsvorhaben zu beantragen. Das Ministerium für für Familie, Kinder, Jugend, Kultur und Sport entscheidet über die Vergabe der Mittel.[15]

Als neueres Förderungsprojekt ist »Kunst auf Lager« zu nennen. Darin rücken die gelagerten Museumsbestände in den Vordergrund. Ziele sind die Optimierung der Lagerbedingungen, wissenschaftliche Untersuchungen sowie dringende Konservierungs- und Restaurierungsvorhaben. Zwölf Partner des Bündnisses »Kunst auf Lager« fördern im Rahmen ihrer individuellen Schwerpunkte die Arbeit mit Museumssammlungen. Projektvorschläge können die Bereiche

14 http://www.kulturstiftung-des-bundes.de/cms/de/programme/restaurierung/archiv/kur_programm_zur_konservierung_und_restaurierung_von_mobilem_kulturgut_3164_96.html vom 16.07.2014.

15 http://restauratoren.de/wir-ueber-uns/nrw-programm/informationen.html vom 28.02.2016.

»Erschließung und Erforschung«, »Konservierung und Restaurierung« sowie »Infrastruktur und Logistik« betreffen.[16]

Um Unterstützung in der musealen Restaurierung durch andere Förderer zu erhalten, ist in der Regel eine fachübergreifende Antragsstellung vonnöten. Dabei ist es denkbar, eine historische Fragestellung mit einer restauratorischen zu verknüpfen. Daneben beantragen häufig mehrere Museen gemeinsam mit Hochschulen und Institutionen eine Förderung. Die VW-Stiftung bietet hierzu speziell das Programm »Forschung an Museen« an.[17] Aber auch das Bundesministerium für Bildung und Forschung, die Deutsche Bundesstiftung Umwelt, die Gerda-Henkel-Stiftung, die Wüstenrot-Stiftung, sämtliche Landesstiftungen und einige weitere Stiftungen unterstützen museale Projekte.

4.2.4 Forschungsinstitute

Neben der Unterstützung durch externe Förderer arbeiten Museen mit Forschungsinstituten meist in Form von Kooperationen zusammen.

Zunächst ist in diesem Zusammenhang das Institut für Museumsforschung zu nennen. Dieses ist ein bundesweit tätiges Forschungs- und Dokumentationsinstitut der Staatlichen Museen zu Berlin und konzentriert sich auf sammlungsübergreifende Aspekte des Museumswesens. Zu den Forschungsschwerpunkten gehören Arbeiten zur Besucherforschung, Digitalisierung und Langzeitarchivierung, zu Museumsmanagement und -dokumentation, zu Neue Medien und zur Museumsdidaktik. Das Institut gibt außerdem die jährlichen Museumsstatistiken heraus.[18]

Daneben engagiert sich die Forschungsallianz Kulturerbe für Forschung an Museen. Die Allianz vereinigt 15 Fraunhofer-Institute, acht Leibniz-Forschungsmuseen und fünf Haupteinrichtungen der Stiftung Preußischer Kulturbesitz mit dem Ziel, die geistes-, natur- und kulturwissenschaftlichen Kompetenzen der drei Partner zu bündeln. Gemeinsam werden neue Verfahren und Methoden für die Restaurierung und Konservierung von Kulturgut entwickelt und erprobt. Dadurch soll der Wissenstransfer zwischen Forschung und Restaurierungspraxis intensiviert und die Bedeutung des Kulturerbes stärker im öffentlichen Bewusstsein verankert werden.[19]

---

16 http://www.kunst-auf-lager.de/ vom 28.02.2016.

17 http://www.volkswagenstiftung.de/forschunginmuseen.html vom 28.02.2016.

18 http://www.smb.museum/museen-und-einrichtungen/institut-fuer-museumsforschung/home.html vom 28.02.2016.

19 http://www.forschungsallianz-kulturerbe.de/ vom 28.02.2016.

Das Rathgen-Forschungslabor ist eine naturwissenschaftliche Einrichtung der Staatlichen Museen zu Berlin und berät vornehmlich deren Sammlungen. Es untersucht darüber hinaus aber auch für andere Museen und Einrichtungen Objekte, bearbeitet naturwissenschaftliche Fragestellungen zur Denkmalpflege und zum Erhalt archäologischer Stätten und berät zu konservierungswissenschaftlichen, kunsttechnologischen und archäometrischen Problemen.[20]

Auch die Zusammenarbeit mit Hochschulen stellt eine Bereicherung der Museen und insbesondere der Restaurierungswerkstätten dar. So werden gemeinsam Forschungsanträge gestellt, technologische Untersuchungen vorgenommen, Doktoranden betreut sowie Vorlesungen und Seminare veranstaltet. Aber auch die Betreuung von Bachelor- oder v.a. Masterarbeiten, gelegentlich teilfinanziert durch externe Kooperationspartner, stellen eine gängige Praxis dar. Dies bringt neue Entwicklungen und restaurierungswissenschaftliche Erkenntnisse in die Restaurierungsabteilungen der Museen. Die Hochschulen ihrerseits profitieren von den Sammlungen der Museen und den Erfahrungen aus der Museumspraxis.

4.3 BEWAHREN

Die Geschichte des Bewahrens von Kunst- und Kulturgut reicht weit zurück und ist zwangsläufig mit der Vergangenheit der Museen verbunden. Sie wird unter besonderer Berücksichtigung des Restaurierens unter Punkt 4.3.1 beschrieben. Unter Punkt 4.3.2 wird auf die Funktionen und Probleme des Bewahrens als heutige museale Aufgabe eingegangen. Punkt 4.3.3 dient der Klärung der Begriffe in Zusammenhang mit der Restaurierung.

Obwohl das Bewahren von Objekten in den Statuten der Museen und in Grundsatzpapieren wie den »Ethischen Richtlinien für Museen« des ICOM einen festen Platz hat und keiner die Notwendigkeit anzweifelt, dies auch umzusetzen, wird das Museumsgut häufig nur aufbewahrt und nicht bewahrt. Nach dem aber in den Papieren festgelegt ist, dass jeder Museumsmitarbeiter im Rahmen seiner Tätigkeiten den Bewahrungsauftrag zu erfüllen hat, kommt v.a. den Restauratoren hierbei eine zentrale Rolle zu, indem sie Konservierungs- oder Restaurierungsmaßnahmen durchführen und diese verantworten (Buczynski et al. 2012: 89). Trotzdem wird das Bewahren der Objekte oft vernachlässigt. Im Vergleich zu anderen Aufgaben – Forschen, Ausstellen und Vermitteln – nimmt

20 http://www.smb.museum/museen-und-einrichtungen/rathgen-forschungslabor/home.html vom 28.02.2016.

das Bewahren als langfristige, stetige Maßnahme deutlich mehr Zeit in Anspruch als die anderen Aufgaben (Buczynski et al. 2012: 89).

2002 führt der DMB gemeinsam mit dem »Verband der Restauratoren e.V.« (VDR) und dem Institut für Museumskunde auf Initiative der Kulturstiftung der Länder bei allen großen bis mittleren Museen sowie unter bedeutenden kleinen Museen eine Umfrage zu deren Restaurierungs- und Konservierungsbedarf durch. 393 Museen melden sich zurück, 70 Prozent hiervon benennen ein oder mehrere Restaurierungsvorhaben und betonen die enorme Dringlichkeit, für den Erhalt ihrer Objekte Mittel zu beziehen. 65 Prozent der Projekte werden im Wert zwar unter 25.000 Euro geschätzt, zusammengefasst ergibt sich dennoch ein Bedarf – und zwar nur bei den Museen, die an der Umfrage teilnehmen (!) – von 20 Millionen Euro.[21]

Mehr als zehn Jahre später scheint der besorgniserregende Zustand von gelagerten Museumsobjekten und Depots den verantwortlichen Geldgebern (Bund, Ländern, Städten und Kommunen) schlussendlich aufzufallen. Dafür sprechen die bundesweit stark vorangetriebenen Depotneubauten. Auch das »KUR«-Projekt und »Kunst auf Lager« sind Indizien dafür, dass etwas gegen den Verfall von Museumsgut getan werden muss und wird. Trotz neuer Depotbauten und Restaurierungsprojekte ist ein großer Teil der gelagerten Sammlungsbestände nichtsdestoweniger auch weiter von Schäden bedroht.

4.3.1 Geschichte des Bewahrens – Geschichte der Restaurierung/Konservierung

Die Geschichte des Bewahrens ist auch die Geschichte der Restaurierung und Konservierung. Sie soll – im Wesentlichen auf Museen bezogen – im Folgenden kurz skizziert werden. Da diese eng verknüpft ist mit der Ausbildung zum Restaurator, soll dieser Aspekt ebenfalls Beachtung finden. Die Entwicklung der einzelnen Fachbereiche wie Gemälde, Möbel, Papier, Stein etc. kann im Rahmen dieser Arbeit allerdings nicht eigens beachtet werden.

Bereits in der Antike befassen sich Griechen und Römer mit der Auswahl verwendeter Materialien, dem Erhalt von Kunstwerken bzw. bearbeiten Schäden. Als älteste Überlieferung einer Restaurierung gilt eine Überlegung Plinius des Älteren, inwiefern der griechische Maler Pausias bei der Wiederherstellung eines Gemäldes zu weit gegangen sei. Auch eine Klage über das unbefriedigende Ergebnis der Reinigung eines Kunstwerks ist dank Plinius' Aufzeichnungen

21 http://www.museumsbund.de/fileadmin/geschaefts/bulletin/Bulletin_2004_1.pdf vom 28.02.2016.

bekannt (vgl. Cagiano de Azevedo 1952: 708). Überdies ist überliefert, dass zum Schutz von Gemälden ein Firnis verwendet wurde. Daneben wird in der Antike das Konzept verfolgt, Kunstwerke durch die Anfertigung einer Kopie und somit eines »Ersatzes« zu erhalten. Auch von regelmäßigen Reinigungsmaßnahmen, der Aufbringung von Schutzüberzügen und der Ergänzung fehlender Teile wird berichtet. Objekte aus Metall werden hingegen, wenn zu stark beschädigt, eingeschmolzen und neue Kunstwerke daraus hergestellt (vgl. Schaible 2014b: 21 ff. und Cagiano de Azevedo 1952: 709 f.).

Aus der Spätantike bzw. dem frühen Christentum sind keine Niederschriften zur Restaurierung und Pflege von Kunstwerken bekannt. Dafür ist an den erhaltenen Objekten ablesbar, dass die Erneuerung von Kunstwerken ein gängiges Verfahren gewesen sein muss. Hierbei werden im Sinne einer »Aktualisierung« – nicht des Erhalts – ganze Personen oder Teile übermalt, neu eingekleidet oder Attribute entfernt (vgl. Schaible 2014b: 24 ff.).

Im Zuge der italienischen Frührenaissance im 15. und 16. Jahrhundert und dem damit verbundenen Humanismus entsteht ein neues Geschichtsbewusstsein. Die römische Hochkultur gilt als Ideal, antike Stätten werden deshalb nicht länger als Steinbruch, sondern als Studienobjekte für Künstler und Architekten wahrgenommen. Diese Phase ist als Beginn des Erhalts zu begreifen. Ausgrabungen wie die des Hauses des Kaisers Nero oder der Laokoon-Gruppe geben Anlass für einen neuen Umgang mit entdeckten Kunstobjekten. So hat die Kunst der Antike Vorbildcharakter, der die damaligen Künstler nicht nur anregt, diese zu imitieren, sondern sogar zu übertreffen. Bereits vorhandene, »aus der Mode gekommene« Kunstwerke werden im Stil der Zeit umgearbeitet und angepasst. Daneben ist bekannt, dass Künstler nach dem damals gültigen Geschmack modifizieren, aber auch Neuinterpretationen wagen, sichtbar in hellerem Stein ergänzen oder gar auf eine Ergänzung verzichten. Somit unterliegt die Konservierung und Restaurierung keinem einheitlichen Grundsatz.

Dafür sind erste Anweisungen und Rezepte zur Reinigung von Gemälden überliefert (vgl. Schaible 2014b: 30 ff., Schaible 2014a: 2 und Cagiano de Azevedo 1952: 711 ff.). Aus dem Italien des 16. Jahrhunderts ist bekannt, dass Architekten und Ingenieure Kunstwerke erhalten, indem sie diese z.B. durch Abnahme von Fresken oder Mosaiken vor der Zerstörung bewahren (vgl. Schaible 2014b: 70 ff. und Schaible 2014a: 3).

Das 16. und 17. Jahrhundert ist geprägt vom Dreißigjährigen Krieg, d.h. der Reformation, dem Bildersturm und der Gegenreformation. In dieser Zeit werden zahllose sakrale Kultobjekte und Kunstwerke ganz oder in Teilen zerstört. Teilweise werden Steinskulpturen zum (Wiederauf-)Bau von Gebäuden verwendet,

Wandmalereien übertüncht, Holzobjekte verbrannt (vgl. Schaible 2014c: 1 ff. und Schaible 2014a: 4).

Trotz dieser Wirren gilt das 17. Jahrhundert als Grundstein für den Beruf des Restaurators. Erstmals widmen sich Spezialisten – im Gegensatz zu Architekten, Künstlern oder Bildhauern – Restaurierungsthemen. So sind beispielsweise Angaben zur Reinigung und Konservierung von Gemälden aus der Veröffentlichung »De Mayerne Manuskript« bekannt, in der der Mediziner Sir Théodore Turquet de Mayerne Rezepte für Werkstoffe und Maltechniken zur Gemälderestaurierung niederschreibt. Auch sind Rechnungen zur Reinigung von Gemälden und frühe Belege zur Konservierung von Gemälden erhalten (vgl. Schaible 2014c: 1 ff., Schaible 2014a: 4 und mündl. Auskunft Schaible 05.12.2014).

Im 18. Jahrhundert etabliert sich schließlich der Beruf des Restaurators. Der Restaurator ist nun nicht mehr nur Künstler, sondern wird als Spezialist angesehen. Dies dürfte mit seiner Beschäftigung mit der Materialität von Objekten und der damit einhergehenden Entwicklung weiterer Techniken zusammenhängen, z.B. das Aufziehen eines beschädigten Gemäldes auf eine neue Leinwand. Trotzdem bestehen bis Mitte des 18. Jahrhunderts immer noch unterschiedliche Ideologien hinsichtlich Konservierung und Restaurierung: So wird nach wie vor die Möglichkeit diskutiert, ein Original durch eine Kopie zu ersetzen. Daneben werden, unter dem Einfluss der noch jungen Archäologie, Wandmalereien im Sinne der Wertschätzung selbiger Objekte abgenommen, v.a. im Zuge der Ausgrabungen von Herculaneum und Pompeji. Dies führt zu einem regen Handel von antiken Fundobjekten und in der Folge zu der Verbreitung von Fälschungen auf dem Markt (vgl. Schaible 2014d: 16 ff., Schaible 2014a: 5 ff., mündl. Auskunft Schaible 05.12.2014 und Cagiano de Azevedo 1952: 716 f.). Gleichzeitig wird die Forderung nach einer geordneten Ausbildung für Restauratoren bekannt. Parallel zur Restaurierungsauffassung und -ethik hat sich auch die Auffassung darüber gewandelt, welche Art Ausbildung notwendig sei (vgl. Schießl 1989: 67). Meist stammen zu diesem Zeitpunkt Restauratoren aus dem Handwerk oder haben eine künstlerische Ausbildung absolviert.

Zu jener Zeit widmet sich Comte de Caylus, ein französischer Antiquar und Sammler, der Untersuchung von Kunstwerken. Er gilt als Vorreiter der modernen kunsttechnologischen Forschung, da er zur Feststellung der Echtheit Herstellungstechniken und Gebrauchsspuren untersucht. Zur selben Zeit veröffentlicht in Deutschland Gérard Dagly, angestellt als Generaldirektor und Restaurator im Potsdamer Schloss Sanssouci, eine Beschreibung seines neuen Gemäldekonservierungsmittels und führt erste Alterungstests an Konservierungsmaterialien durch. Dagly testet seine Tinktur an 50 Gemälden, die er ein Jahr der Außenbewitterung aussetzt. Wie der Versuch ausgeht, ist nicht überliefert. Daneben stellt er Überlegungen zu den Schadensursachen Klima und Umwelt an. Auch sein Nachfolger Schulze entwickelt Schutzüberzüge für Gemälde, genau wie Johann Gottfried Riedel, Galerieinspektor der Gemäldegalerie am Neumarkt zu Dresden (vgl. Schaible 2014d: 16 ff., Schaible 2014a: 5 ff. und Cagiano de Azevedo 1952: 716 f.). Allerdings werden die verwendeten Mittel nie veröffentlicht. Die Vorreiter der Restaurierungsforschung neigen mit ihren »Wundermitteln« zur Geheimniskrämerei.

Ende des 18. Jahrhunderts werden zahlreiche Kunstwerke im Zuge der Französischen Revolution beschädigt und zerstört. Dem Vandalismus folgt die Einsicht, dass materielles Kulturgut bewahrt werden muss, weil Kunst- und Kulturgut, das ehemals dem Adel vorbehalten war, nunmehr der Allgemeinheit zugeschrieben wird. Verbunden mit dem Erhalt ist der Wunsch einer öffentlichen Präsentation der Objekte. Die nach Paris verschleppten Gemälde werden restauriert und in der Folge umgehend ausgestellt. Mit der öffentlichen Zurschaustellung der restaurierten Objekte beginnt auch eine öffentliche Diskussion um die Qualität der Restaurierungen. Im Geist der Öffentlichmachung von Allgemeinbesitz eröffnet 1802 das Musée Napoléon als staatliche Institution. Zu dieser Zeit ereignet sich ein kurioser Restauratorenstreit. Weil Gemälde des Königs vernachlässigt worden sein sollen, dürfen nur mehr die besten Restauratoren des Landes an den Bilderschätzen der Republik arbeiten. Ein Restauratorenwettbewerb wird anvisiert, der dann aber nicht stattfindet (vgl. Schaible 2014d: 52 ff. und Schaible 2014a: 8).

Der Sturz Napoleons führt zur Rückgabe der Kunstwerke ab 1818. Diese Tatsache sowie v.a. die Gründung öffentlicher Museen in Deutschland haben vermehrte Restaurierungstätigkeiten zur Folge. Ein weiterer wichtiger Grund liegt in der Säkularisierung der Kirchen und Klöster. Diese bringen eine große Menge an »altdeutscher Kunst« auf den Markt. Daneben führt die Sehnsucht nach nationaler Einheit zu einem vermehrten Interesse an »altdeutscher Kunst«. Auch dies löst zusehends Restaurierungsarbeiten aus.

Ab 1830 wird so viel restauriert wie nie zuvor. Erste deutsche Fachliteratur[22] ist die Folge (vgl. Schaible 2014d: 69 ff. und Schaible 2014a: 9).

Trotz der vermehrten Restaurierungstätigkeiten ist das 19. Jahrhundert für das Metier ein konfliktreiches, was an drei Ursachen festgemacht werden kann. Zunächst liegt der Grund in der Bestrebung, die Konservierung und Restaurie-

22 P.L. Bouvier: Manuel des jeunes artistes, Paris 1825; 1. deutsche Ausgabe von Prange: Vollständige Anweisung zur Ölmalerei für Kunstfreunde und Künstler, Halle 1828. C. Köster: Über die Restauration alter Gemälde, Heidelberg 1827. F: Lucanus: Anweisung zur Restauration alter Ölgemälde, Leipzig 1828.

rung für die Ewigkeit durchzuführen (»ars eterna«). So werden im Zuge einer Übertragungswelle – angeregt durch die Veröffentlichung der Übertragung von Raffaels »Madonna di Foligno« – Hunderte Holztafelgemälde zum (vermeintlich) dauerhaften Erhalt auf Leinwände übertragen. Die zweite Ursache für den Konflikt fußt auf dem Irrglauben, den ursprünglichen, »originalen« Zustand wiederherstellen zu können. Dies wird deutlich in Totalergänzungen an Skulpturen, beispielsweise durch Thorwaldsen. Aber auch in der Gemälderestaurierung gibt es Vertreter der »Gemäldetotalrenovierung«, beispielsweise den Augsburger Maler/Restaurator Heinrich Andreas Eigner. Im Umgang mit Bauwerken ist in diesem Zusammenhang ferner der Architekt Eugène Viollet-le-Duc zu nennen, der bereits zu Lebzeiten auf heftige Kritik stößt, da er den ursprünglichen Zustand vieler historischer Bauten – v.a. bedeutender mittelalterlicher Sakralbauten Frankreichs – verfremdet. Die dritte Strömung vertritt in jener Zeit die vollkommene Ablehnung oder gar den völligen Verzicht (Verbot) von Konservierungs- oder Restaurierungsmaßnahmen. Hier ist v.a. John Ruskin, britischer Kunsthistoriker und Kritiker von Viollet-le-Duc, als Vertreter zu nennen. Der deutsche Chemiker Max von Pettenkofer äußert sich dahingehend, dass Kunstwerke historische Urkunden seien. Eine Restaurierung komme demnach einer Fälschung gleich (vgl. Schaible 2014e: 1 ff. und Schaible 2014a: 10).[23]

Die zweite Hälfte des 19. Jahrhunderts (Historismus) bringt drei Strömungen hervor. Die erste Phase kennzeichnet das Bestreben, Materialsichtigkeit herzustellen. Dabei werden Skulpturen abgelaugt, obwohl sie ursprünglich gefasst waren. Auch Kircheninnenräume werden von »störenden Ausmalungen« befreit. Die zweite Phase – die Purifizierung – beschreibt das Herstellen eines »reinen Stils«. Hierfür wird beispielsweise eine romanische Wandmalerei im Zuge einer »Restaurierung« entfernt, um eine gotische Kirche noch »gotischer« erscheinen zu lassen. Phase drei charakterisiert eine subjektive Interpretation zugunsten einer gewünschten Gesamtwirkung. So werden in Museen beispielsweise Räume gotisch-historisierend mit Originalen, aber auch mit gotisch anmutenden Objekten zugunsten der Gesamtwirkung bestückt (vgl. Schaible 2014e: 32 ff. und mündl. Auskunft Schaible 05.12.2014).

23 Zur Gemälderestaurierung im 19. Jahrhundert siehe auch Guiseppina Perusini: Simon Horsin-Déon e il restauro in Francia alla metà del XIX secolo, Florenz 2013; zusammengefasst in Manfred Koller: Restaurierungsdebatten des 19. Jahrhunderts. Eine frühe, vergessene Streitschrift zur Gemälderestaurierung in Frankreich. In: Restauro, München, Heft 1, 2015, S. 56-59.

Mit der Gründung eines chemischen Labors am Königlichen Museum zu Berlin unter Friedrich Rathgen im Jahr 1888[24] entwickelt sich erstmals ein wissenschaftlicher Umgang mit Kunstwerken (vgl. Steinbüchel 1994: 20 ff.). Aufgaben sind die Untersuchung von Schadensursachen und die Entwicklung neuer Konservierungsmaterialien. Daneben werden zahlreiche Artikel veröffentlicht, die den Einfluss der Naturwissenschaften auf die Konservierung und Restaurierung belegen. 1884 werden die Zeitschrift »Technische Mitteilungen für die Malerei« (Hg. W. Keim, München), im Jahr 1888 der »Aebny & Russel Report« zum Thema Lichtschäden und Lichtschutz sowie die »Kurzgefassten Regeln zur Konservierung« des Kulturministers von Gossler publiziert. 1918 entsteht eine Patentschrift zum Röntgen von Gemälden (vgl. Schaible 2014e: 39 ff.).

Ende des 19. Jahrhunderts geben drei Denkmalpfleger – Camillo Boito, Alois Riegl und Georg Dehio – die entscheidenden Impulse für die Abkehr von der Utopie des »Wiederherstellens eines Originalzustands«. Sie postulieren die Bedeutung des »Alterswerts« eines Denkmals: Der gewachsene Zustand sei zu erhalten. 1905 wird das erste wirkungsvolle Denkmalschutzgesetz verabschiedet (vgl. Janis 2005: 18 ff. und Schaible 2014a: 12).

Zunächst veröffentlicht Camillo Boito, Architekt und Autor, im Jahr 1886 einen Artikel zur Konservierung und Restaurierung historischer Bauwerke.[25] In diesem erklärt er Konservierung und Restaurierung zu legitimen und notwendigen Maßnahmen. Des Weiteren weist er darauf hin, dass Ergänzungen sich immer auf eindeutige und gesicherte Gegebenheiten stützen müssen, ablesbar sein und sich vom originalen Bestand eindeutig unterscheiden sollen. Daneben fordert er, jede Maßnahme zu dokumentieren (vgl. Schaible 2014e: 39 ff.).

Alois Riegl erarbeitet Grundlagen für ein modernes Denkmalschutzgesetz und veröffentlicht die erste in sich abgeschlossene theoretische Darstellung zum Wert und zu der Qualität von Denkmälern.[26] Hierin unterscheidet Riegl Erinnerungswerte von Gegenwartswerten. Die Konservierung und die Restaurierung sind für ihn als Maßnahmen zur Wiederherstellung der »Lesbarkeit« und »Erfahrbarkeit« eines Objekts wichtig für die Erhaltung des Erinnerungswerts: Die Konservierung sei legitim; eine Restaurierung führe indes zwangsläufig zu einer Verfälschung. Schließlich lösen Altersspuren an einem Objekt beim Betrachter

24 Vgl. http://www.smb.museum/smb/media/collection/14973/Geschichte_RF.pdf vom 13.06.2012.

25 Camillo Boito: I nostri vecchi monumenti: conservare o restaurare, in: Nuova antologia di science, lettere et arti, LXXXVII, 1886, S. 480-506.

26 Alois Riegl: Der moderne Denkmalkultus, sein Wesen und seine Entstehung, Wien, 1903.

Empfindungen aus, die an die Entstehungszeit erinnern lassen. Dies bezeichnet Riegl als Alterswert. Der Erhalt des Erinnerungswerts und somit des Alterswerts verbietet im Großen und Ganzen die Ausführung von Restaurierungsmaßnahmen. Den Gegenwartswert hingegen sieht Riegl in Zusammenhang mit dem Gebrauchswert.

Neben dem Erhalt (Restaurierung, Konservierung) gehört auch die Nutzung zu einem Objekt (Renovierung), aber auch der »relative Kunstwert« eines Objekts ist Aspekt des Gegenwartswerts. So ist der Kunstwert immer abhängig von einem Zeitgeschmack und daher subjektiv. Je nach Zeitgeschmack orientiert sich der Kunstwert am Alterswert oder am Neuwert (vgl. Janis 2005: 20 ff., vgl. Schaible 2014e: 45 ff. und vgl. Schaible 2014a: 11).

Georg Dehio, ebenfalls ein vehementer und einflussreicher Kritiker, ist der dritte Mitbegründer der modernen Denkmalpflege und prägt durch seine Ansichten maßgeblich die Entwicklung der Restaurierung und Konservierung in Deutschland.[27] Ihm zufolge unterliegt die Beurteilung, ob etwas schön sei oder nicht, dem Zeitgeschmack und darf deshalb in der Restaurierung und Konservierung keine Rolle spielen. Die Erhaltungswürdigkeit eines Objekts gründet einzig auf seiner historischen Existenz. Allein der Erhalt des kulturellen Erbes ist gesellschaftliche Pflicht. Der gewachsene Zustand eines Objekts muss Ausgangspunkt für alle potenziellen Restaurierungs- und Konservierungsmaßnahmen sein. Von ihm stammt auch der bis heute gültige Grundsatz: »Nicht restaurieren, wohl aber konservieren.« (Janis 2005: 21) Des Weiteren betont er, dass das Interesse der Gesellschaft über dem Interesse des Einzelnen stehen müsse (vgl. Janis 2005: 20 ff., vgl. Schaible 2014e: 50 f. und vgl. Schaible 2014a: 12).

Zur Jahrhundertwende und im 20. Jahrhundert entdecken die Naturwissenschaften das Thema für sich. Damit gewinnt die Untersuchung und Erforschung von Maltechniken an Bedeutung. So werden ab 1884 die »Technischen Mitteilungen für Malerei« herausgegeben (sie gehen später in »Maltechnik«, dann in »Restauro« über). 1886 wird die Deutsche Gesellschaft für rationelles Malverfahren gegründet. Ab 1911 hält Max Doerner an der Akademie der Bildenden Künste in München Vorlesungen über Malmaterialien und ihre Verwendung (vgl. Flinsch/Flinsch 1989: 9).

Was in der Denkmalpflege beginnt, wird im 20. Jahrhundert auf bewegliches Kunst- und Kulturgut übertragen. Dadurch entstehen an den großen Museen Restaurierungswerkstätten, die wiederum Restaurierungstendenzen beeinflussen. Doch immer noch gibt es unterschiedliche Auffassungen, in welchem Maß restauriert werden darf. Italienische, französische, belgische und österreichische

27 Georg Dehio: Handbuch der deutschen Kunstdenkmäler, 5 Bd.e, Berlin, 1905-1912.

Werkstätten – so Cagiano de Azevedo – entfernen nur Übermalungen, Schmutzschichten und nachträglich aufgebrachten Firnis. Amerikanische, englische und teilweise auch niederländische Restaurierungswerkstätten reduzieren hingegen bis auf die Farbschicht und nehmen somit auch originalen Firnis ab (vgl. Cagiano de Azevedo 1952: 719).

1931 werden im Rahmen einer Fachtagung des Internationalen Museumsamts des Völkerbunds in Athen nationenübergreifend Grundsatzfragen zum Schutz und Erhalt von Denkmälern diskutiert. Insbesondere das Verhältnis zwischen Rekonstruktion und Konservierung in der Denkmalpflege, aber auch in der Archäologie, kommt zur Sprache. In zehn Kapiteln wird versucht, Grundsätze, Normen und Gesetze auf dem Gebiet der Denkmalpflege in ein gemeinsames Regelwerk – die Charta von Athen – zu überführen. Zusammenfassend beinhaltet das Papier den Auftrag, dass in der Denkmalpflege auf eine vollständige Wiederherstellung zu verzichten sei, die Nutzung von Denkmälern möglichst im Sinne ihres Fortbestandes gewährleistet werden und eine Restaurierung nur durchgeführt werden solle, wenn es unumgänglich ist. Ruinen sollen gewissenhaft restauriert werden (Originalteile können verwendet, neue Materialien indes müssen kenntlich gemacht werden), vor jeder Restaurierung sei eine gewissenhafte Voruntersuchung durchzuführen, unterschiedliche Disziplinen sollen zusammenarbeiten, und auf die Umgebung sei sorgfältig zu achten (vgl. Janis 2005: 151 ff.).

Die Forderungen nach einer qualifizierten Ausbildung werden zu Beginn des 20. Jahrhunderts immer drängender, ein ICOM-Memorandum aus den 1930er Jahren beschreibt schlecht ausgebildete Restauratoren gar als die größten »Gefährder« von Kunst- und Kulturgut. Daraufhin wird im Jahr 1933 an der Wiener Akademie die erste deutschsprachige Ausbildungsstätte geschaffen. Im selben Jahr wird an der Londoner Universität ein Lehrbetrieb für Gemälderestauratoren gegründet, 1937 für Archäologie. 1939 wird das »Istituto Centrale del Restauro« in Rom gegründet und mit ihm ein Vorreiter in der akademischen Ausbildung zum Restaurator.

Der Entwicklung des Erhalts von beweglichem und unbeweglichem Kulturgut setzt der Zweite Weltkrieg jäh ein Ende. In diesem wird – von menschlichem Leid ganz zu schweigen – so viel Kunst- und Kulturgut zerstört wie nie zuvor in der Geschichte.

Nach dem Krieg setzt Cesare Brandi neue Maßstäbe bezüglich ethischer Richtlinien in der Restaurierung und Konservierung. Seine Publikationen können als Meilensteine auf dem Weg zur wissenschaftlichen Restaurierung angesehen werden, da er als Erster eine systematische Restaurierungstheorie für mobiles Kunst- und Kulturgut (im Gegensatz zur Denkmalpflege historischer Bauten) beschreibt. Er kritisiert, dass Restaurierungsmaßnahmen häufig zu sehr vom Geschmack des zuständigen Restaurators oder Kunsthistorikers abhängt. Das Kunstwerk bedingt – so Brandi – die Restaurierung, nicht umgekehrt. Daneben unterscheidet Brandi zwischen Kunstwerken und nicht künstlerischen Objekten, was sich auf die jeweilige Restaurierungsstrategie auswirkt. Darüber hinaus wird die Restaurierungsentscheidung durch eine differenzierte Analyse der ästhetischen und historischen Dimension eines Objektes beeinflusst. Die Restaurierung soll hierbei dem Wiederherstellen einer potenziellen Einheit eines Objektes dienen, die Spuren seiner Geschichte aber erhalten. Allerdings sieht Brandi im Kunsthistoriker jene Person, die über die Restaurierungsmaßnahmen entscheidet. Der Restaurator ist somit nur der Ausführende, der Handwerker (vgl. Janis 2005: 24 ff.).

Neben Brandi setzt sich zu dieser Zeit auch Umberto Baldini für den Erhalt der gewachsenen Realität eines Kunstwerks ein und überträgt die Ideen der drei Denkmalpfleger Boito, Riegl und Dehio auf bewegliche Kunstwerke. Er beschreibt den Zustand eines Kunstwerks im Zusammenhang mit drei Formen der Einwirkung. So kann ein Werk durch Umwelteinflüsse oder unsachgemäße Restaurierung zerstört werden. Eine aktive Sorge und Betreuung führt zu seiner »Lebensverlängerung«. Durch eine kritische Restaurierung aber kann die »Wirklichkeit« wiederhergestellt werden. Diese drei Einflussgrößen und eine Analyse und Differenzierung der Spuren bestimmen die Einschätzung der Restaurierungs- und Konservierungsmaßnahmen am Objekt. Daneben fordert Baldini, dass eine Restaurierung – sollte sie für den Erhalt eines Objektes nötig sein – immer mit einer kritischen Reflexion einhergehen muss. Für das Schließen von Fehlstellen in der Farbschicht schlägt Baldini in Abgrenzung zu bisher durchgeführten Retuschen eine »kritische« Restaurierung vor. Er empfiehlt eine klare Unterscheidung zwischen Original und Retusche durch einen mehrschichtigen, strichelnden Farbauftrag (vgl. Janis 2005: 29 ff.).

1954 beschreitet Bayern erstmals einen Sonderweg mit der Gründung einer Fachakademie für die Restauratorenausbildung (heute »Staatlich anerkannte Fachakademie zur Ausbildung von Restauratoren für Möbel und Holzobjekte«, Träger ist das gemeinnützige Goering Institut e.V.)[28]. 1959 entstehen das International Centre for the Study of the Preservation and Restoration of Cultural Property (ICCROM) und die Arbeitsgruppen des ICOM für Konservierung (vgl. Schießl 2001: 196). Zahlreiche Ausbildungsstätten zur Institutionalisierung des Restauratorenberufs folgen (vgl. Schießl 1989: 67 f.), wie etwa 1962 die restauratorische Ausbildungsstätte am Römisch-Germanischen Zentralmuseum in

28 http://www.restaurierung-goering.de/index.htm vom 07.03.2016.

Mainz (RGZM) und 1967 das Institut für Museumskunde in Stuttgart (vgl. Schießl 1989: 69).

1964 kommen in Venedig in der Denkmalpflege tätige Architekten und Techniker aus 17 Ländern im Zuge des II. Internationalen Kongresses mit dem Ziel zusammen, die Charta von Athen aus dem Jahr 1931 zu überarbeiten. Das Ergebnis ist die Charta von Venedig, in der in 16 Artikeln die Erfahrungen aus der Denkmalpflege eines Jahrhunderts einfließen und die Grundsätze der Konservierung und Restaurierung von Denkmälern erstmals formuliert werden.[29] So beschreibt der Passus zu den Aufgaben und Anforderungen an die Konservierung, dass Restaurierung und Konservierung als Disziplin bezeichnet werden, die sich aller Wissenschaften und Techniken zur Erforschung und v.a. Erhaltung des kulturellen Erbes bedienen soll. Die Pflege von Denkmälern wird als wichtigste konservatorische Maßnahme definiert. Ferner ist aufgeführt, dass eine Restaurierung nur in Ausnahmefällen durchgeführt werden soll, um die ästhetischen und historischen Werte eines Denkmals zu bewahren und zu erschließen. Ergänzungen müssen erkennbar sein. Veränderungen aus vergangenen Epochen sind zu respektieren – Stilreinheit ist kein Restaurierungsziel (vgl. Janis 2005: 155 ff.). Damit werden die Utopien des 19. Jahrhunderts endgültig aufgegeben. Bis diese theoretischen Grundsätze in der Praxis umgesetzt werden, sollen allerdings noch viele Jahre vergehen.

Ernst Willemsen, Leiter der Restaurierungswerkstatt des Rheinischen Landesmuseums Bonn (1953-1971), führt nach dem Zweiten Weltkrieg die Ideale von Dehio und Riegl sowie Brandi und Baldini mit großem Bestreben weiter. Er fordert einen respektvollen Umgang mit Kunstwerken, den Erhalt des Originals und sieht die Hauptaufgabe eines Restaurators in der Konservierung. Daneben legt er einen Schwerpunkt auf die Pflege der Kunstwerke. Außerdem setzt er sich für die Ausbildung von Restauratoren ein. Er benennt Missstände in der Restaurierung, für die er zwei Gründe ausmacht: zum einen die Heterogenität innerhalb der Berufsgruppe der Restauratoren, zum anderen ihre hierarchische Position in öffentlichen Institutionen, die seiner Meinung nach ein Kompetenzgerangel im Umgang mit Kunstwerken zur Folge hat (vgl. Janis 2005: 34 ff.).

Eine wichtige Persönlichkeit in der geschichtlichen Betrachtung des Bewahrens in den 1960er und 70er Jahren ist Johannes Taubert. Der Leiter der Restaurierungswerkstätten des Bayerischen Landesamts für Denkmalpflege hat mit seiner Dissertation ein Grundlagenwerk über die Möglichkeiten und Grenzen von naturwissenschaftlichen Gemäldeuntersuchungen vorgelegt. Dabei zeigt er Möglichkeiten auf, durch die Untersuchung der Materialien Hinweise auf die Ver-

29 http://restauratoren.de/fileadmin/red/pdf/charta_venedig.pdf vom 28.02.2016.

wendung und Verarbeitung sowie Entstehung und Geschichte des Objekts zu erhalten. Hierbei unterscheidet er in Veränderungen am Kunstwerk durch natürliche Alterung, Beschädigungen, Verminderung oder Hinzufügen von fremder Hand. Er plädiert dafür, vor dem Beginn einer Restaurierungsmaßnahme historisches Wissen, beispielsweise in Form von Originalquellen, sowie umfassende Untersuchungen der Malschichten vorzunehmen. Daneben fordert Taubert die Einbindung von Restauratoren in die Ausstellungsplanung, die Überprüfung von Objektzuständen, Beschränkungen im Leihverkehr, die Anpassung der Gestaltung der Ausstellung sowie der Klima- und Beleuchtungsbedingungen an die präsentierten Objekte (vgl. Janis 2005: 42 ff.).

Beziehen sich die Formulierungen und Entwicklungen des Erhalts und seine Grundsätze bis dato auf Denkmalpflege und Gemälde, rücken nun Skulpturen in den Fokus. Während vormals farbige Fassungen häufig rücksichtslos entfernt wurden, beginnt mit der wissenschaftlichen Skulpturenrestaurierung ein erhaltender Umgang mit der Polychromie. Als Vorreiter auf diesem Gebiet gilt Hans Westhoff, Werkstattleiter von 1986 bis 2004 am LMW (mündl. Auskunft Schaible 05.12.2014).

1978 macht – nach zwei Jahrzehnten der Bestrebungen vonseiten der »Arbeitsgemeinschaft des technischen Museumspersonals« (ATM), eine einheitliche Ausbildung für Restauratoren zu institutionalisieren – die Deutsche Angestellten-Gewerkschaft (DAG) auf der 12. Arbeitstagung der ATM den Vorschlag, angehende Restauratoren sollen eine Grundausbildung von drei Jahren, eine Praxisausbildung von zwei Jahren und anschließend eine dreijährige Ausbildung an einer Fachschule absolvieren. Sowohl ATM als auch der DMB sind allerdings der Meinung, dass eine dreijährige Ausbildung an einem geeigneten Museum oder Denkmalamt ausreichend erscheint (vgl. Wihr 1996: 24). Dieser Meinung schließen sich auch die großen Museen und Denkmalämter an (vgl. Schießl 2001: 197). So wird, während in der DDR die Ausbildung der Restauratoren auf Hochschul- und Fachhochschulebene eingerichtet wird (1968 beginnt in der DDR die erste akademische Restauratorenausbildung an der Kunsthochschule in Berlin-Weißensee), in der BRD weiter über »Hochschulausbildung: ja« und »Hochschulausbildung: nein« diskutiert. Den Universitäten scheint man zurzeit eine praktische Ausbildung nicht zuzutrauen (vgl. Schießl 2001: 197).

1974 initiiert die Hochschule der Bildenden Künste in Dresden einen Diplomstudiengang für Restauratoren, die Fachhochschule in Potsdam ebenfalls (vgl. Schießl 1989: 69 und Schießl 2001: 169). 1977 wird die Restauratorenausbildung für Gemälde und gefasste Holzskulpturen am Stuttgarter Institut für Technologie der Malerei zum Diplomstudiengang, damals noch mit 32-monatiger Vorpraktikumspflicht (vgl. Bachmann 1989a: 21 und Schießl 1989:

68), vier weitere Fachbereiche folgen. 1978 erscheint die Publikation »Zur Ausbildung von Restauratoren« des Deutschen Restauratoren-Verbands e.V. (DRV), in der die Ausbildungszeit auf sechs Jahre festgelegt wird (drei Jahre Vorpraktikum, drei Jahre Studium). Trotzdem bleibt die Ausbildung in der BRD nach wie vor inhomogen (vgl. Bachmann 1989a: 21).

1981 findet die 13. Arbeitstagung der ATM im Germanischen Nationalmuseum in Nürnberg statt. Sie soll eine klare Abgrenzung zum Handwerk herbeiführen (vgl. Wihr 1996: 24). Ebenfalls im Jahr 1981 wird in dem sogenannten »Rosa Papier« (siehe Punkt 5.1) in Deutschland erstmals eine gemeinsame Stellungnahme der Restauratoren zu deren Berufsbild und Ausbildung im Hinblick auf eine Zusammenführung dreier deutscher Museumsverbände verfasst. Auf Initiative des DMB enthält das Papier weniger Handlungsrichtlinien, dafür aber Angaben zur Ausbildung von Restauratoren, den Tätigkeiten und zur Abgrenzung zu anderen Berufen. Hintergrund des DMB-Vorschlags ist die heterogene Ausbildungsstruktur in Deutschland (vgl. Janis 2005: 160).

Weitere Gründungen von Studiengängen folgen. Im Jahr 1986 bzw. 1987 werden – insbesondere in Abgrenzung zum Handwerk – zwei Fachhochschulstudiengänge ins Leben gerufen, einer an der Fachhochschule Köln und einer in Hildesheim/Holzminden. Gleichzeitig gelingt es den Restauratorenverbänden, eine Vorpraktikumsregelung niederzulegen, die ein dreijähriges Vorpraktikum und eine Aufnahmeprüfung beinhaltet. Die Gründung dieser Studiengänge trägt indes weiter zur Diskussion um die »Verakademisierung« des Berufes bei (vgl. Wihr 1996: 28 f. und Schießl 2001: 198).

1993 beginnt die FHTW Berlin (2009 umbenannt in HTW) mit der Ausbildung von Restauratoren, 1994 die FH Erfurt, 1995 die FH Potsdam und 1997 die TU München. Insgesamt sind es heute somit acht Hochschulstandorte, die Restaurierungsstudiengänge anbieten.[30] Seit 1997 sind sie in einem Europäischen

30 ABK Stuttgart http://www.abk-stuttgart.de vom 28.02.2016.
CICS Köln https://www.th-koeln.de/kulturwissenschaften/institut-fuer-restaurierungs-und-konservierungswissenschaft_10217.php vom 28.0212016.
HAWK Hildesheim http://www.hawk-hhg.de/bauenunderhalten/185490.php vom 21.07.2014.
FH Erfurt http://www.fh-erfurt.de/kr/ vom 28.02.2016.
TU München https://www.rkk.ar.tum.de vom 28.02.2016.
HTW Berlin http://krg.htw-berlin.de/ vom 28.02.2016.
HfBK Dresden http://www.hfbk-dresden.de/studium/studiengaenge/fakultaet-2/restaurierung/ vom 28.02.2016.

Netzwerk der Hochschulen mit Restauratorenausbildung (ENCoRE[31]) vernetzt (vgl. Schaible 2011: 5). Die einzelnen Hochschulstandorte bieten jeweils eine Auswahl der möglichen Fachbereiche (Gemälde/Skulptur, Papier/Grafik/Leder, Möbel/Musikinstrumente/Holz, moderne Materialien, Textil/Leder, archäolog/ethnolog. Objekte/Kunsthandwerk, Wand/Stein, Glasmalerei/Objekte aus Glas, Mosaik, Neue Medien/digitale Informationen, audiovisuelles und fotografisches Kulturgut, technisches Kulturgut). Die Bachelor- und Master-Studiendauer ist bei den Hochschulen unterschiedlich lang. So bieten Erfurt, Hildesheim, Köln und Stuttgart eine Kombination aus sechssemestrigem Bachelor und viersemestrigem Master an, Berlin und Potsdam setzen das Restaurierungsstudium aus sieben Semestern Bachelor und drei Semestern Master zusammen. Inhalte des Studiums sind im Wesentlichen Restaurierungs- und Konservierungstechniken, Materialkunde, Maltechnik, historische Techniken, Chemie und Physik der Werkstoffe, Untersuchungstechniken, naturwissenschaftliche Grundlagen, Kunstgeschichte, Ikonografie und Restaurierungsethik.

4.3.2 Bewahren heute

Gegenwärtig kümmern sich viele Berufsgruppen und Abteilungen in Museen um das Bewahren der ihnen anvertrauten Objekte. Eine klare Trennung gibt es meist nicht. Häufig regeln in größeren Museen hauseigene Klimatechniker oder die Haustechnik Klimaanlagen und führen Klimamessungen durch, während Restauratoren sich um die Umsetzung von präventiven Maßnahmen kümmern und Restaurierungs- und Konservierungsmaßnahmen umsetzen. Depotmitarbeiter sorgen für die richtige Lagerung, Verpackung und den Transport der Objekte und beugen Schäden durch ein Monitoring der Objekte und IPM[32] vor. An kleineren Museen führen meist wenige Mitarbeiter fachübergreifend diese Tätigkeiten durch. Hingegen werden Restaurierungstätigkeiten, d.h. tatsächliche Eingriffe an Objekten, ausschließlich von ausgebildeten Restauratoren durchgeführt.

Das Bewahren von Kunst- und Kulturgut an Museen muss sich heute vermehrt gegen wirtschaftliche Interessen durchsetzen. Finanzielle Mittel in den Erhalt und in Restaurierungsmaßnahmen von Museumsobjekten und/oder kon-

---

FHP Potsdam http://www.fh-potsdam.de/studieren/architektur-und-staedtebau/studiengaenge/konservierung-und-restaurierung-bama/ vom 28.02.2016.

31 http://www.encore-edu.org/ vom 28.02.2016.

32 IPM = Integrated Pest Management: umfassende Schädlingskontrolle, http://www.cwaller.de/deutsch.htm?didaktik_ipm/ipm_1_einf.htm~information vom 28.02.2016.

servatorisch geeignete Museums- und Depotbauten und unbedenkliche Kurierreisen zu stecken ist in der Regel wenig öffentlichkeitswirksam. Diese Entwicklung spiegelt sich auch in der Gründung der sogenannten BIZOT-Gruppe wider. So hat die internationale Vereinigung von Direktoren der größten Museen und Ausstellungshäuser im Herbst 2012 einen vorläufigen Leitfaden formuliert, der im Hinblick auf Nachhaltigkeit deutlich weiter gefasste Klimagrenzwerte definiert als bisher gefordert. Es werden Maßnahmen benannt, mithilfe derer der ökologische Fußabdruck von Museen künftig verkleinert werden dürfte. Forderungen der Gruppe sind überdies die Durchführung einer kritischen Überprüfung gängiger Bedingungen in Depots und Ausstellungen, insbesondere im Zusammenhang mit Leihvorgängen, Standards für Museumsarchitektur und -klimatisierung sowie die Vereinbarkeit von langfristigen Erhaltungskonzepten mit der Notwendigkeit, Energie zu sparen. Dafür sollen weltweit einheitliche Klimastandards aufgehoben werden.[33] Kritisiert wird hierbei vonseiten der Restauratoren nicht die Diskussion um Klimawerte und die Anwendung passiver Methoden zur Einsparung von Energie an sich. Diese wird selbst seit Jahrzehnten geführt. Vielmehr besteht die Gefahr, dass wissenschaftlich überprüfte Klimawerte auf Kosten einer Diskussion aufgegeben werden, die vordergründig Nachhaltigkeit fordert, aber Geldersparnis meint. Dies schädigt kurz- und langfristig Kunst- und Kulturgut.

4.3.3 Begriffsklärung

Hinsichtlich des Erhalts, d.h. der Bewahrung von Objekten, kursieren zahlreiche unterschiedliche Begrifflichkeiten, weshalb im Folgenden der Versuch der Klärung ausgewählter Begriffe – präventive Konservierung, Konservierung, Restaurierung, Renovierung, Kopie, Rekonstruktion – unternommen werden soll, denn nicht nur breite Öffentlichkeit und Presse, sondern die Museen selbst sind sich mitunter uneins und unterschiedliche präzise bei der Bezeichnung gewisser Maßnahmen. Zudem sind die Ausdrücke und deren Verständnis einem dauerhaften Wandel unterzogen, was die Abgrenzung zusätzlich erschwert. Die Verwendung des Begriffs Restauration beispielsweise wird dem Gastgewerbe zugeschrieben; mit der Restaurierung hat er nach heutigem Verständnis nichts zu tun.

33 http://www.restauratoren.de/termine-details/930-klimawandel-in-museen.html vom 28.02.2016.
http://www.doernerinstitut.de/downloads/Stellungnahme_Doerner_Bizot_de.pdf vom 28.02.2016.

Als Restaurator wird diejenige Person bezeichnet, die originales Kunst- und Kulturgut für spätere Generationen erhält und gegebenenfalls restauriert. Die Restaurierung oder Restaurierungsbehandlung bezeichnet als Sammelbegriff die Maßnahmen, die an einem Objekt durchgeführt werden.

Gemäß der restaurierungsethischen Grundsätze (siehe Kapitel 5.1) sind Konservierungs- und Restaurierungsarbeiten an Kunst- und Kulturgut ausschließlich von ausgebildeten Restauratoren (in der Regel mit einem abgeschlossenen Studium in Konservierungs- u. Restaurierungswissenschaften) vorzunehmen, was auch für ebensolche Tätigkeiten an Museen gilt (siehe Kapitel 5.2).

Doch selbst innerhalb restauratorischer Fachkreise besteht eine rege Diskussion über die Begrifflichkeiten, deren Bedeutungen und v.a. Abgrenzung gegeneinander.

Grundlage für die Bestimmung von Begrifflichkeiten ist der Wunsch bzw. die Notwendigkeit der Beschreibung von Veränderungen an Objekten, insbesondere durchgeführter Maßnahmen, Ergänzungen, Zerstörungen, aber auch materialbedingte Alterungen. So ist zunächst der Istzustand bzw. gewachsene Zustand die Ausgangsbasis aller Beschreibungen, v.a. im Restaurierungsbericht. Der Istzustand bzw. gewachsene Zustand unterscheidet sich in der Regel vom Originalzustand eines Objekts. Dieser ist häufig nur schwer zu definieren, da er mitunter nicht bekannt ist; daneben ist Kunst- und Kulturgut unmittelbar mit seinen Spuren der Vergangenheit verknüpft, es kann also nicht unabhängig von jedweder historischen Veränderung betrachtet werden. Werden somit im Folgenden Begrifflichkeiten an Objekten erklärt, beziehen diese sich auf den Umgang mit Objekten ausgehend von seinem derzeitigen Istzustand.

Die Präventive Konservierung[34] dient dem langfristigen Erhalt und der Pflege von Kunst- und Kulturgut und greift nicht in die Substanz eines Objektes ein. Ihr Ziel ist, schädigende Einflüsse bereits im Vorfeld zu erkennen und abzuwenden bzw. zu reduzieren. Somit versteht sich die Präventive Konservierung im Gegensatz zum Restaurieren oder Rekonstruieren, im Zuge dessen Objekte nach Schädigungen wiederhergestellt bzw. zerstörte Teile ergänzt werden, als Schaffen eines optimalen Umfelds ohne Eingriff in die Substanz. Um diese Aufgabe bewältigen zu können, bedarf es als Grundlage eine hinreichende Kenntnis der

34 Der Begriff »Präventive Konservierung« wird im Folgenden als stehender Ausdruck in der Großschreibung verwendet, siehe hierzu »Präventive Konservierung. Ein Leitfaden«: ICOM Deutschland – Beiträge zur Museologie, Band 5, Hg. ICOM Deutschland e.V., Berlin, 2014.
Die »Präventive Konservierung« kann auch »vorbeugende Konservierung« genannt werden, siehe »Ethische Richtlinien für Museen von ICOM«, Seite 16.

verwendeten Materialien und Herstellungstechniken, des gegebenen Umfelds sowie der Möglichkeiten zur Verbesserung der Situation. Der Erhalt von materiellen Kulturgütern ist dabei im Wesentlichen abhängig von den Umgebungsbedingungen wie Klima, Licht/UV-Strahlung, Erschütterung, biogenem Befall und Schadstoffen. Neben den genannten Gefahren, die zu einer Zerstörung von Objekten führen können, wird Kunst- und Kulturgut von Naturkatastrophen und Großschäden bedroht. Auch die Maßnahmen zur Vermeidung dieser Schäden bzw. der Umgang mit den Objekten in Notfällen sind Bestandteil der Präventiven Konservierung.

Die Konservierung stellt im Gegensatz zur Präventiven Konservierung einen Eingriff in das Objekt dar, allerdings nur in einem Maß, das den Erhalt garantiert. Hierzu gehören beispielsweise die Festigung und Reinigung (vgl. Bachmann 1989b: 41 f.) oder das Aufbringen von Schutzüberzügen auf Metallen. Auch die Eisenentsalzung als dringende Maßnahme zum Erhalt archäologischer Bodenfunde aus Eisen wird der Konservierung zugeschrieben. Konservierungsmaßnahmen sollten das vorgegebene Erscheinungsbild oder die Funktion eines Objektes nicht verändern. Außerdem sollten eingebrachte Materialien wenn möglich wieder entfernbar sein (was häufig nicht möglich ist, z.B. bei Festigungsmitteln in Holz oder Stein; vgl. Schaible 2005: 5).

Im Zuge einer Restaurierungsbehandlung werden Maßnahmen ergriffen, die über Tätigkeiten der Konservierung hinausgehen. Die Restaurierung stellt somit einen Eingriff unter Beachtung der Originalsubstanz dar, weshalb sie eine besondere Verantwortung und Professionalität erfordert. Die Restaurierung soll einem Werk die angemessene Wirkung wiedergeben sowie Form und Funktion anschaulich machen. Hierfür wird entweder Substanz weg- oder abgenommen (z.B. verbräunter Firnis) oder hinzugefügt (z.B. durch Kitten oder Ergänzen). Sie geht somit über erhaltende, konservatorische Maßnahmen hinaus, die – wie Maßnahmen der Präventiven Konservierung – von ausgebildeten Restauratoren vorgenommen werden müssen. Insbesondere die Restaurierung unterliegt aufgrund der Eingriffe am Original den berufsethischen Grundsätzen (vgl. Schaible 2005: 5 f.; siehe Kapitel 5.1).

Die Renovierung bezeichnet indes die Erneuerung des Erscheinungsbilds eines Objekts ausgehend von einem historischen Befund. Dabei wird historische Substanz ersetzt; Teile davon gehen verloren. Deshalb sollte diese wohlüberlegt vorgenommen werden und ist lediglich zu rechtfertigen, wenn dadurch die Gefährdung der vorhandenen Substanz oder eine Beeinträchtigung der Wirkung oder Funktionalität eines Denkmals vermieden wird, z.B. bei der Erneuerung einer Dacheindeckung oder beim Austauschen eines morschen Balkens. Diese Maßnahme sollte wiederum nicht mit der Sanierung verwechselt werden. Diese beschreibt die nutzungsbedingte Modernisierung einzelner Teile, etwa den kompletten Austausch von Fenstern oder die Aufbringung einer Außendämmung (vgl. Schaible 2005: 4). Renovierungsarbeiten werden in der Regel nicht an Museumsobjekten durchgeführt.

Eine Kopie ist die originalgetreue Nachbildung und somit Wiederholung eines Objektes. Sie setzt das Vorhandensein eines Originals voraus. Die Anfertigung einer Kopie kann z.B. sinnvoll sein, wenn der Fortbestand des Originals an seinem eigentlichen Ort nicht mehr zu gewährleisten ist (vgl. Bachmann 1989b: 42). Die Kopie entsteht in der Regel mit den gleichen technischen Mitteln wie das Original; Maßstab und Material können abweichen. Reproduktionen hingegen sind keine Kopien; der Begriff wird lediglich in der Fotografie, Drucktechnik oder Abgusstechnik verwendet. Wird vom Meister, Künstler etc. das eigene Werk selbst kopiert, spricht man von einer Replik (vgl. Schaible 2005: 3). Viele Restauratoren beherrschen die notwendigen Techniken zur Anfertigung einer Kopie. Beispielsweise werden im Bereich der archäologischen Restaurierung Kopien geschaffen, um diese anstelle von Originalen auszuleihen.

Im Gegensatz zu einer Kopie ist bei einer Rekonstruktion das Original nicht mehr vorhanden. Anhand von Plänen, Fotos und/oder Beschreibungen wird versucht, ein möglichst originalgetreues Abbild zu schaffen (vgl. Bachmann 1989b: 42). Dieses Wiedererrichten, Zusammenfügen, Zusammensetzen nach originalen Bauplänen kann auch unter Verwendung von Originalteilen geschehen. Ein Beispiel hierfür ist der Wiederaufbau der Dresdner Frauenkirche (vgl. Schaible 2005: 3).

4.4 AUSSTELLEN UND VERMITTELN

Das Museum ist ein Ort der Kommunikation, doch die Frage ist, wie es gelingt, in Anbetracht einer changierenden Bedeutung der Objekte die Sprache zu finden, die eine bestimmte Ausstellungsintention transparent machen kann. Vermitteln kann nicht ohne Ausstellen geschehen, und es kann nicht ausgestellt werden, ohne dass kommuniziert würde. Fayet beschreibt dies so:

> Alles, was das Museum tut (oder nicht tut), kann als Botschaft verstanden werden. Alles, was der Besucher im Museum vorfindet oder allenfalls vermisst, kann von ihm als Aussage gelesen werden – als Aussage über eine bestimmte Sache, über das Museum oder über das Verhältnis, das zwischen ihm und dem Museum besteht. (Vgl. Fayet 2005: 15)

Die Museumsobjekte – auch als »Museumsdinge« bezeichnet – sind laut Fayet das Ausgangsmaterial der musealen Kommunikation (vgl. Fayet 2005: 15). Betrachtet man demnach die Objekte eines Museums (egal ob in der Ausstellung gezeigt oder im Depot für zukünftige Präsentationen verwahrt), so ist es unerlässlich, sich um ihren Erhalt zu bemühen. Daneben benötigt es eine wahrnehmbare kuratorische Leistung, mithilfe derer für den Besucher ein Deutungszusammenhang erkennbar und verständlich gemacht wird – ein Deutungszusammenhang, der die Dinge zum Sprechen bringt (vgl. Fayet 2005: 16). Dies kann je nach Museumsgattung, Intention einer Ausstellung und Objekttypus sehr unterschiedlich ausfallen. Sollen in einer Gemäldeausstellung häufig durch wenige Erklärungen die Exponate für sich sprechen, so wird bei der Präsentation von Alltags- oder Naturgegenständen mehr beschrieben und erklärt (Fayet 2005: 16 f.). Um mit den an sich »stummen« Objekten eine Aussage zu treffen, werden der Öffentlichkeit Objekte in einem Raum präsentiert. Die Auswahl und Anordnung der Dinge in diesem Raum ist nach Fayet die grundlegende und eigentümlichste Form der Bedeutungsgenerierung (vgl. Fayet 2005: 18). Die Anordnung im Raum ist Teil der Inszenierung, die aber neben dem bloßen Arrangieren der Exponate auch noch weitere Bestandteile aufweist. So werden durch hinzugefügte sprachliche Mitteilungen und dreidimensionale, erklärende Objekte die Exponate mit zusätzlicher Bedeutung versehen (Fayet 2005: 18, 27). Die Anordnung der Objekte und deren Bedeutung prägen die Aussagen einer Ausstellung stärker als andere sinngenerierende Verfahren. Dennoch sind neben den Objektarrangements als weitere Sinngenerierungsverfahren Erklärungen für den Besucher wie Einführungs- oder Objekttexte erforderlich (Fayet 2005: 21 f.).

Daneben führt Fayet die Einbringung sogenannter sekundärer Museumsdinge ein. Hiermit sind u.a. Repliken, Dioramen und Rekonstruktionen gemeint, die – entweder weil kein Original verfügbar ist oder weil ergänzend bestimmte Erkenntnisse vermittelt werden sollen – einer Ausstellung hinzugefügt werden (Fayet 2005: 23). Diese Verbindung von Objekten mit Sachverhalten, die über das Objekt hinausreichen, aber innerhalb des Erfahrungshorizonts des Betrachters liegen (können), wird auch Kontextualisierung genannt (vgl. Fayet 2005: 28). So gesehen kann es also keine nicht kontextualisierte Ausstellung geben. Diesen Deutungszusammenhang sollten sich Restauratoren vor dem Ergreifen von Maßnahmen bewusst werden; er könnte unter Umständen Einfluss auf den Grad durchzuführender Arbeiten haben.

Eine Ausstellung lebt durch das Vorhandensein vierer Elemente: des Sachverhalts (Botschaft), des Vermittlers (Sender), der Ausstellung (Medium) und des Besuchers (Empfänger) (vgl. Schärer 2003: 99). Eine oder mehrere Personen vermitteln in einer Ausstellung Botschaften. Die Vermittler sind allerdings nicht notwendigerweise zeitgleich mit den Besuchern anwesend; mitunter handelt es sich somit um indirekte Kommunikation. Schärer spricht in diesem Zusammenhang deshalb von einer Ausstellung als erstarrte Zeigehandlung (vgl. Schärer 2003: 101). Dieser nonverbale Kommunikationsprozess in einer Ausstellung ist gekennzeichnet durch einen ggf. großen zeitlichen Abstand zwischen Senden und Empfangen. Die Botschaften schlummern, bis sie im Zuge einer Betrachtung beim Empfänger ankommen (vgl. Schärer 2003: 101 f.). Wird hingegen durch eine Ausstellung geführt, ist dies als Zeigehandlung eine sekundäre Vermittlung (vgl. Schärer 2003: 103). Die Ausstellung ist somit laut Schärer »ein Bedeutungssystem in einem Kommunikationsprozess zwischen Menschen, Sachverhalten und Zeichen« (Schärer 2003: 129) und ständigen Veränderungen unterworfen.

Ausstellungen lassen sich, ihrer »Ausstellungssprache« folgend, in unterschiedliche Typen einteilen. Wird die Form von Objekten in den Vordergrund gestellt, spricht man von einer ästhetischen Ausstellungssprache. Eine didaktische Ausstellungssprache kennzeichnet ein Fokus auf die Bedeutsamkeit von Objekten in einer Ausstellung. Werden Objektensembles gezeigt, damit Erlebnisräume geschaffen werden, und eine Teilnahme erlaubt, spricht man von einer theatralen Ausstellungssprache. Mit der assoziativen Ausstellungssprache sollen Denkprozesse ausgelöst werden, indem man Objekte mit diesem Ziel kombiniert (vgl. Schärer 2003: 123 ff.).

Doch Exponate in einem Museum auszustellen steht streng genommen im Widerspruch zur Aufgabe eines Museums, Objekte zu bewahren. Dies liegt häufig an den (Material-)Eigenschaften von Kunst- und Kulturgütern. So vertragen sie meist kein Tageslicht, sind empfindlich gegen Luftschadstoffe und Klimaschwankungen bzw. zu hohe oder niedrige Temperaturen und Luftfeuchtigkeitswerte. Daneben können sie durch Berührung in Mitleidenschaft gezogen werden und laufen Gefahr, durch Unachtsamkeit beschädigt oder gar gestohlen zu werden. Und doch wird grundsätzlich kein Restaurator dem Anspruch, dass Museumsobjekte einer breiten Öffentlichkeit gezeigt werden sollen, widersprechen. Allerdings gilt es dabei, durch Fachkompetenz für bestmögliche Ausstellungsbedingungen in den Museen zu sorgen.

Die Entwicklung des Ausstellens und Vermittelns, die veränderte Präsentation der Objekte und die immer stärkere Öffnung der Museen für ein breites Publikum, gepaart mit neuen Vermittlungsprogrammen, hat – auch wenn in der Literatur nicht thematisiert – Einfluss auf die Restaurierung in Museen. So muss im Zuge veränderter Präsentationsformen auf die Restaurierung von ausgestellten Objekten Rücksicht genommen werden, denn die Art der Präsentation, die szenische Einbindung eines Objekts und die didaktische Aufbereitung bestimmen bis zu einem gewissen Grad auch seine Restaurierung. Zunächst bildet die Materialität eines Objekts und dessen Erhaltungszustand die Grundlage für alle weiteren Überlegungen. Im nächsten Schritt geben die Ausstellungsverantwortlichen, meist Kuratoren, teils Ausstellungsgestalter, in Abhängigkeit des Museumstyps vor, wie das Objekt gezeigt werden (allein/in einem Arrangement, frei/in der Vitrine, auf einem Sockel/montiert etc.) und was damit zum Ausdruck kommen soll (Authentizität/Ergänzungen/Gebrauchsspuren erhalten/Funktionalität etc.).

Diese Überlegungen haben Einfluss auf die Art und den Grad der Restaurierung und auf den anschließenden Erhalt in der Ausstellung (Klimatisierung, Schadstoffe, Tageslicht, Beleuchtung, Berührungsschutz etc.). Deshalb ist es sinnvoll, Restauratoren bereits in einem frühen Planungsstadium von Ausstellungen, aber auch von Museumsneu-, -an- oder -umbauten einzubeziehen.

Die Funktion »Ausstellen und Vermitteln« eines Museums bedeutet nicht nur das Präsentieren der Objekte und deren Erklärung anhand von Texten, sondern beinhaltet breiter angelegte Vermittlungsangebote und museumspädagogische Programme. Deren geschichtliche Entwicklung und Formen werden unter Punkt 4.4.1 vorgestellt. Da heute keine Ausstellung mehr ohne Öffentlichkeitsarbeit und Marketingmaßnahmen vonstattengeht, sollen diese ebenfalls – auch im Zusammenhang mit der Restaurierung – zur Sprache kommen (siehe Punkt 4.4.2). Eine weitere Rolle spielt das Einwerben von Drittmitteln (siehe Punkt 4.4.3). Auch hier sollen mögliche Formen der Zusammenarbeit mit den Restaurierungswerkstätten skizziert werden.

4.4.1 Museumspädagogik/Vermittlungsprogramme

Die Funktion des Vermittelns beinhaltet museumspädagogische Fragestellungen, die im Gegensatz zur reinen Zählung der Besucher qualitative Besuchererlebnisse voraussetzen. Hier ist die zentrale Frage: »Wer wird wie und womit am besten erreicht?« (vgl. Noschka-Roos 2002: 173). Vorauszusetzen ist hierbei, dass jedes Museum sein spezifisches Besucherprofil kennt, der Museumsbesuch selbst gesteuert und freiwillig erfolgt sowie jede Präsentation ihr eigenes besucherorientiertes Informationskonzept benötigt (vgl. Noschka-Roos 2002: 180 f.).

Bis in die 1960er Jahre lag das Hauptaugenmerk der Museen auf dem Ausbau, dem Erhalt und der wissenschaftlichen Bearbeitung der Sammlungen. Die Präsentation folgte in der Regel wissenschaftlichen Ordnungssystemen (vgl. Noschka-Roos 2002: 176). 1963 fand im Museum Folkwang in Essen eine Tagung der deutschen UNESCO-Kommission zum Thema »Die Öffentlichkeitsarbeit der Museen« statt, im Zuge derer McMaster darauf hinwies, dass es nicht mehr reiche, dass die Museen »für das Publikum geöffnet sind«, sondern das

Publikum müsse die Möglichkeiten auch nutzen, ansonsten habe das Museum, nicht das Publikum versagt (vgl. UNESCO 1964: 25). Das Museum muss somit eine aktive Rolle in der Bildung einnehmen. Wird seine Arbeit pädagogisch nicht wirksam, ist dieser Auftrag fehlgeschlagen (vgl. UNESCO 1964: 25). Rath spricht gar von einem Spannungsfeld zwischen Wissenschaft und Volksbildung (vgl. UNESCO 1964: 38).

Zu kommunizieren und zu vermitteln als Aufgaben eines Museums muss auch als Ergebnis der Bildungsreform der 1960er und 70er Jahre gesehen werden. In jener Zeit wird das Museum als Lernort statt als »Musentempel« anerkannt, und das Konzept der Besucherorientierung entsteht (zur Entwicklung der Besucherforschung siehe Kapitel 8.2). Es vollzieht sich ein Wandel vom Fachduktus zum Bildungsduktus, der Vermittlungsauftrag eines Museums rückt stärker in den Vordergrund. Ziel ist es, Objekte, die bis dato nur einer ausgewählten Bevölkerungsschicht inhaltlich zugänglich waren, mithilfe unterschiedlicher Materialien (Texte, Audioguides etc.) oder in Führungsprogrammen für Laien zu »übersetzen«. Dadurch ersteht ein zu reflektierendes Beziehungsgefüge zwischen Objekt, Besucher und Vermittlung (vgl. Noschka-Roos 2012: 165 und Noschka-Roos 2002: 177 ff.).

In den 1980er und 90er Jahren gewinnt die Besucherorientierung an Bedeutung auch im Sinne des Marketings – das Produktdenken hält Einzug in die Museen. Durch wachsende Konkurrenz rücken ökonomische Motive in den Vordergrund (vgl. Schuck-Wersig/Wersig 1996: 151 ff.). Der Begriff Marketing stammt aus der Privatwirtschaft und ihren Konzepten hinsichtlich der Kundenorientierung (vgl. Reussner 2010: 4 f.) und lenkt nun zusehens den Blick auf den Besucher als Kunden mit Bedürfnissen und Wünschen. Das Museum wird von der Bildungsanstalt zum Erlebnisort. Ursache für die Entwicklung sind die knapper werdenden Ressourcen öffentlicher Träger von Museen und der Konkurrenzdruck durch ein immer breiteres alternatives Freizeitangebot (vgl. Noschka-Roos 2003: 12). Noschka-Roos spricht im Zuge dieses Wandels von Museen zu Erlebnismuseen auch von einem Übergang vom Bildungsduktus zum Dienstleistungsduktus. Der Besucher wird jetzt als Partner, Abnehmer und Nutzer mit eigenen Wünschen und Interessen gesehen (vgl. Noschka-Roos 2002: 178 f.).

Laut Mörsch können vier Diskurse in der Kunstvermittlung beschrieben werden: der affirmative, der reproduktive, der dekonstruktive und der transformative (vgl. Mörsch 2009: 9 ff.). Diese Diskurse bauen nicht historisch aufeinander auf, sondern finden mitunter parallel Anwendung. Ihnen liegen unterschiedliche Bildungsbegriffe zugrunde (vgl. Mörsch 2009: 12).

Der affirmative Diskurs ist der am häufigsten anzutreffende und beschreibt die Kunstvermittlung als Hauptfunktion der festgelegten Aufgaben von Museen in seiner Kommunikation nach außen. Formen dieser Kunstvermittlung sind Vorträge, Begleitveranstaltungen, Führungen und Kataloge (vgl. Mörsch 2009: 9). Sie sind im Wesentlichen an ein Fachpublikum gerichtet; die Rollen von Lehrendem und Lernendem sind klar verteilt (vgl. Mörsch 2009: 12).

Der reproduktive Diskurs – ebenfalls weit verbreitet – soll das Publikum von morgen gewinnen und Personen, die nicht von allein kommen, die Schwellenängste nehmen und an die Kunst heranführen. Mithilfe von Workshops für Schulklassen, Fortbildungen für Lehrpersonal, Kinder- und Jugendprogrammen oder spezifischen Besuchergruppen sowie durch Lange Nächte und Museumstage soll ein möglichst breites Publikum erreicht werden (vgl. Mörsch 2009: 9 f.).

Seltener in der Kunstvermittlung ist der dekonstruktive Diskurs. Dieser ist eng verbunden mit der kritischen Museologie und beschreibt das differenzierte Hinterfragen der Vermittlungsangebote gemeinsam mit dem Publikum. Dies kann in Form von Interaktionen bei Ausstellungen von und mit Künstlern und Kunstvermittlern geschehen (vgl. Mörsch 2009: 10). Die Position von Lernendem und Lehrendem wechselt, allerdings immer noch innerhalb vorgegebener Hierarchieverhältnisse (vgl. Mörsch 2009: 13).

Besonders selten ist der vierte – der transformative – Diskurs. Dieser erweitert die Funktionen der Ausstellungsinstitution, um sie politisch zu verorten und somit eine gesellschaftliche Mitgestaltung zu erwirken. Dabei verschwimmen die Grenzen von Expertenwissen; Hierarchien zwischen kuratorischer Arbeit und Vermittlung lösen sich auf. Die Arbeit mit dem Publikum geht über das Offenlegen und Kritisieren hinaus – sie wird ergänzt und erweitert (vgl. Mörsch 2009: 11).

Gegenwärtig befinden wir uns – wie in diesem Kapitel bereits einleitend erwähnt und vermutlich dem vierten Diskurs von Mörsch nahekommend – in einer Phase, in der mit Konzepten der kulturellen Bildung partizipative Ermittlungsstrategien im Vordergrund stehen. Zudem ist eine breite Palette an Vermittlungsformaten entwickelt worden. Der deutende Umgang mit Objekten ist nicht nur seitens der Kuratoren, sondern auch seitens der Besucher und deren Perspektiven möglich. Das bedeutet, dass Inhalte im Sinne eines partizipativen Museums nicht allein vermittelt, sondern gemeinsam ermittelt werden (vgl. Noschka-Roos 2012: 167; siehe auch Punkt 4.1.3).

Formen der museumspädagogischen Vermittlung

Die museumspädagogische Arbeit widmet sich der Gestaltung von Ausstellungen sowie der Kommunikation mit den Besuchern (Noschka-Roos 1994: 20). Dabei können drei Arbeitsformen unterschieden werden: Die mediale Vermittlung umfasst die Vermittlung mithilfe von ausstellungsbegleitenden Materialien wie Saalzettel, Tonbandgeräten, Beschriftungen (vgl. Noschka-Roos 1994: 19), heute sicher ergänzt durch Audioguides, Tablet-PCs und Smartphones. Die Ausstellungsdidaktik hingegen bezeichnet die Integration von ausstellungserläuternden Medien. Des Weiteren zählt die personale Vermittlung, z.B. durch Führungen, Kurse und Spiele, zu den Formen der museumspädagogischen Vermittlung in Museen (vgl. Noschka-Roos 1994: 19 f.).

Daneben sind die Organisationsformen der Museumspädagogik zu nennen, die 1980 erstmalig von Rohmeder unterschieden wurden (vgl. Noschka-Roos 1994: 21). Rohmeder benennt zunächst den Museums- bzw. Ausstellungsleiter, der als (aus seiner Sicht) optimaler Museumspädagoge zielgruppenorientiert und nicht objektorientiert handelt. Als zweite Gruppe werden die Kunsthistoriker aufgeführt, die aus eigenem Antrieb museumspädagogische Tätigkeiten übernehmen, beispielsweise in Form von Führungen. Die dritte Gruppe sind freie Mitarbeiter, die mit Zeitverträgen in Stoßzeiten hinzugezogen werden. In der vierten und fünften Gruppe werden die zentral organisierte Museumspädagogik sowohl innerhalb (zur Erarbeitung von Führungen, Arbeitsblättern etc.) als auch außerhalb eines Museums (externe Museumspädagogen, Lehrkräfte, gemeinnützige Vereine usw.) zusammengefasst (vgl. Noschka-Roos 1994: 21 f.).

Die Funktionen der Museumspädagogik können nach Hümmer in vier Grundtypen eingeteilt werden (vgl. Noschka-Roos 1994: 23 f.). In der »Objektorientiertheit« werden innerhalb einer nach fachwissenschaftlichen Kriterien aufgebauten Ausstellung Objektbeschriftungen und Fachführungen zusammengefasst. Die »Pädagogisierung des Zugangs« hingegen bezeichnet ein zur Objektorientiertheit hinzukommendes Angebot von didaktischen Materialien wie Arbeitsblättern oder Informationsnischen. Werden die Erfahrungen und Interessen der Adressaten miteinbezogen und in die fachwissenschaftliche Ausstellung integriert, bezeichnet man dies nach Hümmer »Adressatenaktivierungs-Orientiertheit«. Dieser liegt als Grundidee ein Erkenntnisprozess durch Selbsterfahrung im Handeln zugrunde. Die vierte Gruppe wird von Hümmer als »Didaktisierung des Museums« benannt. Diese bezeichnet, im Gegensatz zu den zuvor aufgeführten Gruppen, die völlige Integration der Museumspädagogik in die Ausstellung. Führungen besitzen demnach nur mehr eine sekundäre Funktion, da die Ausstellung per se didaktische Materialien und Medien beinhaltet (vgl. Noschka-Roos 1994: 24). Noschka-Roos bemerkt hierzu, dass bei Betrachtung dieser Gruppierung im Zusammenhang mit den Aufgaben von Museumspädagogen der Pädagoge selbst zurücktritt und andere Vermittlungsformen in den Vordergrund treten (Noschka-Roos 1994: 25). Auch wenn eine strenge Einteilung in der Praxis vermutlich nicht vollzogen werden kann (und sollte), so bildet sie ein Grundgerüst in der Betrachtung/Wechselwirkung zwischen Objekt, Besucher und Vermittlung.

Die Vermittlung stellt mit ihren besucherorientierten Fragestellungen in Ausstellungen eine zentrale Aufgabe eines Museums dar. Noschka-Roos führt – auf Grundlage verschiedener Beispiele museumspädagogischer Theorieansätze – drei Betrachtungsebenen auf, die jeweils in Abhängigkeit vom Stellenwert stehen, der in der theoretischen Reflexion der Vermittlungsaufgabe im Museum zukommt (Noschka-Roos 1994: 60 f.).

Als erste Ebene wird die Theorie und Praxis der Vermittlungstätigkeit als museumspädagogische Aufgabe benannt, die zwischen Objekt und Besucher tritt. Darin enthalten ist sowohl die personale als auch die mediale Vermittlung, sei sie ausstellungsbegleitend oder -integrierend. Hierzu sind zahlreiche Beispiele von Vermittlungstätigkeiten von Restauratoren zu nennen. So führen Restauratoren durch Ausstellungen und berichten über dort ausgestellte restaurierte Objekte, Konzepte, angewandte Techniken etc. In der zweiten Ebene wird die Frage der Vermittlungsfunktion im Zusammenhang mit den weiteren Funktionen eines Museums wie Sammeln, Forschen und Bewahren beleuchtet (z.B. Führungen in den Werkstätten/Blick hinter die Kulissen). Die dritte Ebene thematisiert die wissenschaftstheoretischen Probleme, die in der Ausarbeitung und Klärung von Museumspädagogik und Museum und Öffentlichkeit – als museologische Fragestellung – entstehen (vgl. Noschka-Roos 1994: 60 f., 68). Allerdings kritisiert Noschka-Roos, dass der Versuch, Museum und Pädagogik miteinander in Relation zu setzen, bisher erfolglos geblieben und vielmehr »der Blick für die wissenschaftlichen Grundlagen der Museumsarbeit und ihre noch zu formulierenden theoretischen Prämissen« verwehrt geblieben sei (Noschka-Roos 1994: 64).

Demzufolge schlägt Noschka-Roos die Unterscheidung in museologische, fachwissenschaftliche und erziehungswissenschaftliche Fachbereiche vor. Die Museumspädagogik ist dabei auf eine fundierte museologische Basis angewiesen (Noschka-Roos 1994: 66 f.). Vermittlungstätigkeiten von Restauratoren spielen in diesem Zusammenhang eine untergeordnete Rolle, da die Programme vornehmlich vonseiten der Museumspädagogik erarbeitet werden.

Das Verständnis von Vermittlung und Pädagogik in Museen nimmt eine große Bedeutung bei der Betrachtung der Vermittlung restauratorischer Inhalte im Museum ein. Die in diesem Kapitel beschriebene Entwicklung der Museumspädagogik und die damit einhergehende Öffnung für ein breites Publikum dürfte dazu beitragen, dass sich auch die Restaurierung öffnet. Dabei ist es allerdings durchaus von Bedeutung, ob die Restauratoren an einem Museum selbst den Wunsch verspüren, ihren Beruf, ihre Aufgaben und die Objekte Interessierten vorzustellen oder ob ihnen durchzuführende Maßnahmen und Inhalte »aufgezwungen« werden. Erkennen die Restauratoren selbst Vorteile bei der Vermittlung ihres Bereichs, werden Programme wie Führungen durch Werkstätten, Vorträge etc. mit mehr Engagement und ohne Bedenken oder gar Widerwillen durchgeführt. So lassen sich durch sie restaurierungsethische Grundsätze, das Berufsbild des Restaurators, die Wissenschaftlichkeit der Ausbildung und die unterschiedlichen Tätigkeiten im Museum vermitteln. Im besten Fall kann dadurch das Bild des Restaurators und der restaurierungsethischen Grundsätze (siehe Punkt 5.1) korrigiert und die Unverzichtbarkeit von Restauratoren in Museen vermittelt werden.

In der Regel werden Angebote in den Restaurierungswerkstätten eigenständig entwickelt (Ergebnisse der Umfrage siehe Punkt 6.1.2) und dann in der Folge in Zusammenarbeit mit der Museumspädagogik – sofern im Haus vertreten – weiter erarbeitet. Hierfür ist ein Dialog vonnöten, ein wechselseitiges Anerkennen von Kompetenzen und Erfahrungen – auch das Anerkennen der Tatsache, dass Museumspädagogen museologischen Prämissen folgen und entsprechend die Funktion ihrer Vermittlungstätigkeit einordnen müssen. Der von Noschka-Roos entwickelte Rahmen stellt dabei eine Grundlage für den Restaurator ebenso wie für den Museumspädagogen dar. Allerdings muss hierbei beachtet werden, dass Restauratoren in der Regel nicht pädagogisch ausgebildet sind und unter Umständen wenig Affinität zur proaktiven Vermittlung ihrer Tätigkeiten zeigen. In diesem Fall aber kann die gemeinschaftliche Entwicklung von Programmen mitunter erst recht helfen, Vorurteile abzubauen und die Lust am Vermitteln wecken.

4.4.2 Öffentlichkeitsarbeit und Marketing

Es gibt keine Ausstellung, kein Museum, keine Kunst ohne Öffentlichkeitsarbeit, denn ohne Kommunikation ist von alledem nichts realisierbar (vgl. Jürgens 2008: 615). Dabei spielen fünf »Beziehungsfelder« eine Rolle: Besucher, Medien, politische Entscheider, Geldgeber und Mitarbeiter (vgl. Jürgens 2008: 616 f.). Neben den eigentlichen Mitarbeitern der Abteilung Öffentlichkeitsarbeit sind auch sämtliche anderen Mitarbeiter eines Museums »Multiplikatoren der Öffentlichkeitsarbeit« (vgl. Jürgens 2008: 616) – somit auch die Restauratoren.

Öffentlichkeitsarbeit bezeichnet zum einen häufig die Abteilung eines Museums, aber auch deren Tätigkeit. Sie ist gekennzeichnet durch die systematische Beziehungsarbeit einer Organisation – in diesem Fall eines Museums – mit dem Ziel, bei einer relevanten Teilöffentlichkeit bekannt zu werden, Vertrauen zu schaffen und Unterstützung zu erhalten. Hierfür liefert die Öffentlichkeitsarbeit immer wieder neue Informationen, lädt ein zu kommunizieren und motiviert zum Mitmachen (vgl. Jürgens 2008: 617). Diesen drei Grundfunktionen der Öffentlichkeitsarbeit – Informieren, Kommunizieren und Motivieren – lassen sich drei Oberziele als drei aufeinander aufbauende Etappenziele zuordnen. Zu Beginn aller Öffentlichkeitsarbeit steht demnach als erstes Ziel die Sachinformation, z.B. das Programmangebot eines Museums. Die Pressearbeit – die Weitergabe der rein informierenden Nachricht – stellt einen Großteil dieser anfänglichen Arbeit dar. Vertrauensbildung als zweites Etappenziel hingegen ist eine komplexere Aufgabe. Hierfür muss eine emotionale Beziehung zwischen dem Museum und dem Besucher und aufseiten des Besuchers ein Eindruck, ein Image entstehen, das wiederum – nachdem es sich um eine subjektive Meinung handelt – nur schwer veränderbar ist. Das dritte große Ziel von Öffentlichkeitsarbeit ist, Unterstützer zu mobilisieren, sei es in Form ehrenamtlicher Helfer, durch Fördervereine oder Zuwendungsgeber von Sach- oder Geldmitteln (vgl. Jürgens 2008: 617 f.).

Museumsmarketing beinhaltet im Kern das Management von Besuchervorteilen, d.h. der Nutzen, den der Besucher aus der Annahme eines Angebots zieht. Hier besteht die Hauptaufgabe darin, diese Besuchervorteile zu identifizieren und zu analysieren, um Präferenzen bei den Besuchern zu generieren und dadurch die eigene Wettbewerbsposition zu verbessern (vgl. Hausmann 2001: 63). Marketing ist, so formuliert es Klein allgemeiner, der Austausch von Dingen oder Leistungen von Wert und die Beeinflussung dieses Prozesses (vgl. Klein 2008: 535). Dabei werden zur Befriedigung eines Wunsches Produkte (z.B. CDs, Bücher) oder Dienstleistungen (z.B. Ausstellungen, Führungen) gehandelt (vgl. Klein 2008: 536). Öffentlich geförderte Kultureinrichtungen – wozu die meisten Museen gehören – streben nicht vorrangig nach einem finanziellen Zugewinn wie kommerziell orientierte Einrichtungen. Vielmehr handeln sie nach einem spezifischen kulturpolitischen Auftrag bzw. nach einer inhaltlichen Zielsetzung. Ihre Absicht ist es, die eigenen inhaltlichen Ziele zu erreichen und so weit wie möglich einen anvisierten Interessentenkreis zu mobilisieren. Kulturmarketing soll dabei helfen, Zielgruppen, die sich potenziell für ein Kulturprodukt interessieren, anzusprechen, indem beispielsweise der Eintrittspreis für eine Ausstellung, die Werbung für eine kulturelle Dienstleistung oder der Service (d.h. die Austauscheigenschaften) auf die entsprechende Zielgruppe anpasst werden (vgl. Klein 2008: 535).

Kulturelle Produkte haben in der Regel mindestens vier verschiedene Nutzendimensionen (Kernnutzen, sozialer Kontext, symbolischer bzw. affektiver Wert sowie Service bzw. Besucherbetreuung/-beziehung), die sich für unterschiedliche Strategien heranziehen lassen. Jedes Produkt hat einen direkten Nutzen, auch Kernnutzen genannt. Im Fall eines Museums sind dies die Ausstellungen. Sie können mit einer Qualitätsstrategie optimiert werden. Daneben werden kulturelle Dienstleistungen häufig nicht individuell nachgefragt, sondern stehen in einem bestimmten sozialen Kontext. Aspekte dieses Nutzens lassen sich mit der sogenannten Sozialstrategie hervorheben. Auch können die Produkte einen symbolischen bzw. affektiven Wert besitzen. Der Besuch eines Museums wird nach dem Image entschieden – dem eigenen Bild und dem, was nach außen vermittelt wird. Eine Imagestrategie hilft der Einrichtung, sich dieser Tatsache bewusst zu machen und ihr Image gegebenenfalls anzupassen. Die vierte Nutzendimension ist jene des Besuchernutzens, der auf das Produkt gerichtete Service oder die Besucherbetreuung. Diese kann im Museum mithilfe von Fachpersonal, aber auch durch technisches Gerät wie Audioguides erfolgen. Auf der Erkenntnis, was ein spezifischer Kulturbetrieb inhaltlich bezweckt, baut sich die Analyse auf. Hierbei lassen sich beispielsweise über die Besucher strukturelle (»Wer sind die Besucher?«) oder verhaltensorientierte Merkmale (»Warum kommen die Besucher?«) eruieren. In einem nächsten Schritt werden Marketingstrategien – basierend auf der Zielsetzung und der Analyse – formuliert. Dabei wird das »Wie« bestimmt, d.h. »welches Produkt zu welchem Preis und über welchen Vertriebskanal begleitet von welcherart Kommunikation und welchem Service für das Zielpublikum?« Die Instrumente, die hierfür zur Verfügung stehen, betreffen die Produkt-, Preis-, Kommunikations-, Distributions- und Servicepolitik eines Projekts. Abschließend kommt die Marketingkontrolle zum Einsatz, im Zuge derer die Zieleinhaltung überwacht wird, um möglicherweise korrigierend einzuwirken. Nach Beendigung eines Projekts sollte sich eine Kultureinrichtung stets fragen, ob sie die inhaltlichen (Auswertung von Presseberichten, Besucherbefragung, Beschwerdebuch etc.) sowie die Marketing- (Besucherstatistik, Zahl der verkauften Eintrittskarten etc.) und Finanzziele (Budget eingehalten/überzogen) erreicht hat (vgl. Klein 2008: 537).

Wie bereits aufgeführt, ist der öffentliche Kulturbetrieb nicht auf finanziellen Gewinn ausgerichtet, sondern verfolgt ein inhaltliches Ziel. Dieses wird im »Mission Statement« (»Wer sind wir? Was tun wir?«), dem strategischen Leitbild (ausführlicher als die Mission, grundsätzliche Leitlinien für Mitarbeiter) und der »Corporate Identity« (Organisationsidentität zeigt sich im Handeln, Verhalten und Wahrnehmung nach innen und nach außen) festgelegt (vgl. Klein 2008: 540 ff.).

Doch in welcher Form ist die Öffentlichkeitsarbeit mit dem Marketing verknüpft? Diese Frage lässt sich nicht einfach beantworten. Im Wesentlichen können laut Jürgens zwei unterschiedliche Modelle definiert werden. Aus betriebswirtschaftlicher Sicht ist Öffentlichkeitsarbeit bloß eine Unterfunktion des Marketings. Als Kommunikationspolitik bzw. Maßnahmenkatalog im Rahmen der Public Relations (PR) ist sie in Form der »promotion« eine der vier »Ps« neben »product« (Produkt), »price« (Preis) und »position« (Vertrieb). Die organisationstheoretische Sicht beschreibt indes die Öffentlichkeitsarbeit als strategische Schlüsselfunktion des Managements. Sie hat unter den Funktionen Herstellung, Vertrieb, Entwicklung und Systemerhaltung eine zentrale Steuerungsaufgabe für die Kommunikation nach außen und nach innen. Aus dem Kulturmanagement ist das Modell eines »kommunikationsorientierten Marketings« – eine Mischung aus beiden genannten Modellen – bekannt. Hier wird die Kommunikation ebenfalls ins Zentrum gerückt, und Produkt, Vertrieb und Preis kreisen um sie herum (vgl. Jürgens 2008: 624 f.).

In Museen wird dies unterschiedlich gehandhabt. Teilweise ist die Öffentlichkeitsarbeit ein Teil des Marketings oder aber das Marketing Teil der Öffentlichkeitsarbeit. Häufig handelt es sich auch um zwei separate Abteilungen. Im LMW sind die unterschiedlichen Funktionen in der Abteilung »Kommunikation und Kulturvermittlung« zusammengefasst, der Marketing, Pressearbeit und Kulturvermittlung unterstellt sind.[35]

Was aber haben Öffentlichkeitsarbeit und Marketing mit der Restaurierungswerkstatt eines Museums zu tun? Bei genauerer Betrachtung ergeben sich zahlreiche Schnittstellen und nicht unwesentliche Vorteile für Restauratoren. So wird durch die Tätigkeiten der Öffentlichkeitsarbeit das Angebot in der Restaurierung beworben, z.B. Führungen in den Werkstätten oder eine Live-Restaurierung. Daneben lässt sich das Bild der Restaurierung in der Öffentlichkeit durch Kooperation mit der Öffentlichkeitsarbeit beeinflussen, beispielsweise in Form von gezielten Pressemeldungen (z.B. im Rahmen einer Tagung oder im Zuge eines Ausstellungsaufbaus) oder einer Berichterstattung in Rundfunk oder Fernsehen. Auch von der Beteiligung der Restaurierung an neuen Medienformen wie Museumsblogs, Facebook oder Twitter sowie der Vorstellung der Restaurierungswerkstätten und deren Projekten auf der Homepage des Museums profitieren beide – die Öffentlichkeitsarbeit ebenso wie die Restaurierungswerkstätten – durch mehr Aufmerksamkeit und mehr Besucher.

Daneben können die Restaurierungswerkstätten vom Förderverein bzw. Freundeskreis eines Museums Unterstützung erfahren. Dies kann in Form von monetären Zuwendungen geschehen (z.B. für den Kauf eines neuen Mikroskops), aber auch durch ehrenamtliche Hilfe (z.B. bei Führungen durch die Werkstätten, Programmen für Kinder).

35 http://www.landesmuseum-stuttgart.de/ueber-uns/team/kommunikation-und-kulturvermittlung/ vom 07.03.2016

4.4.3 Sponsoring und Fundraising

Zurzeit werden die Kultureinrichtungen zum größten Teil öffentlich gefördert, gefolgt vom Sponsoring durch Unternehmen oder Mäzenatentum durch Stiftungen oder Großspender (vgl. Lissek-Schütz 2008: 494). Im Zuge knapper werdender Haushaltsmittel aufseiten der Kommunen und des Landes und damit verbundener Kürzungen der Museumsetats spielt das Einwerben von Drittmitteln für Museen eine immer größere Rolle. Sponsoring, Fundraising oder Spenden werden hierfür als Begriffe verwendet, allerdings häufig verwechselt oder vermischt (vgl. Lissek-Schütz 2008: 497).

Fundraising bezeichnet die Akquise von Geldern, in der Regel von Privatpersonen in Form von Spenden oder Erbnachlässen, die jedoch über einen finanziellen Nutzen hinausgehen. Der Freundes- oder Förderkreis ist ein klassisches Fundraising-Instrument der Kulturbetriebe (vgl. Lissek-Schütz 2008: 492 ff.). Fundraising bezeichnet dabei nicht eine Finanzierungsart, sondern eine Tätigkeit und ist ein Oberbegriff für alle Formen der Drittmittelbeschaffung (im Gegensatz zu den Geldern, die von einer Kultureinrichtung selbst eingenommen werden, und jenen, die sie aus öffentlicher Hand zugeteilt bekommt). Fundraising hat das Ziel, eine dauerhafte Finanzierung in Form von Drittmitteln sowie eine immaterielle und ehrenamtliche Unterstützung zu generieren. Die Spendenwerbung und das Sponsoring sind Formen des Fundraisings (vgl. Lissek-Schütz 2008: 497).

Das Einwerben von Spenden ist eine zentrale Strategie des Fundraisings. Spenden erfolgen freiwillig, und die Spender erhalten keine wirtschaftliche Gegenleistung für die erbrachte Aufwendung. In diesem Zusammenhang wird die Zurverfügungstellung größerer Fördersummen als Mäzenatentum bezeichnet, die Spende bezieht sich eher auf Kleinsummen. So können z.B. für eine neue Dauerausstellung oder ein spezielles Projekt öffentliche oder private Institutionen (z.B. Lottomittel, Stipendien) sowie Mäzene (z.B. Stiftungen, aber auch Firmen), aber auch Einzelpersonen (hierfür steht meist die klassische Spendenbox im Eingangsbereich eines Museums) angesprochen werden (vgl. Lissek-Schütz 2008: 498). Klassische Fundraising-Instrumente sind PR-Maßnahmen (Broschüren, Newsletter, Berichterstattung in der Presse und sonstigen Medien), die direkte Ansprache (Briefe, Anrufe), Aktionen (Spendenaufrufe in der Presse oder anderen Medien, Sonderveranstaltungen wie Tag der offenen Tür) sowie mittel- und langfristig angelegte Maßnahmen (Kampagnen für größere Projekte wie Umbau, Auf- und Ausbau des Förderkreises, Stiftungsgründung) (vgl. Lissek-Schütz 2008: 511).

Kultursponsoring hingegen bezeichnet die Förderung von Kultureinrichtungen durch Unternehmen. Die Firmen erhoffen sich dadurch einen Imagetransfer von der Kultureinrichtung auf ihr Unternehmen. Im Gegenzug zur finanziellen Unterstützung werden Gegenleistungen vereinbart (vgl. Bortoluzzi Dubach 2008: 467). Ziele können der bereits aufgeführte positive Imagetransfer, aber auch die Erhöhung des Bekanntheitsgrades, Förderung der Kundenbindung, Motivation der Mitarbeiter sowie eine preisgünstige Ansprache einer hoch qualifizierten Kundengruppe und Umsatzsteigerung des unternehmenseigenen Service sein (Bücher oder CDs) (vgl. Bortoluzzi Dubach 2008: 471 f.). In einem Museum kann dies beispielsweise durch die Nennung des Firmennamens auf den Printmedien oder im Ausstellungsraum erfolgen. Aber auch exklusive Führungen für ausgewählte Mitarbeiter, potenzielle Kunden oder die Ausrichtung von Firmenfeiern können eine Gegenleistung darstellen. Dabei müssen die vereinbarten Leistungen sowohl in zeitlicher als auch organisatorischer Hinsicht kohärent sein mit den Unternehmenszielen sowie den eigenen Marketing- und PR-Bedürfnissen, und der Einsatz muss sich für eine integrierte Kommunikation eignen, z.B. hinsichtlich der Medienwirksamkeit. Auch ein gutes Preis-Leistungsverhältnis gilt es zu beachten (vgl. Bortoluzzi Dubach 2008: 470).

Doch was verbindet die Restaurierungswerkstatt eines Museums mit dem Fundraising? Zunächst bietet sich, wie im vorherigen Punkt aufgeführt, die Zusammenarbeit mit dem Freundeskreis des Museums an. Eine weitere Möglichkeit ist, Spenden für die Restaurierung zu sammeln. Dies kann entweder durch Einzelspender geschehen oder aber durch die Bekanntmachung bestimmter Projekte und dem damit verbundenen Aufruf zur Unterstützung einer bestimmten Objektrestaurierung (»Spenden Sie für die Restaurierung von xy«).

Im Gegenzug für Sponsoring können vom Museum darüber hinaus Führungen durch die Werkstätten angeboten werden, z.B. VIP-Führungen vor einer Ausstellungseröffnung. Vorteil all dieser Maßnahmen ist neben der Möglichkeit, Mittel für die Restaurierung einzuwerben, durch die Vermittlung restauratorischer Inhalte das Bild der Öffentlichkeit zu beeinflussen und den Bekanntheitsgrad der Restaurierung im Allgemeinen und der eigenen Restaurierungswerkstätten im Speziellen zu erhöhen.

Wichtig ist dabei, dass die Einwerbung von Drittmittel nicht eigenständig in der Restaurierung geschieht, sondern immer in Zusammenarbeit oder gar ausgehend von der hierfür zuständigen Abteilung des Museums. Andernfalls besteht die Gefahr, innerhalb eines Hauses ein Konkurrenzverhältnis zu schaffen, was jeder Strategie zur Drittmittelbeschaffung durch ein Museum widersprechen muss.

5. Der Restaurator am Museum

Restauratoren können grundsätzlich in zwei Erwerbsverhältnissen tätig sein: selbstständig/freiberuflich oder angestellt. Seit 2004 ist der Beruf des Restaurators als Freier Beruf anerkannt (BFH-Urteil vom 4.1.2004, Bundessteuerblatt 2005 Teil II. 362). Die Ausübung als Gewerbe wird vom VDR abgelehnt (vgl. Kowalski 2014: 107). Freie Restauratoren arbeiten als Selbstständige u.a. für private Auftraggeber, größere Restaurierungsbetriebe, Aktionshäuser oder für Denkmalämter, Schlösserverwaltungen und Museen. In den gleichen Einrichtungen und Institutionen finden sich auch angestellte Restauratoren. Auf jene in Museen soll in diesem Kapitel besonders eingegangen werden.

Wie bereits dargestellt, ist bis heute nicht erfasst, an welchen Museen in Deutschland wie viele Restauratoren beschäftigt sind. Auch der VDR und das Institut für Museumsforschung[1] verfügen diesbezüglich über keine verlässlichen Informationen. 2011/2012 wurde lediglich eine Umfrage zur Situation wissenschaftlicher Mitarbeiter an den Museen in Deutschland vom LWL-Museumsamt für Westfalen, der Landesstelle für die nicht staatlichen Museen in Bayern und dem Museumsverband Brandenburg durchgeführt.[2] Dabei wurden Restauratoren an Museen von den Entwicklern der Studie allerdings nicht als wissenschaftliche Mitarbeiter erfasst (Kuratoren, Museumspädagogen und Dokumentare indes schon), weshalb nur nach der Anzahl beschäftigter Restauratoren, nicht aber nach deren Ausbildung und Eingruppierung gefragt wurde. Somit ist lediglich bekannt, dass zu dieser Zeit an den 886 teilnehmenden Museen 9348 Personen

1 http://www.smb.museum/museen-und-einrichtungen/institut-fuer-museumsforschung/publikationen.html vom 28.02.2016. Allerdings ist eine Erfassung dieser Information im Rahmen der statistischen Gesamterhebung an deutschen Museen 2016 geplant.

2 http://www.lwl.org/wma-download/download/Umfrage2011neu.pdf vom 28.02.2016.

arbeiteten; davon waren 441 Restauratoren, was durchschnittlich knapp fünf Prozent der Beschäftigten entsprach.

Restauratoren sind in unterschiedlichen Verbänden tätig. Seit Mai 2015 sind die Restauratoren der deutschen Museen mit einem eigenen Arbeitskreis »Konservierung/Restaurierung« im Deutschen Museumsbund e.V. vertreten. Im Wesentlichen soll hier das Berufsbild des Restaurators/Konservators am Museum definiert, die Berufsgruppe der Restauratoren und deren Interessen im DMB vertreten, aktuelles, berufsethisches Wissen eingebracht und Qualitätsstandards für Querschnittaufgaben definiert und vertreten werden.[3]

Als Fachverband stellt der VDR mit 3000 Mitgliedern den zahlenmäßig größten Zusammenschluss dar. Er setzt sich aus Fach-, Interessen- und Landesgruppen zusammen. Die 18 Fachgruppen – aufgeteilt nach Fachrichtung oder Spezialisierung – haben zum Ziel, die fachliche Arbeit und den Austausch innerhalb der Berufsgruppe zu intensivieren. Daneben gibt es drei Interessengruppen (Restauratoren in Ausbildung, Restauratoren im öffentlichen Dienst, Selbstständige/Freiberufler). Die 14 Landesgruppen nach Bundesländern hingegen dienen der berufspolitischen Interessenvertretung auf Länderebene.[4]

Restauratoren – auch zahlreiche Museumsrestauratoren – aus Deutschland sind mit Verbandskollegen anderer Staaten vernetzt. So besteht beispielsweise intensiver Kontakt zum Österreichischen Restauratorenverband ÖRV[5], zum Schweizer Verband für Konservierung und Restaurierung SKR[6] und dem britischen Restauratorenverband ICON – The Institute of Conservation.[7]

Die wichtigste Vertretung der Restauratoren auf europäischer Ebene ist die European Confederation of Conservator-Restorers Organisations (E.C.C.O.).[8] Hinsichtlich des Austauschs und der Verbesserung der Qualität der Ausbildung zum Restaurator sind das European Network for Conservation-Restoration Education (ENCORE)[9] und das International Centre for the Study of the Preservation and the Restoration of Cultural Property (ICCROM)[10] zuständig.

---

3 http://www.museumsbund.de/de/fachgruppen_arbeitskreise/konservierung_restaurierung_ak/ vom 28.02.2016.

4 http://restauratoren.de/wir-ueber-uns/der-verband.html vom 28.02.2016.

5 http://www.orv.at/ vom 28.02.2016.

6 http://www.skr.ch/ vom 28.02.2016.

7 http://www.icon.org.uk/ vom 28.02.2016.

8 http://www.ecco-eu.org/ vom 28.02.2016.

9 http://www.encore-edu.org/ vom 28.02.2016.

10 http://www.iccrom.org/ vom 28.02.2016.

Unter Museumsrestauratoren besteht auf internationaler Ebene fachlicher Austausch insbesondere mit dem International Council of Museums, Committee for Conservation (ICOM-CC)[11], dem International Institute for Conservation of Historic and Artistic Works (IIC)[12] sowie auf fachrestauratorischer Ebene mit der Internationalen Arbeitsgemeinschaft der Archiv-, Bibliotheks- und Grafikrestauratoren (IADA)[13].

Doch welche Aufgaben erfüllen Restauratoren an Museen, welche ethischen Grundsätze liegen ihren Arbeiten zugrunde? Die folgenden Kapitel sollen die ethischen Grundsätze (siehe Punkt 5.1), die Tätigkeiten von Restauratoren an Museen (siehe Punkt 5.2) und weitere museumsspezifische Papiere (siehe Punkt 5.3) sowie die damit einhergehenden Konfliktfelder (siehe Punkt 5.4) beleuchten.

5.1 RESTAURIERUNGSETHISCHE GRUNDSÄTZE

Für die Arbeit und Vermittlung von restauratorischen Inhalten sind nicht nur das Grundverständnis von Bedeutung, sondern die ethischen Grundsätze im Einzelnen. Wie bereits einleitend erwähnt, gibt es leider nicht ein – für alle Museen gültiges – zusammenfassendes Papier, sondern eine Vielzahl unterschiedlicher Schriftstücke aus den letzten 85 Jahren, die als berufsethische Grundlage für die Tätigkeiten von Restauratoren herangezogen werden können.[14]

»Ethische Aspekte sind heute zum festen Bestandteil der täglichen restauratorischen Argumentation geworden, sei es beim Dokumentieren geplanter oder bereits durchgeführter Maßnahmen, bei restauratorischen Stellungnahmen im

11 http://www.icom-cc.org/ vom 28.02.2016.

12 https://www.iiconservation.org/archive/www.iiconservation.org/index-2.html vom 28.02.2016.

13 http://www.iada-home.org/ vom 28.02.2016.

14 Charta von Athen (1931), Charta von Venedig (1964), »Rosa Papier« (1981), IIC: »Code of Ethics and Guidance of Practice« (1986), ICOM: »The Conservator-Restorer: A Definition of the Profession« (1986), DRV: »Ehrenkodex für Restauratoren und der Restaurator – Eine Definition des Berufs« (1986), Charta von Lausanne (1990), Dokument von Nara (1994), Dokument von Vantaa (2000), E.C.C.O.: Berufsrichtlinien I bis III (2002-2004), E.C.C.O.: Kompetenzen für den Zugang zum Beruf des Konservators-Restaurators (2014). Daneben behandelt die Publikation »Restaurierungsethik im Kontext von Wissenschaft und Technik« von Katrin Janis dieses Thema ausführlich.

musealen Leihverkehr oder im Gespräch mit Auftraggebern, Vertretern der Hilfswissenschaften und Lieferanten von Restaurierungsmaterialien.« (Weyer 1994b: 345) Doch worin begründet sich das Berufsethos des Restaurators? Was sind die Grundlagen für seine Arbeit und demnach auch für die Vermittlungstätigkeiten im Museum?

Der VDR beschreibt das Grundverständnis allgemein:

> Kulturgüter vermitteln als materielle Zeugnisse des kulturellen Erbes einen lebendigen Einblick in die Vergangenheit. Für die Gesellschaft ist es von besonderer Bedeutung, die Kulturgüter zu bewahren und an kommende Generationen weiterzugeben. Die Restauratoren übernehmen mit ihrer Arbeit besondere Verantwortung für das Kulturgut gegenüber der Gesellschaft und der Nachwelt. Ihre Aufgabe ist der Schutz, die Erhaltung und die Restaurierung des Kulturgutes, im Respekt des ganzen Reichtums seiner Authentizität und unter Wahrung seiner Integrität. Die hohen ethischen Grundsätze, denen sie sich verpflichtet fühlen, sind in den Ehrenkodizes für Restauratoren fixiert. (Auszug aus der Präambel der Satzung des VDR)[15]

Die Restaurierungsethik stellt eine theoretische Basis für alle Normen und Regeln der Restaurierung dar und ist deshalb mit seinen wesentlichen beweistheoretischen Grundlagen ein wichtiger Bestandteil der Restaurierungswissenschaften. Die Restaurierungsethik bestimmt jede Maßnahme in der Präventiven Konservierung, der Konservierung und Restaurierung sowie der Aus- und Weiterbildung, der Forschung und der Öffentlichkeitsarbeit (vgl. Janis 2005: 114 f.). Die restaurierungsethischen Grundsätze bieten eine Hilfestellung bei Restaurierungsentscheidungen, bilden den Rahmen, innerhalb dessen sich der Restaurator orientiert, und bahnen den Weg zu einer weithin akzeptierten Meinung. Dabei unterliegt die Restaurierungsethik keinem Gesetz, sondern ist als freiwillige Übereinkunft in Form von berufsständischen Ehrenkodices in unterschiedlichen nationalen und internationalen Verbänden verankert (vgl. Janis 2005: 115 f.).

In der sogenannten Charta von Athen (1931) werden, bezogen auf die Denkmalpflege und somit auf den Erhalt von unbeweglichem Kulturgut, Grundsätze, Normen und Gesetze der einzelnen Länder in einer gemeinsamen Empfehlung zum Umgang mit kulturellem Erbe zusammengefasst (vgl. Janis 2005: 151 ff.). Es werden zwar nicht explizit die Restaurierung oder Aufgaben von Restauratoren genannt, dennoch sind darin einige der wichtigsten berufsethischen Grundsätze benannt, wie Maßnahmen der Präventiven Konservierung, Pflege

15 http://restauratoren.de/wir-ueber-uns/der-verband/grundlagentexte.html vom 28.02.2016.

statt späterer Restaurierung, »Konservieren geht vor Restaurieren«, Kenntlichmachung von Ergänzungen und Voruntersuchung als Grundlage für Maßnahmen am Objekt.

Die Charta von Venedig (1964) speist sich aus den Erfahrungen der Denkmalpflege eines ganzen Jahrhunderts und stellt die Überarbeitung der Charta von Athen dar. Sie ist für die Entwicklung der Restaurierungsethik von großer Bedeutung, da die Charta von Venedig zum ersten Mal international verbindliche Prinzipien hinsichtlich der Bewahrung von Authentizität festlegt. Als wichtigste Aufgabe wird der Substanzerhalt definiert (vgl. Besch 1995: 46 ff.). Genauere Angaben zum Thema Restaurierung werden eigens aufgeführt: Hier steht die Forderung zuoberst, dass sämtliche Arbeiten der Konservierung, Restaurierung und archäologische Ausgrabungen schriftlich und bildnerisch (in Fotos, Zeichnungen etc.) dokumentiert werden müssen. Ferner sind sie in einem Archiv zu hinterlegen und der Wissenschaft zugänglich zu machen.

Eine weitere wichtige Grundlage bildet außerdem E.C.C.O. – Der Standeskodex[16] (Papier II). Dieser beschreibt in vier Kapiteln die allgemeinen Grundsätze für die Anwendung des Standeskodex, die Verbindlichkeiten gegenüber dem Kulturgut, dem Besitzer oder der rechtmäßigen Verwaltung sowie gegenüber Kollegen und dem Beruf an sich. In solcher Klarheit und Verbindlichkeit sind diese Grundsätze in früheren Papieren nie formuliert worden. So stellt der Beruf des Konservator-Restaurators[17] eine Tätigkeit des öffentlichen Interesses dar und muss unter Beachtung aller relevanten nationalen und europäischen Gesetze und Vereinbarungen praktiziert werden, insbesondere derjenigen zu gestohlenem Eigentum. Der Konservator-Restaurator arbeitet direkt an Kulturgut und ist persönlich verantwortlich gegenüber dem Eigentümer, dem Kulturgut und der Gesellschaft.

Außerdem liefert der »Code of ethics and guidelines for practice« des American Institute for Conservation of Historic and Artistic Works (AIC)[18] ethische

16 http://www.ecco-eu.org/documents/ecco-documentation/index.php vom 28.02.2016.

17 Dieses Papier verwendet konsequent die Bezeichnung »Konservator-Restaurator« für die durchführende Person anstelle des bisherigen Wortlauts »Restaurator«. Grund hierfür ist, dass die Tätigkeiten Konservieren und Restaurieren untrennbar miteinander verbunden sind, erhaltende Maßnahmen einen großen Stellenwert einnehmen und diese Bezeichnung demnach passender die Ausbildung und den Beruf beschreibt.

18 http://www.conservation-us.org/about-us/core-documents/code-of-ethics-and-guidelines-for-practice/code-of-ethics-and-guidelines-for-practice#.VpJbnoRHhd0 vom 10.01.2016.

Grundlagen für die Arbeit an Kunst- und Kulturgut. Hiernach lauten die grundlegenden Regeln für die Vermittlungsarbeit von Restauratoren an Museen:

- Auf eine vollständige Wiederherstellung des Objekts wird verzichtet.[19]
- Es soll so wenig wie möglich, so viel wie nötig restauriert werden.[20]
- Eine Restaurierung sollte erst dann durchgeführt werden, wenn dies unumgänglich ist (Konservieren geht vor Restaurieren).
- Vor jeder Restaurierungs- bzw. Konservierungsmaßnahme muss eine Voruntersuchung durchführt werden.
- Die durchgeführten Maßnahmen müssen dokumentiert werden.[21]
- Ziel der Maßnahme ist der Erhalt des ästhetischen und historischen Werts des Objektes.
- Die verwendeten Materialien sollten reversibel sein.[22]
- Können traditionelle Techniken nicht angewandt werden, sind – sofern deren Wirksamkeit wissenschaftlich nachgewiesen ist – moderne Methoden anzuwenden.
- Ein Urteil über den Wert der zur Diskussion stehenden Zustände darf nicht allein von den Projektbeteiligten gefällt werden.
- Ergänzungen sollen sich harmonisierend einfügen und trotzdem vom Originalbestand unterscheidbar sein.[23]

19 Grund hierfür ist, dass die Geschichte eines Objektes erhalten bleiben sollte. Eine vollständige Wiederherstellung würde z.B. Alterungs- und Gebrauchsspuren oder frühere Zutaten vernichten. Auch Stilechtheit ist demnach aus genannten Gründen kein Restaurierungsziel.

20 Allerdings sollte dies nicht aufgrund von Kosten- oder Personalersparnis geschehen, sondern rein im Sinne des Bestandserhalts (z.B. zur Stabilisierung eines Objekts); präventive Maßnahmen sind grundsätzlich Restaurierungsarbeiten vorzuziehen, da sie keinen Eingriff in die Originalsubstanz bedeuten.

21 Die Dokumentation beinhaltet die Beschreibung der Eingriffe am Objekt in Bild und Schrift inkl. Kartierungen. Maßnahmen der Präventiven Konservierung werden schriftlich niedergelegt, damit nachfolgende Generationen Maßnahmen inkl. verwendeter Materialien und Produkte nachvollziehen können.

22 Der Begriff der Reversibilität wird immer noch verwendet, obwohl viele – als dauerhaft und alterungsstabil eingestufte – Materialien nach Einbringung in das Objekt nicht mehr reversibel sind. Dennoch wird dieser Grundsatz in der Vermittlung verwendet, da er den zugrunde liegenden Auftrag beschreibt.

- Wenn nötig oder hilfreich, soll der Restaurator mit anderen Fachdisziplinen zusammenarbeiten.[24]
- Das Wissen des Restaurators um die Bedeutung des Objekts und dessen gesellschaftlichen Nutzen ist Voraussetzung für seine Tätigkeit.

5.2 TÄTIGKEITEN VON RESTAURATOREN AN MUSEEN

Die Durchführung jedweder restauratorischen Maßnahme unterliegen, wie im vorangegangene Kapitel beschrieben, ethischen Grundsätzen. Doch welche Tätigkeiten führen Restauratoren in der Regel an Museen aus? Was sind ihre Aufgaben?

Buczynski, Hartwieg und Schaible formulieren die Aufgaben von Restauratoren in Museen in ihrem Beitrag »Bewahren. Aufgabe, Qualifikation und Position der Konservierung und Restaurierung« im Aufsatzband »Museen zwischen Qualität und Relevanz, Denkschrift zur Lage der Museen« des Instituts für Museumsforschung deutlich:

> Die Ethischen Richtlinien für Museen des ICOM halten fest, dass jeder Museumsmitarbeiter im Rahmen seiner Tätigkeit den Bewahrungsauftrag zu erfüllen hat. Im Museumsalltag aber tragen die Restauratoren nach ihrer Funktionsbeschreibung die zentrale Verantwortung für die Bewahrung der Sammlungen. Nur sie legen Hand an die wertvollen Sammlungsbestände und verantworten Maßnahmen, die mit Veränderungen der Struktur und des Erscheinungsbildes der Werke verbunden sein können. (Buczynski et al. 2012: 89).

Dabei ist der Restaurator an einem Museum den Aufgaben eines Museums – Sammeln, Forschen, Bewahren, Ausstellen/Vermitteln – ebenso verpflichtet wie das übrige Museumspersonal.

Das Bewahren der Objekte ist unbestritten eine der Kernaufgaben eines Restaurators am Museum. Doch durch all die Tätigkeiten, die mit den Jahren hinzugekommen sind, rückt der Schutz vor Schädigungen zusehends in den Hintergrund. So sind Restauratoren stärker als früher in andere Bereiche, v.a. das »For-

23 Bis zu welchem Grad eine Retusche, Ergänzung etc. erkennbar ist (z.B. auf welche Entfernung, nur mit bloßem Auge oder unter UV-Licht etc.) muss im Einzelfall entschieden werden.

24 Das betrifft in der Museumsarbeit v.a. Tätigkeiten im Zusammenhang mit neuen Technologien (z.B. Laser, 3D-Scanning) oder spezielle Aufgabenstellungen (z.B. Statik, Schadstoffanalyse, Materialforschung).

schen und Dokumentieren« sowie das »Ausstellen und Vermitteln«, eingebunden (Buczynski et al. 2012: 90).

Tätigkeiten von Restauratoren zeichnen sich durch die besondere Verantwortung aus, die durch die Arbeit mit unersetzlichen Originalen und deren Bedeutung für die Öffentlichkeit, das Abwägen von Eingriff und Veränderung am Objekt, die Notwendigkeit der methodisch-wissenschaftlichen Auseinandersetzung mit dem Objekt und die Forderung einer wissenschaftlich fundierten Ausbildung gekennzeichnet ist (vgl. Besch 1995: 38 ff.). Der Restaurator grenzt sich vom Handwerker oder Künstler ab, indem er keine kulturellen Neuwerte schafft, sondern sich um den Erhalt und die Pflege der vorhandenen Substanz kümmert (vgl. Besch 1995: 40).

Eine Umfrage der AG Museumsrestauratoren des DRV ergibt, dass die Präventivmaßnahmen – etwa die Klimatisierung, Verpackung, Hängung, aber auch das Transportieren von Objekten, das Platzschaffen in einem Depot oder die Leerkistenanlieferung – viel Zeit beanspruchen. 50 bis 80 Prozent der Aufgaben fallen in den Bereichen Ausstellungswesen, Leihverkehr, Kunstbewegungen, Depot- und Klimabetreuung sowie Organisations-, Verwaltungs- und Leitungsaufgaben (vgl. Fuhrer/Most 2001: 204).

Im Zuge einer Umfrage, die im Rahmen dieser Arbeit durchgeführt wurde, geben die befragten Restauratoren an, dass sie in durchschnittlich 42 Prozent ihrer Arbeitszeit Restaurierungstätigkeiten nachkommen (siehe Punkt 6.1.4). Dies ist im Verhältnis zu den zahlreichen Aufgaben von Museumsrestauratoren, die im Folgenden aufgeführt werden, ein verhältnismäßig hoher Anteil.

Präventive Konservierung

Neben der Restaurierung zählt die Präventive Konservierung zu einer der Kernaufgaben von Restauratoren an Museen.[25] Hierbei gilt es, mithilfe vorbeugender Maßnahmen die Schädigung von Kunst- und Kulturgut zu verhindern (siehe Punkt 4.3.3). Aufgaben von Restauratoren sind diesbezüglich u.a. Klima- und Schadstoffmessungen, Verbesserung von Ausstellungs-, Transport- und Lagerungsbedingungen und Schädlingsmonitoring. Zeitaufwendig sind dabei besonders die Klimakonditionierung von Vitrinen und das Überprüfen der Klimawerte. Ein weiteres Problemfeld stellt die Auswahl von konservatorisch empfehlenswerten Materialien dar. So gibt es bisher kein Gütesiegel, das schadstoffarme Produkte für die Lagerung, Ausstellung und Transport von empfindlichen

---

25 Siehe hierzu auch »Präventive Konservierung. Ein Leitfaden«: ICOM Deutschland – Beiträge zur Museologie, Band 5, Hg. ICOM Deutschland e.V., Berlin, 2014.

Kunst- und Kulturgut kennzeichnet, sodass ein ständiger Austausch mit Kollegen und Labors stattfinden muss, Analysen in Auftrag gegeben sowie Produkte verglichen und auf veränderte Zusammensetzungen hin beobachtet werden.

Das alles ist sehr zeitaufwendig. Teilweise scheint man inzwischen die Notwendigkeit bzw. Gewichtung des vorbeugenden Schutzes von Kulturgut erkannt zu haben, denn in den letzten Jahren werden Restauratoren ausdrücklich als »Präventive Konservatoren« an Museen eingestellt, insbesondere in Bayern. In anderen Museen werden die Aufgaben (Klima, Licht, Schadstoffe, Transport, Notfallplanung) je nach zeitlichen Ressourcen von vorhandenen Fachrestauratoren übernommen.

Restaurierung/Konservierung

Die Kernaufgabe eines jeden Restaurators an einem Museum ist das Restaurieren und Konservieren der ausgestellten und gelagerten Objekte. Allerdings bleibt insbesondere für konservierende und restauratorische Maßnahmen sowie die damit zusammenhängenden Tätigkeiten wie Untersuchung und Erforschung in der Regel zu wenig Zeit. Dies hat zur Folge, dass häufig aufwendige Restaurierungsmaßnahmen an externe Restauratoren vergeben werden müssen und nicht von den hauseigenen Restauratoren vorgenommen werden können, was bei Letzteren für Frustration sorgen kann, denn übrig bleiben lediglich organisatorische und nicht restauratorische Tätigkeiten.

Ausstellungswesen und Leihverkehr

Museen greifen bei Ausstellungen am eigenen Haus in der Regel auf eigene Objekte sowie Leihgaben anderer Einrichtungen zurück. Abmachungen sichern im Zuge eines UNESCO-Abkommens den (meist) reibungslosen, temporären Austausch von Kulturgut. Dies sowie die Verschiebung der musealen Kernaufgabe vom Sammeln und Bewahren hin zum Ausstellen und Vermitteln (siehe Kapitel 4) führt dazu, dass der nationale und internationale Leihverkehr in den vergangenen Jahren stark zugenommen hat (vgl. Kühl 2004: 1 ff.). Damit geht ein großer Aufwand für viele Berufsgruppen (Kuratoren, Registrare etc.), aber besonders für Restauratoren einher. So müssen die Objekte für Fotoarbeiten vorbereitet, Objektzustände vor und nach dem Ausleihen dokumentiert, Verpackungsarbeiten vorbereitet und durchgeführt bzw. die Speditionen beim Verpacken überwacht werden. Ferner müssen Schäden vor und nach dem Transport beseitigt und die Objekte auf Transporten begleitet werden.

Aufgrund der Zunahme dieser Tätigkeiten rücken insbesondere bei kleinen oder mittleren Museen, die nur wenigen Restauratoren beschäftigen, Aufgaben wie die Sammlungspflege, aufwendigere Restaurierungen, Fortbildungen oder gar Forschungstätigkeiten in den Hintergrund. Eine Möglichkeit der Verbesserung stellt diesbezüglich die Reduzierung der Kurierbegleitung dar. So können weniger empfindliche Objekte entweder durch den Kurator begleitet werden. Dieser Weg wird zunehmend in Betracht gezogen, wenn die Objekte aufgrund von hohen Versicherungswerten begleitet werden müssen. Oder aber Exponate werden nach Sicherstellung einer sorgfältigen Verpackung ohne Kurierbegleitung durch die Kunstspedition zum Leihnehmer gebracht. In diesem Fall muss allerdings ein Vertrauensverhältnis zum Leihnehmer bestehen, niemals sollte aus Gründen der Zeit- oder Kostenersparnis oder bei Sicherheitszweifeln auf eine Kurierbegleitung verzichtet werden. Eine dritte Möglichkeit ist, dass sich Restauratoren aus unterschiedlichen Museen mit demselben Leihnehmer zusammentun und nur einer der Restauratoren die Kurierbegleitung bzw. einer den Hin-, der andere den Rückweg übernimmt. In diesem Fall ist jedoch unbedingt zu klären, ob beim Umgang eines fremden Stücks der Restaurator im Schadensfall abgesichert ist.

Daneben ist es sinnvoll, Restauratoren frühzeitig in die Planungen für neue Dauerausstellungen sowie Wechselausstellungen einzubinden, insbesondere hinsichtlich der Wahl der Vitrinen, Klima, Lichtschutz, Objekttransport, Restaurierungsbedarf, Montageplanung und damit zusammenhängend auch in der Zeit- und Kostenplanung. Nachdem dies jedoch oft nicht der Fall ist, werden Objekte später schädigenden Einflüssen ausgesetzt, und/oder es müssen teure Nachbesserungen zum Schutz der Objekte vorgenommen werden.

Dokumentation und Forschung

Zur Restaurierung und Konservierung von Kunst- und Kulturgut gehört auch das Dokumentieren und Forschen. So muss jeder Eingriff am Objekt für nachfolgende Generationen schriftlich festgehalten werden, hinzu kommen Gesamt- und Detailaufnahmen der Objekte sowie Fotos von Zwischenzuständen und durchgeführten Maßnahmen. Ergänzt werden die Schrift- und Bilddokumentationen durch Zeichnungen und Kartierungen von Schäden und durchgeführten Maßnahmen.

Inhalt einer Objektdokumentation ist:

- Objektidentifikation (»Steckbrief« des Objekts mit Maßen, Gewicht, Titel, Objektart, Künstler, Herstellungsort, Alter, besonderen Merkmalen etc.)[26]
- (kunst-)geschichtliche Einordnung/Objekt- und Nutzungsgeschichte
- Anlass für die Untersuchung/Bearbeitung
- Technologischer Aufbau/Befund/Untersuchungen
- Vorzustand/frühere Maßnahmen
- Restaurierungskonzept
- durchgeführte Maßnahmen/Montagen
- konservatorische Empfehlungen (Ausstellung, Montage, Aufbewahrung, Transport)
- Fotodokumentation
- Quellenangaben

Weitreichende Dokumentationen, die je nach Arbeitsaufwand zehn bis 50 Seiten umfassen können, werden häufig von studienvorbereitenden Praktikanten, Studenten oder Volontären ausgeführt, da diese im Gegensatz zu den fest angestellten Restauratoren am Museum die Arbeitszeit eher dafür aufbringen können. Neben der ausführlichen Dokumentation hat sich deshalb an den meisten Museen die sogenannte Kurzdokumentation etabliert. Hierbei werden die wichtigsten Fakten auf einer Seite zusammengefasst (»Welches Objekt, welche Maßnahme, wer, wann, warum, womit durchgeführt?«). Mehrheitlich werden die Informationen in eine Datenbank übertragen oder von Beginn an darin eingepflegt.

Ausbildung

Die meisten Restaurierungswerkstätten in Museen bilden Nachwuchs aus. Dies geschieht in unterschiedlicher Form.

Zunächst werden studienvorbereitende Praktikanten für mindestens ein Jahr aufgenommen. Das Praktikumshonorar entspricht in der Regel einem Auszubildendengehalt. Ziel des Ausbildungsjahres ist, dass der Praktikant die Aufnahmeprüfung an einer oder mehreren Hochschulen für Restaurierungs- und Konservierungswissenschaften besteht. Häufig ist dies in einem Jahr schwer zu bewäl-

26 Die Objekt-ID oder »object ID« benennt die Beschreibung eines Objekts gemäß einer internationalen Richtlinie. Sie dient v.a. dazu, gestohlenes oder verschollenes Kunst- und Kulturgut zu beschreiben und bei Wiederauffinden zu identifizieren; siehe hierzu http://archives.icom.museum/object-id/ vom 10.01.2016.

tigen, v.a. da die Praktikanten mehrheitlich im September an der Hochschule aufgenommen werden, aber meist bereits gegen Februar Dokumentationen und Mappen für die Zulassung zur Aufnahmeprüfung eingereicht werden müssen. Daher entscheiden sich nicht wenige Praktikanten für ein zweites Vorpraktikumsjahr. Die Ausbildung von studienvorbereitenden Praktikanten bindet bei den Restauratoren viel Zeit, da die Grundlagen der Restaurierung/Konservierung, Materialkunde und Herstellungstechniken vermittelt, aber auch Dokumentationen korrigiert und Abläufe im Museum erklärt werden müssen. Häufig werden deshalb handwerkliche und/oder restauratorische Vorkenntnisse von den Bewerbern gefordert.

Daneben bieten die Restaurierungswerkstätten Kurzpraktika für Schüler und Studenten anderer Studienrichtungen zum Zweck der besseren beruflichen Orientierung an. Diese sind meist unbezahlt.

Außerdem werden – häufig in Kooperation mit den Hochschulen – Studenten innerhalb vorgebender Praxiszeiten ausgebildet oder Praktika in den Semesterferien angeboten. Diese Praktika ermöglichen einen wertvollen Wissensaustausch, was die derzeitige akademische Lehre betrifft, mitunter sogar die Durchführung naturwissenschaftlicher Untersuchungen an der jeweiligen Hochschule, sowie im Umkehrschluss für den Studierenden einen Zugewinn an Kenntnis der Museumspraxis und die praktische Arbeit an spannenden Objekten.

Nach Abschluss des Studiums haben die Absolventen die Möglichkeit, in musealen Restaurierungswerkstätten ein zweijähriges wissenschaftliches Volontariat anzutreten. Mit dem bezahlten Volontariat hat der Hochschulabsolvent die Gelegenheit, weitere Praxiserfahrung zu sammeln. Die Volontäre werden von Volontärsbetreuern unterstützt und sind in ein Ausbildungsprogramm innerhalb des Museums eingebunden. Dadurch lernt der Volontär auch andere Abteilungen und ihre Aufgaben kennen. Vorteil der Volontärstätigkeit ist, dass die durch den Wechsel zum Bachelor-/Masterstudium stark reduzierte Praxiszeit aufgefangen wird. Allerdings gibt es auch Museen, die keine Volontariate anbieten, weil sie sich gegen die systematische Besetzung vollwertiger Stellen durch minderbezahlte Arbeitskräfte verwehren. Zudem werden Volontäre nach Ablauf der zwei Jahre oft nicht übernommen, sondern müssen sich häufig weiter mit Projektstellen, befristeten Verträgen oder Teilzeitstellen begnügen oder sich für die Freiberuflichkeit entscheiden.

Organisation und Restaurierungsprojekte

Besonders große oder langwierige Projekte wie Depotumzüge, neue Dauerausstellungen, aufwendige Restaurierungsprojekte oder die Sanierung von Werkstätten binden Kapazitäten in den Restaurierungswerkstätten. Nicht selten übernehmen Restauratoren selbst die Projektleitung im Haus, erstellen Ausschreibungen, koordinieren interne und externe Teams oder überwachen den zeitlichen Ablauf und die Kosten.

Aber auch Tätigkeiten, die allgemein der Organisation einer Restaurierungswerkstatt zugeschrieben werden können, fallen an: Als Beispiele sind u.a. Materialbestellungen, Personalverwaltung, Vergabe von Restaurierungsprojekten, Bewerbungen und Reparaturaufträge zu nennen. Ist eine Restaurierungsabteilung so groß, dass die Restaurierungswerkstätten wiederum von Werkstättenleitungen geführt werden, übernehmen diese häufig die organisatorischen Tätigkeiten. In der Praxis jedoch bringt jeder Restaurator einen gewissen Anteil seiner Arbeitszeit für organisatorische Tätigkeiten auf.

Öffentlichkeitsarbeit und Vermittlung

Neben den bereits aufgeführten Tätigkeiten entfällt ein kleinerer Teil der Tätigkeiten auf die Öffentlichkeitsarbeit und Vermittlung. Dies geschieht meist im Rahmen von Veranstaltungen wie dem Tag des offenen Denkmals, dem Internationalen Museumstag, bei Sommerfesten etc. oder in Form von Führungen in den Werkstätten. Aber auch Live-Restaurierungen in Ausstellungen oder Führungen durch die Werkstätten selbst werden von Restauratoren an Museen angeboten (siehe Kapitel 6).

Papiere zur Definition des Berufes

Die aufgeführten Tätigkeiten von Restauratoren an Museen unterliegen den restaurierungsethischen Grundsätzen (siehe Punkt 5.1). Darüber hinaus beschreiben einige dieser Dokumente die Tätigkeiten und die hierfür zugrunde liegende Ausbildung im Speziellen – das bereits erwähnte »Rosa Papier« (1981) beispielsweise, dessen Urheber sich zum Ziel gesetzt haben, das Berufsbild präzise zu definieren, es gegen andere, möglicherweise verwandte Berufsbilder abzugrenzen, eine dem Beruf entsprechende Ausbildung und den gesetzlichen Schutz der Berufsbezeichnung zu fordern (vgl. Besch 1995: 38 ff).

Im »Ehrenkodex für Restauratoren«[27] werden die allgemeinen Verpflichtungen des Restaurators in vier Kapiteln über Verantwortung, Kompetenz, Verzicht und Qualitätsanspruch beschrieben (vgl. DRV 1989: 27). Er benennt restaurierungsethische Grundlagen und spricht darüber hinaus auch den freiberuflichen Berufsalltag an, dessen besondere Erfordernisse bis dato in deutschsprachigen Veröffentlichungen nicht geschildert waren:

- Verantwortung: Der Restaurator trägt die Verantwortung für das anvertraute Objekt. Das Verhältnis zwischen Restaurator und Eigentümer basiert auf Vertrauen und Respekt.
- Kompetenz: Der Restaurator soll nur Arbeiten in seinem Kompetenzbereich ausführen.
- Verzicht: Der Restaurator darf keine Aufträge ausführen, die das Kunst- und Kulturgut gefährden oder verfälschen; derlei Aufträge sind abzulehnen.
- Qualitätsanspruch: Der Restaurator soll an seine Arbeit – unabhängig vom Wert der Objekte – die höchsten Qualitätsansprüche haben. Der Substanzerhalt hat im Falle von Einschränkungen des Behandlungsumfangs Vorrang.

Des Weiteren führt der »Ehrenkodex für Restauratoren« (1986) acht Tätigkeiten eines Restaurators auf (Schadensverhütung, Dokumentation, Untersuchung, Konservierung und Restaurierung, Umfang der Behandlung, Techniken und Materialien, Wartung, Notsituation), die sich von den Beschreibungen früherer Veröffentlichungen nicht wesentlich unterscheiden (vgl. DRV 1989: 27 f.). Indes geben weitere acht Punkte Aufschluss über den Restaurator und seinen Berufsstand (kollegiales Verhalten, Referenzen, Kommentare zur Arbeit von Kollegen, Verbreitung falscher Informationen, Übertragung an Subunternehmen, Fälle von Meinungsverschiedenheiten, Werbung, Handel). Zum ersten Mal wird in einem deutschsprachigen Dokument ausdrücklich die Öffentlichkeitsarbeit erwähnt: »Der Restaurator soll durch qualifizierte Arbeit und entsprechend vor-

27 Im selben Jahr erscheint in den »ICOM news« ein Artikel des Committee for Conservation, Working Group for Training in Conservation and Restoration zur Definition des Berufsbilds des Konservators-Restaurators unter dem Titel »The Conservator-Restorer: A Definition of Profession« (vgl. ICOM 1986: 5 f.), in dem ebenfalls Tätigkeiten und die Ausbildung des Konservators-Restaurators, aber auch seine Verantwortlichkeiten benannt werden. Dieser und weitere angelsächsische Texte dienen dem »Ehrenkodex für Restauratoren« und »Der Restaurator – Eine Definition des Berufs« als Vorbild (vgl. Wihr 1996: 30 und Bachmann 1989a: 22 f.).

bildliches Verhalten in der Öffentlichkeit das berufliche Ansehen und das Verständnis für Konservierung und Restaurierung fördern.« (vgl. DRV 1989: 28)

Die Berufsrichtlinien von E.C.C.O. beinhalten ebenfalls Angaben zum Beruf des Restaurators. So beschreibt »Papier I – Der Beruf des Restaurators«[28] die Aufgaben des Restaurators und seine Ausbildung in Abgrenzung zu verwandten Berufsfeldern. In der einleitenden Präambel wird auf die Bedeutung von Kunst- und Kulturgut aus Sicht der Gesellschaft eingegangen und auf die damit übertragene Verantwortlichkeit des Restaurators, der Maßnahmen an ebendiesen Objekten ergreift. Die Texte enthalten keine über die bisherigen Papiere hinausgehenden Vorgaben. Die Berufsrichtlinien (Papier III)[29] enthalten Vorgaben zur Ausbildung von Restauratoren sowie zu praktischen und theoretischen Inhalten. Neu ist die Vorgabe, dass der Restaurator einen Masterabschluss aufweisen sollte.

2014 veröffentlicht E.C.C.O. die »Kompetenzen für den Zugang zum Beruf des Konservator-Restaurators«.[30] Dieses Grundsatzpapier enthält einen Anforderungskatalog für den Zugang zum Beruf, die Definition der Berufsbezeichnung und der damit verbundenen Kompetenzen. Ferner werden die Kompetenzniveaus gemäß des Europäischen Qualifikationsrahmens (EQR) aufgeführt (vgl. E.C.C.O. 2012: 5).

5.3 WEITERE MUSEUMSSPEZIFISCHE PAPIERE

Neben den Papieren, die ursächlich restaurierungsethische Definitionen beinhalten, beschreiben museumsspezifische Veröffentlichungen allgemeine Aufgaben bzw. Funktionen in Museen und den Umgang mit Objekten.

»Ethische Richtlinien für Museen« von ICOM

Die »Ethischen Richtlinien für Museen« von ICOM[31] bilden die Grundlage der professionellen Arbeit von Museen und Museumsfachleuten und stellen Mindeststandards in acht Kapiteln dar. Im Folgenden wird auf die Grundsätze eingegangen, die den Erhalt und die Restaurierung von Objekten betreffen.

28 http://www.ecco-eu.org/documents/ecco-documentation/index.php vom 28.02.2016.

29 Ebd.

30 Ebd.

31 http://www.icom-deutschland.de/client/media/364/icom_ethische_ richtlinien_d_ 2010.pdf vom 28.02.2016.

Zunächst werden die Sammlungen betreffende Hinweise zum Umgang mit den Objekten gegeben. So ist im Kapitel »Pflege von Sammlungen« unter 2.19 (»Übertragung der Sammlungsverantwortung«) festgelegt, dass fachliche Verantwortlichkeiten in Bezug auf die Pflege der Sammlungen lediglich an Personen übertragen werden sollen, die über entsprechende Kenntnisse und Fähigkeiten verfügen oder die angemessen beaufsichtigt werden (vgl. ICOM 2006: 15). So heißt es unter Punkt 2.23 (»Vorbeugende Konservierung«):

> Vorbeugende Konservierung ist ein wichtiges Element der Museumstätigkeit und der Sammlungspflege. Es ist eine wesentliche Verantwortung der Museumsmitarbeiter/innen, ein schützendes Umfeld für die in ihrer Obhut befindlichen Sammlungen zu schaffen und zu erhalten, sei es im Depot, bei der Präsentation oder beim Transport. (Vgl. ICOM 2006: 16)

Neben diesen allgemeinen Formulierungen, die noch keine Aussage darüber treffen, welche Berufsgruppe oder Abteilung eines Museums die Vorgaben umsetzen soll, wird unter 2.24 (»Konservierung und Restaurierung der Sammlungen«) der Restaurator erwähnt:

> Das Museum soll den Zustand seiner Sammlungen sorgfältig beobachten, um zu entscheiden, wann ein Objekt oder Exemplar Konservierungs- oder Restaurierungsarbeiten benötigt und den Einsatz eines qualifizierten Konservators/Restaurators erforderlich macht. Das eigentliche Ziel soll darin liegen, den Zustand des Objekts oder Exemplars zu stabilisieren. Alle Konservierungsverfahren müssen dokumentiert werden und so weit wie möglich reversibel sein; sämtliche Veränderungen am ursprünglichen Objekt oder Exemplar sollen deutlich erkennbar sein. (Vgl. ICOM 2006: 16)

Diese Richtlinie wiederum lässt offen, wer die Entscheidung über den Zustand eines Objektes fällt. Dies ist sicherlich sinnvoll, da nicht nur Restauratoren Schäden an Objekten entdecken, sondern auch Kuratoren, Depotmitarbeiter etc. Dass Restaurierungs- oder Konservierungsmaßnahmen allerdings von qualifizierten Restauratoren ausgeführt werden müssen, wird klar zum Ausdruck gebracht. Die Formulierung, dass das Ziel der Maßnahmen sein soll, das Objekt zu »stabilisieren«, ist jedoch missverständlich. Vermutlich ist damit die Konservierung von Objekten gemeint; dies geht allerdings nicht eindeutig aus dem Text hervor.

Daneben sind drei weitere restaurierungsethische Grundsätze – das Dokumentieren, die Reversibilität und die Kenntlichmachung von Veränderungen – aufgeführt (vgl. ICOM 2006: 16). Bei letztgenanntem Punkt ist sicherlich die

Kenntlichmachung von Maßnahmen gemeint, nicht die Kenntlichmachung von Veränderungen. Veränderungen werden in der Regel nur im Zuge eines Leihverkehrs aufgenommen.

Im Glossar der »Ethischen Richtlinien für Museen« ist der Konservator-Restaurator wie folgt definiert: »Angestellte oder selbstständige Personen, die befähigt sind, Kulturgüter technisch zu untersuchen, zu erhalten, zu konservieren und zu restaurieren (für weiterführende Informationen siehe ICOM News, Bd. 39, Nr. 1 (1986), S. 5 f.)« (vgl. ICOM 2006: 28). Diese Ausführung stellt eine Minimalbeschreibung dar, ohne auf tatsächliche Qualifikationen eines Restaurators einzugehen.

Zusammengefasst sind in den »Ethischen Richtlinien für Museen« von ICOM die grundsätzlichen Hinweise zum Umgang mit Objekten, die wichtigsten restaurierungsethischen Grundsätze sowie eine kurze Beschreibung des betreffenden Personenkreises genannt. Überarbeitungswürdig wären einzelne Formulierungen sowie die Aufnahme weiterer Tätigkeiten eines Restaurators in den Text, aus dem dann bestenfalls die Wissenschaftlichkeit seiner Arbeit und seine Verantwortung hervorgehen.

»Standards für Museen« vom DMB

Ein zweites in diesem Zusammenhang wesentliches Papier sind die »Standards für Museen«, herausgegeben von DMB und ICOM.[32] Bei diesen Standards handelt es sich »ausdrücklich nicht um ›Mindest-Standards‹. Vielmehr soll die Veröffentlichung den Museen Orientierungspunkte bieten und eine Diskussion um einen eindeutig strukturierten Museumsbegriff anstoßen.« (vgl. DMB 2006: 4)

»Standards in Museen« behandelt im Wesentlichen folgende Themen: die dauerhafte institutionelle und finanzielle Basis, Leitbild und Museumskonzept, Museumsmanagement, qualifiziertes Personal, Sammeln, Bewahren, Forschen und Dokumentieren sowie Ausstellen und Vermitteln (vgl. DMB 2006: 7).

Bei der Betrachtung des restaurierungsspezifischen Themas »Bewahren« ist ausdrücklich von »entsprechend aus- bzw. fortgebildeten Museumsbeschäftigten« die Rede, die für den Erhalt der Museumsobjekte zuständig sind. Dass dies aber Restauratoren sein sollen, wird nicht explizit formuliert. Ferner wird aufgeführt, dass »konservatorisch und sicherheitstechnisch optimale Bedingungen für die Präsentation und Lagerung der Sammlungen in den Ausstellungs- und Depoträumen ebenso wie der sach- und fachgerechte Umgang mit Museumsgut bei

32 http://www.museumsbund.de/fileadmin/geschaefts/dokumente/Leitfaeden_und_andere/Standards_fuer_Museen_2006.pdf vom 28.02.2016.

der Pflege und bei allen Bewegungen der Objekte inner- und außerhalb des Hauses« garantiert werden müssen. Wer hierfür Sorge trägt, ist ebenfalls nicht aufgeführt (vgl. DMB 2006: 14).

Im separat aufgeführten Kapitel »Bewahren« wird auf den Erhalt von Objekten ausführlicher eingegangen:

> Das Museum hat den Auftrag, Zeugnisse der Vergangenheit und der Gegenwart dauerhaft zu erhalten und für die Zukunft zu sichern. Das erfordert besondere Vorkehrungen und spezifische Kenntnisse über Sicherheit, Klima, Materialeigenschaften, Schadensbefund und Schadensprozesse, Handhabung der Objekte sowie Konservierungs- und Restaurierungsverfahren. Diese grundlegenden und dauerhaften Aufgaben werden ausschließlich von fachkundigem Personal übernommen. (DMB 2006: 16)

Es ist lediglich anzunehmen, dass mit dem »fachkundigen Personal« Restauratoren gemeint sind; dennoch werden sie auch hier nicht ausdrücklich erwähnt. Vielleicht soll mit diesem Passus ein »Hintertürchen« für diejenigen Museen offen gehalten werden, die aufgrund ihrer Größe und finanziellen Ausstattung keine Fachrestauratoren einsetzen (können). Für diesen Fall heißt es weiter: »Gibt es im Museum kein entsprechendes Fachpersonal zur Betreuung der Sammlungen, werden externe Spezialisten zurate gezogen« (DMB 2006: 16) – auch hier wieder wird der Restaurator nicht explizit benannt.

Daneben wird im Kapitel »Bewahren« das Thema Sicherheit angesprochen – nicht ohne den zwar restaurierungsethisch richtigen, aber für Restauratoren unbefriedigenden Zusatz: »Kostenintensive Konservierungs- und Restaurierungsmaßnahmen werden somit auf ein unvermeidbares Minimum reduziert.« (DMB 2006: 16). Die Definition von Konservierung und Restaurierung beinhaltet darüber hinaus einige restaurierungsethische Grundlagen. So sollen Herstellungs-, Umnutzungs- und Alterungsspuren erhalten bleiben. Eine Restaurierung zielt auf die Verbesserung des Objektzustands, nicht auf dessen Veränderung ab. Grundlagen für Maßnahmen sind eine genaue Untersuchung und die Dokumentation (vgl. DMB 2006: 17). In den übrigen Kapiteln finden sich keine Hinweise auf objekterhaltende Aspekte und somit auf die präzise umrissenen Tätigkeiten von Restauratoren.

»Museumsberufe – Eine europäische Empfehlung« vom DMB

2008 veröffentlicht der DMB »Museumsberufe – Eine europäische Empfehlung« (DMB 2008). Die Publikation soll laut Verfasser »Empfehlungscharakter« besitzen und »Anstöße für die Ausgestaltung und Weiterentwicklung der museumsspezifischen Berufsbilder und die darauf hinführende Ausbildung geben.« (DMB 2008: 5)

In der Publikation ist ein übersichtliches Funktionsschema abgebildet, in deren Mitte sich der Direktor befindet, umgeben von den drei Bereichen »Sammlung und Forschung«, »Besucherdienste« und »Verwaltung, Management und Logistik« (vgl. DMB 2008: 18). Unterhalb der Grafik sind die Museumsberufe den drei Funktionsbereichen des Museums zugeordnet. In dem Schema fehlt der Restaurator-Konservator, der für gewöhnlich dem »Sammeln und Forschen« zugeordnet wird.

In der Einzelaufstellung der Berufe hingegen ist er vertreten (vgl. DMB 2008: 23). Dort ist seine Funktion wie folgt beschrieben: »Der Restaurator/Die Restauratorin erarbeitet in Absprache mit dem Kurator/der Kuratorin die Gesamtheit der Tätigkeiten, die der Erhaltung, der Präventiven Konservierung und der Restaurierung der Museumssammlungen dienen« (DMB 2008: 23). Weiter heißt es dort in drei Punkten:

- »Er/Sie erstellt den Restaurierungsplan für die Sammlungen und bereitet die notwendigen Ausschreibungen vor.
- Er/Sie führt gegebenenfalls die beschlossenen Restaurierungen durch.
- Er/Sie sorgt für die notwendigen Maßnahmen zum Erhalt der Sammlungen im Depot wie auch in der Ausstellung.« (DMB 2008: 23)

Diese Funktionsbeschreibung entspricht in keiner Weise der im Anschluss an die Funktionen beschriebene Ausbildung eines Restaurators: »Abgeschlossenes Hochschulstudium, Master in Konservierung/Restaurierung oder ein äquivalenter Studienabschluss« (DMB 2008: 23). Stattdessen wird ein rein ausführender, nicht planender, forschender, entscheidender Restaurator beschrieben. Vergleicht man die Tätigkeiten mit jenen des Kurators, so zeigt sich, dass dieser entscheidend in allen wichtigen Bereichen tätig sein soll (Erhaltung der Sammlungen, Ausbau der Sammlungen, Forschung, Präsentation und Management) (vgl. DMB 2008: 20). Obwohl der Restaurator alle restaurierungsspezifischen Entscheidungen in Absprache mit dem Kurator fällen soll, ist in der Funktionsbeschreibung des Kurators wiederum der Restaurator nicht berücksichtigt. Alle Funktionen, wie sie für den Kurator beschrieben werden, sollten beim Restaurator ebenfalls aufgeführt sein. Dies würde dazu beitragen, das oftmals bestehende hierarchische Gefälle zwischen Kuratoren und Restauratoren zu reduzieren. Themen wie Forschungstätigkeiten, die Vermittlung/Öffentlichkeitsarbeit und die Ausbildung von Praktikanten/Volontären/Studenten sollten überdies mit aufgenommen werden.[33]

5.4 RESTAURIERUNG IM SPANNUNGSFELD

Die Arbeit eines Restaurators in einem Museum ist – wie die anderer Berufsgruppen gewiss gleichermaßen – nicht immer frei von Spannungen. Dies hat unterschiedliche Ursachen.

Zum einen kann es Meinungsverschiedenheiten zwischen Restauratoren und Kollegen anderer Abteilungen hinsichtlich konservatorischer Vorgaben geben. Nicht immer entsprechen diese den Vorstellungen von Kuratoren oder Gestaltern. Vielfach wird gewünscht, Objekte offen im Ausstellungsraum zu zeigen, wo hingegen Restauratoren – dem Erhalt der Objekte verpflichtet – Vitrinen, Stürze, Scheiben, Absperrungen etc. zum Schutz vor Berührung oder zur klimatischen Konditionierung fordern. Auch die Verschattung von Fenstern und der damit einhergehende eingeschränkte Blick aus dem Ausstellungsraum nach draußen führen zu Diskussionen. Daneben entsprechen Forderungen zum Schutz der Exponate nach inerten Materialien für den Ausstellungs-, Depot- und Vitrinenbau zur Reduktion von Schadstoffen häufig weder gestalterischen Vorstellungen noch dem anvisierten Kostenrahmen, dabei wirken sich Schäden, die Planungsfehler auch im Zuge von Sparmaßnahmen nach sich ziehen, auf den Erhalt der Objekte aus; aufwendige Restaurierungsarbeiten und Bemühungen, in immer kürzerer Zeit immer mehr Objekte zu erhalten, werden gefährdet.

Diesbezüglich lassen sich Konflikte, Meinungsverschiedenheiten und Schäden durch ein frühzeitiges Einbinden der Restauratoren in die Ausstellungs- und Depotplanungsprozesse entschärfen bzw. abwenden. Bereits zu einem frühen Zeitpunkt wird auf Augenhöhe ein Kompromiss zwischen Gestaltern, Projektsteuer, Kuratoren etc. angestrebt – der Restaurator ist nicht länger der »ständige Verhinderer«, sondern bringt als Fachplaner konkrete Vorschläge ein. Außerdem erhalten Restauratoren auf diese Weise Einblick in Planungsabläufe und Kostenentwicklung und bekommen damit ein Gefühl für »Zwänge« und Entwicklungen.

33 Laut DMB soll das Papier bis 2017 überarbeitet werden.

Aber auch das Thema Leihverkehr führt an Museen regelmäßig zu Konflikten. So besteht nicht immer Konsens über die Ausleihe von Objekten eines Museums an andere Häuser. Materialbeschaffenheit, Alterung und Schäden von Objekten können dazu führen, dass Restauratoren die Ausleihfähigkeit infrage stellen. Dem entgegengesetzt steht der Wunsch der Direktion oder des Kurators, das Objekt zu verleihen, sei es unter politischem Druck oder aus Renommeegründen. Der Restaurator sollte diesbezüglich und hinsichtlich einer wechselseitigen Anerkennung der jeweiligen Kompetenzen die gleiche Entscheidungsbefugnis besitzen wie der Kurator, sodass auf Augenhöhe Kompromisse geschlossen werden können.

Über eine Ausleihe oder Nichtausleihe nach Versicherungswert sollte indes allein der Kurator befinden, da monetäre Werte beim Erhalt von Objekten für den Restaurator keine Rolle spielen dürfen. Die Entscheidung, ob ein Objekt aus konservatorischen Gründen durch einen Kurier begleitet werden sollte, liegt jedoch beim zuständigen Fachrestaurator. Es sollten all diejenigen Objekte begleitet werden, die aufgrund von Konstruktion oder früheren Schäden empfindlich sind und deren Ver- und Entpacken deshalb von einer Person, die mit dem Objekt gut vertraut ist, überwacht bzw. selbst vorgenommen wird. Auch ist ein Kurier erforderlich bei Objekten, die am Zielort montiert werden müssen oder deren Zielort konservatorisch bedenklich ist. Dies ist dann der Fall, wenn bereits zu einem früheren Zeitpunkt beim Leihnehmer Schäden an ausgeliehenen Objekten entstanden sind, keine Restauratoren beim Leihnehmer eingebunden oder Auflagen zur Ausleihe (gesicherte Vitrine, Vorgaben zu Lichtschutz oder Klimawerten etc.) gemacht werden. Um am Zielort nicht vermeidbare Kosten zu verursachen und um der Zeitersparnis willen kann bei stabilen Objekten, sicherem Transport und/oder vertrauenswürdigem Leihnehmer auf eine Kurierbegleitung verzichtet werden. Möchte ein Museum in speziellen Fällen aus anderen Gründen Kunstwerke nicht verleihen, sollten nie konservatorische Gründe vorgeschoben werden. Diese Fälle werden, wenn es sich um besonders prominente Stücke handelt, gern in der Presse breitgetreten, und Restauratoren werden zu Unrecht in den Ruf der »Verhinderer« gebracht. Außerdem verringert dies in anderen, aus konservatorischen Gründen abzulehnenden Fällen die Glaubwürdigkeit.

Ein weiteres, mitunter sogar grundlegenderes Konfliktfeld liegt im Bereich der Position des Restaurators am Museum. Diesbezüglich dürften die Spannungen verschiedene Ursachen haben. Zum einen hat sich in den vergangenen Jahrzehnten eine Professionalisierung des Berufsbilds vollzogen. Der Restaurator hat sich hin zu einer wissenschaftlichen Disziplin gewandelt, Restauratoren sind nicht länger Handwerker, sondern Fachspezialisten, die mit ihren Kenntnissen

Materialien oder die Echtheit eines Kunstwerks bestimmen. An deutschen Museen lösen generationsbedingt Restauratoren mit allmählich jene ohne Studienabschluss ab. Konnten zu früheren Zeiten noch nicht alle Fachbereiche studiert werden und wurden deshalb zu jener Zeit auch Restauratoren ohne Restaurierungsstudium in Museen eingestellt, so finden heute in der Regel nur noch akademisch ausgebildete Restauratoren eine Anstellung im Museum. Die Forderungen des VDR sowie E.C.C.O. begünstigen diese Tendenz.[34] Dieser Wandel scheint sich allerdings noch nicht überall durchgesetzt zu haben, und häufig schlägt sich dies – analog zur Bedeutung des Bewahrens als Aufgabe eines Museums – im Organigramm eines Hauses nieder. Restaurierungswerkstätten sind in der Regel keine Hauptabteilungen, sondern anderen Abteilungen untergeordnet. Als Folge kommt es häufig zum Gebilde des Kurators mit »seinem Restaurator«. Eine mangelnde klare Aufgabenverteilung bzw. unklare Schnittstellen erschweren die Zusammenarbeit. Auch kann eine Restaurierungsabteilung von wichtigen Entscheidungen ausgeschlossen sein; je nach Kommunikationswegen in einem Museum bleiben Restauratoren von bestimmten Informationen und Entscheidungen abgeschnitten. In der Regel schaffen sie es auch nur sehr selten, Leitungspositionen an einem Museum einzunehmen.

Aber auch eine fachinterne Diskussion um die Ausbildung von Restauratoren erschwert das Ansehen von Restauratoren an Museen. Die Restaurierung als akademische Ausbildung in Form eines Hochschulstudiums ist ein wie erwähnt verhältnismäßig junges Phänomen. Bis heute wird darüber diskutiert, ob für die Restaurierung von Kunst- und Kulturgut tatsächlich ein Studium vonnöten und, wenn ja, ob ein Bachelor oder Master hierfür sinnvoll ist. Nach wie vor besteht allerdings die Möglichkeit, Restaurierung in einer handwerklichen Berufsausbildung zu erlernen. Diese Tatsache und die damit einhergehende Problematik der Abgrenzung zwischen Handwerk und Studium – erschwert dadurch, dass der Beruf des Restaurators bis heute deutschlandweit nicht gesetzlich geschützt ist – sowie das Bestreben nach einer einheitlichen Ausbildung und entsprechender Bezahlung prägen das Berufsbild. Trotz der Gründungen der akademischen Ausbildungsstätten für Restauratoren reißt die Diskussion um »Studium: ja« und »Studium: nein« nicht ab. VDR und E.C.C.O. sind sich indes einig: Nur ein Master qualifiziert den Restaurator hinreichend für den Umgang mit Kunst- und Kulturgut.

34 http://restauratoren.de/ausbildung/wie-werde-ich-restaurator.html vom 28.02.2016 und Veröffentlichung »Kompetenzen für den Zugang zum Beruf des Konservator-Restaurators« unter http://www.ecco-eu.org/documents/ecco-documentation/index.php?limit=10&limitstart=10&dir=DESC&order=date vom 10.01.2016.

An Museen werden Restauratoren – abgesehen von jenen in Leitungspositionen in Restaurierungswerkstätten – in aller Regel nach wie vor nicht gemäß ihrer Qualifikation (sei es der Masterabschluss oder ein Hochschuldiplom) und der Wissenschaftlichkeit ihrer Arbeit, sondern mehr oder weniger pauschal in niedrigere Gehaltsstufen eingruppiert. Noch immer gelten laut Buczynski für die Definitionen restauratorischer Tätigkeiten die Tarifbestimmungen von 1986, die eine akademische Ausbildung nicht berücksichtigen (vgl. Buczynski et al. 2012: 89).

Ein weiteres potenzielles Spannungsfeld eröffnet sich im Hinblick auf gewisse Anforderungen oder Vorstellungen vonseiten der Presse- und Marketingabteilungen, die an manchen Häusern auf Ablehnung in den Restaurierungswerkstätten zu treffen scheinen. Doch die mangelnde Einsicht des Nutzens von Pressearbeit oder der fast schon tradierte Vorwurf der »Geheimniskrämerei« dürften heutzutage eine weit untergeordnete Rolle spielen. In jedem Fall dient ein stärkerer Austausch der Abteilungen der wechselseitigen Anerkennung der jeweiligen Aufgaben (»ohne die Werbung für das Haus keine Besucher, ohne Besucher kein Geld und kein Fundraising/Sponsoring, ohne Geld keine Restaurierung«) und dem Kompromiss mit dem gemeinsamen Ziel, das Museum als Institution in seiner Qualität zu erhalten bzw. zu verbessern.

6. Die Vermittlung von Restaurierung an deutschen Museen

Der Begriff Museum unterliegt – wie bereits in Kapitel 4 erläutert – keiner allgemeingültigen Definition, jedoch dürfte Einigkeit darin bestehen, dass das Museum als öffentliche Einrichtung im Dienst der Öffentlichkeit steht. Der Begriff Öffentlichkeit kann dabei auf mindestens drei Ebenen erfasst werden. Zunächst sind damit die gesellschaftlichen Verhältnisse gemeint (öffentlich im Gegensatz zu privat). Daneben kann auch die Öffentlichkeit, die sich ein Museum »schafft«, gemeint sein. Hier bezeichnet sie den Bekanntheitsgrad, die Ausstrahlung und Publizität. Auf einer dritten Ebene ist der Akteur selbst benannt. Er kann als Gesellschaftsmitglied Angeboten nachkommen oder auch nicht – somit ist er der Besucher eines Museums oder der Nicht-Besucher (vgl. Klein/Bachmayer 1981: 40).

Prinzipiell steht das Museum als Institution der Öffentlichkeit allen offen, auch wenn nicht jeder das Angebot nutzt. Das mag am mangelnden Bekanntheitsgrad eines Hauses liegen, den eingeschränkten Besuchszeiten oder dem mangelnden Interesse einzelner Bevölkerungsteile (vgl. Klein/Bachmayer 1981: 39).

In der Publikation eines Symposiums zum Thema »Restaurierung und Öffentlichkeit« aus dem Jahr 1993 äußerst sich Vonesch, der damalige Leiter der Nationalen Informationsstelle für Kulturgüter-Erhaltung (NIKE) aus Bern, kritisch zur Verbindung von Kulturgütererhaltung und Öffentlichkeitsarbeit. Er plädiert dafür, »Öffentlichkeitsarbeit im Bereich Kulturgütererhaltung in der Region und damit lokal und nahe am Bürger zu betreiben.« (Vonesch 1994: 41) Den Grund sieht er u.a. im Drang des Bürgers nach Individualität, der einen Appell an das kollektive Verantwortungsbewusstsein weniger sinnvoll erscheinen lässt. Ferner interessieren sich die Bürger seiner Meinung nach mehr für ein Geschehen vor Ort als beispielsweise fernab am anderen Ende des Landes (vgl. Vonesch 1994: 41).

Vonesch spannt den Bogen hin zu jenen Personen, die sich um den Erhalt von Kulturgütern kümmern, wie Restauratoren, Konservatoren, Denkmalpfleger sowie Archäologen, und stellt die Frage, wie diese Berufsgruppen effizienter und besser vermitteln. Er schlägt vor, dies über die Medien zu vollziehen und auf diese Weise Vorurteile (auf beiden Seiten) abzubauen. Ferner schlägt er den Aufbau eines systematischen und tragfähigen Netzwerks mit Medienvertretern vor (vgl. Vonesch 1994: 41 ff.). Daneben beschreibt er den Erfolg von Werkstattgesprächen und Vorführungen im Zusammenhang mit dem Erhalt von Kathedralen in Frankreich (vgl. Vonesch 1994: 46) und nennt als weiteres spannendes Beispiel das Festival der Kulturgütererhaltung »Media Save Art«, das 1991 in Rom von ICCROM mit dem Ziel organisiert wurde, »die Kontakte zwischen den Fachleuten aus dem Medienbereich und den Spezialisten der Kulturgüterhaltung zu verbessern«, die »Produktion von Pressartikeln, Filmen und Videos zum Thema Kulturgütererhaltung zu erleichtern« sowie »die Rolle der Medien als Bindeglied zwischen den Spezialisten der Kulturgütererhaltung und der Öffentlichkeit zu stärken« (vgl. Vonesch 1994: 47).

Zusammenfassend sieht Vonesch die Öffentlichkeitsarbeit als permanente Aufgabe aller Einrichtungen, die mit dem Schutz von Kulturgut betraut sind. Er geht sogar so weit zu postulieren, dass professionelle, kontinuierliche und effiziente Öffentlichkeitsarbeit über die Zukunft der Bewahrung von Kulturgut mit entscheiden wird (vgl. Vonesch 1994: 48). Die Vermittlung der Notwendigkeit und Bedeutung des Erhalts von Kulturgütern, so Vonesch, gilt insbesondere für Restauratoren und Konservatoren. Auf diese Weise bestehe die Hoffnung, dass trotz Rezession Mittel für notwendige Restaurierungen aus der öffentlichen Hand, Wirtschaft und aus privaten Kreisen aufgebracht werden (vgl. Vonesch 1994: 49).

Cornelia Weyer, Initiatorin des Symposiums, formuliert in der entsprechenden Veröffentlichung die zugrunde liegende Motivation von Restauratoren, die sich für Öffentlichkeitsarbeit einsetzen, wie folgt: »Im fachübergreifenden Gespräch ist es ihre Aufgabe, für den Erhalt des kulturellen Erbes einzutreten. Durch gezielte Öffentlichkeitsarbeit müssen sie selbst zum besseren Verständnis ihrer Tätigkeit beitragen.« (Weyer 1994a: 18)

Doch welche öffentlichkeitswirksamen Angebote von Restauratorenseite existieren an deutschen Museen? Um dieser Frage auf den Grund zu gehen, wurde in einem dreiteiligen Untersuchungsverfahren im Rahmen dieser Arbeit eine Onlineumfrage an den Museen in Deutschland durchgeführt. Die Ergebnisse der Untersuchung fließen in die Darstellung verschiedener Vermittlungsangebote in diesem Kapitel ein.

6.1 VERMITTLUNGSINSTRUMENTE ZUM THEMA RESTAURIERUNG AN DEUTSCHEN MUSEEN

Im ersten Untersuchungsteil der Arbeit sollen im Zuge einer Befragung von Restauratoren an deutschen Museen vorhandene Angebote der Vermittlung von restauratorischen Inhalten erfasst werden. Folgende Fragen sind Schwerpunkt der Untersuchung: Welche Angebote gehen von Restaurierungswerkstätten aus, an wen richten sie sich, wie oft und mit welchem Zweck finden sie statt? Von wem geht die Initiative aus? Und werden öffentlichkeitswirksame Maßnahmen von den Restauratoren grundsätzlich gutgeheißen?

Das methodische Vorgehen bei der Befragung (siehe Punkt 6.1.1), die Durchführung (siehe Punkt 6.1.2), Konzeption (siehe Punkt 6.1.3) und die Auswertung (siehe Punkt 6.1.4) sind Bestandteile dieses Kapitels.

6.1.1 Methodisches Vorgehen

Wie einleitend ausgeführt, gibt es keine zusammenfassenden Angaben hinsichtlich restaurierungsspezifischer Angebote deutscher Museen an ihre Besucher.[1] Daher wurde im Rahmen der vorliegenden Arbeit eine Umfrage an deutschen Museen durchgeführt. Hierfür wurden zunächst Homepages von deutschen Museen nach Hinweisen zur hauseigenen Restaurierungsabteilung durchleuchtet. Anschließend wurden die Restaurierungsleitungen – soweit benannt – per E-Mail mit der Bitte um Teilnahme an einer Onlinebefragung angeschrieben. Um ein Meinungsbild der Restauratoren zu erhalten, waren dabei bewusst nur diese Adressaten der Anfrage, nicht etwa Direktoren oder Mitarbeiter der Öffentlichkeitsarbeit.

Vorteil dieser Vorgehensweise war, dass dabei keine persönlichkeits- oder datenschutzrechtlichen Bedenken bestanden, da die Kontaktdaten öffentlich im Internet zugänglich waren. Als Nebeneffekt der mitunter aufwendigen Suche konnten Erkenntnisse über die Platzierung der Restaurierung auf den jeweiligen Homepages der Museen gewonnen werden.

Nachteilig dabei war allerdings, dass auf diese Weise Museen nicht erfasst wurden, deren Restaurierungswerkstätten entweder nicht auf den Homepages der Museen aufgeführt waren oder aber bei der Suche schlicht übersehen wurden.

---

1 Eine ausführliche Beschreibung von restauratorischen Angeboten in Museen Großbritanniens findet sich bei Emily Williams: The Public Face of Conservation, London, 2013.

Im Zuge der Internetrecherche wurden bundesweit 116 Museen ausfindig gemacht, die mindestens einen Restaurator beschäftigen. Anschließend wurde jede Homepage nach einem eigenen Auftritt der Restaurierungswerkstätten durchsucht. Dabei zeigte sich, dass lediglich 35 Prozent der Museen über eine eigene Restauratorenseite verfügen und diese wiederum in Ausprägung und Informationsgehalt überaus unterschiedlich ausfallen. Die meisten der 41 Homepages beschreiben die Sammlung, die Werkstätten, Fachbereiche und Aufgaben der Restauratoren lediglich auf einer Seite und liefern keine Informationen über einzelne Restaurierungs- und Forschungsprojekte oder die beschäftigen Restauratoren selbst. Lediglich vier Homepages sind aufgrund ihrer inhaltlichen Qualität hervorzuheben. Sie vermitteln umfangreich und tief greifend die Aufgaben der Restauratoren, Möglichkeiten der Ausbildung, stellen spannende Restaurierungs- und Forschungsprojekte und die Restauratoren vor.[2]

Die Erhebung der Daten fand mithilfe eines Onlinetools statt: Die Abfrage konnte so unmittelbar eingegeben und der Fragebogen im Internet hinterlegt und von Adressatenseite per E-Mail oder direkt beantwortet werden. Überdies fielen so nur geringe Kosten an: Der Interviewer musste keine Bogen verschicken und der Befragte entsprechend keine zurückschicken. Dies ließ auf einen höheren Rücklauf hoffen. Als Nachteile einer solchen Onlinebefragung werden von Atteslander u.a. die ungeklärte Repräsentativität, das Vorherrschen einer bestimmten internetaffinen Bevölkerungs- und Altersgruppe und der sogenannte Ermüdungseffekt bei Wiederholungen in Matrixfragen genannt (vgl. Atteslander 2006: 156 ff.).

2 https://www.duesseldorf.de/restaurierungszentrum/index.shtml vom 28.02.2016. http://www.museum-kassel.de/index_navi.php?parent=3152 vom 28.02.2016. http://www.bayerisches-nationalmuseum.de/index.php?id=82 vom 28.02.2016. http://www.museum-schwerin.de/headnavi/forschung-wissenschaft/restaurierung/ vom 28.02.2016.

6.1.2 Durchführung der Umfrage

Per E-Mail wurden die Restauratoren aufgefordert, 21 Fragen zur Öffentlichkeitsarbeit ihrer Abteilung an ihrem Haus zu beantworten. Mit einem Link gelangten die Befragten auf die Homepage mit dem Fragebogen.[3] Nach Eingabe bzw. Auswahl der Antworten sendeten die Interviewteilnehmer ihren Bogen zur Auswertung ab.

Am 27.11.2012 wurden auf dieser Grundlage 116 herausgesuchte Kontakte in ganz Deutschland mit der Bitte um Teilnahme an der Umfrage per E-Mail angeschrieben und am 17.12.2012 aufgrund des bis dato geringen Rücklaufs Erinnerungsmails versendet.

Insgesamt antworteten bis Februar 2013 45 der 116 befragten Museen. Das entspricht einem nur mäßigen Rücklauf von 39 Prozent. Vier Museen reichten ihre Angaben anonym ein, die anderen Antwortenden hinterlegten ihre Kontaktdaten.

6.1.3 Konzeption

Der Fragebogen bestand aus zwei inhaltlichen Teilen. Im ersten Teil wurden gemäß des Untersuchungskonzepts (siehe Kapitel 2) Fragen nach den Angeboten und deren Hintergründen gestellt. Der zweite Teil der Umfrage beinhaltete sonstige Abfragen wie die Anzahl und Aufgaben beschäftigter Restauratoren.

Die ersten sechs Fragen bezogen sich auf die Angebote in der Restaurierung, deren Art und Häufigkeit. Zunächst sollte Frage 1 klären, ob Öffentlichkeitsarbeit in der Restaurierung überhaupt stattfindet. Verneinte der Befragte, konnten in Frage 2 anhand von Auswahlantworten Gründe hierfür angegeben werden.

In Frage 3 sollten aus vorgegeben Antworten Angebote gewählt werden. Basis für die Auswahlmöglichkeit waren Ergebnisse aus Gesprächen mit Kollegen, im Zuge derer diese zunächst angaben, sie würden keine Öffentlichkeitsarbeit in der Restaurierung betreiben. Bei der Nennung von Beispielen zeigte sich dann jedoch, dass sehr wohl Angebote existierten, diese aber nicht im Sinne von Öffentlichkeitsarbeit verstanden wurden. Die Antwortvorgaben sollten somit als zusätzliche Anregung dienen.

In den darauffolgenden Fragen konnten die Interviewten in offenen Antworten Hinweise auf Webadressen, Publikationen, Facebookauftritte etc. geben

3 Dieser wurde in Grafstat, einem Programm zur Gestaltung von Fragebogen, Sammlung der Daten und deren Auswertung, erstellt; siehe http://www.grafstat.de/ vom 27.02.2015.

(Frage 4) und eintragen, wie oft welches dieser Angebote offeriert wird (Frage 5) und wen sie mit der entsprechenden Maßnahme ansprechen wollen (Frage 6).

Die Fragen nach bisherigen Evaluierungen von Vermittlungsangeboten sollten Aufschluss darüber geben, ob Maßnahmen der Öffentlichkeitsarbeit schon zu einem früheren Zeitpunkt bewertet wurden (Frage 7) und, wenn ja, welche und von wem (Frage 8).

Besonders wichtig für das Selbstverständnis der Restauratoren in Museen waren die folgenden Fragen: So galt es zu klären, von wem vermittlerische Maßnahmen ausgehen (Frage 9) und ob diese von der Museumsleitung unterstützt werden (Frage 10). Auch ob die Befragten die Öffentlichkeitsarbeit als sinnvoll erachten (Frage 11), wer die Maßnahmen entwickelt (Frage 12) und aus welchem Grund die Maßnahmen angeboten werden (Frage 13), spielt für die Vermittlungsarbeit eine große Rolle. In diesem Themenblock wurde abschließend die Frage gestellt, ob sich die jeweiligen Ziele erfüllt haben (Frage 14).

In einem abschließenden, allgemeinen Teil wurden Kennzeichen der jeweiligen Restauratoren erhoben. So wurde die Anzahl der fest angestellten (in Teil- und Vollzeit) und projektbefristeten Restauratoren am jeweiligen Museum erhoben (Fragen 15 bis 17). Darüber hinaus wurde nach dem Anteil der Arbeitszeit, in der restauriert bzw. in der Öffentlichkeitsarbeit betrieben wird, sowie den Aufgaben innerhalb der restlichen Arbeitszeit gefragt (Fragen 18 bis 20). Zum Schluss hatten die Befragten die Möglichkeit, ihre Kontaktdaten zu hinterlassen.

6.1.4 Auswertung

Rund drei Viertel der befragten Restauratoren gaben an, Öffentlichkeitsarbeit in der Restaurierungsabteilung zu leisten. Dies ist ein überraschendes Ergebnis, zieht man in Betracht, dass Öffentlichkeitsarbeit nicht zu den Kernaufgaben eines Restaurators an einem Museum gehört und teilweise kritische Töne hinsichtlich Vermittlungstätigkeiten laut werden. Nur ein Viertel gab an, keine Öffentlichkeitsarbeit zu betreiben. Als Ursache wurden hier zehn Gründe genannt (Frage 2), wovon mit je einem guten Drittel der Nennungen »zu wenig Personal« oder »keine Zeit« weit überwogen (siehe Diagramm 1). Diese Angaben sind nachvollziehbar hinsichtlich der vielfältigen Aufgaben von Restauratoren an Museen sowie im Hinblick auf Museen mit wenigen Restauratoren bzw. des Stellenabbaus in den vergangenen Jahren.

Diagramm 1: Antworten auf Frage 2 in Prozent

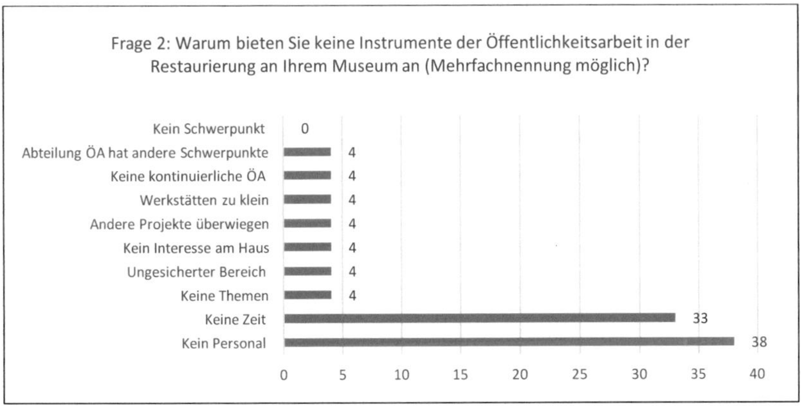

Frage 2: Warum bieten Sie keine Instrumente der Öffentlichkeitsarbeit in der Restaurierung an Ihrem Museum an (Mehrfachnennung möglich)?

Antwort	Prozent
Kein Schwerpunkt	0
Abteilung ÖA hat andere Schwerpunkte	4
Keine kontinuierliche ÖA	4
Werkstätten zu klein	4
Andere Projekte überwiegen	4
Kein Interesse am Haus	4
Ungesicherter Bereich	4
Keine Themen	4
Keine Zeit	33
Kein Personal	38

Angebote

Auf Frage (3), welche Maßnahmen angeboten werden, wurden zwar 24 Maßnahmen genannt, diese aber mit einer großen Streuung. Bei genauerer Betrachtung der Antworten zeigt sich, dass von den 39 antwortenden Häusern überwiegend »klassische« Angebote gemacht werden. So bieten jeweils gut zwei Drittel Führungen in den Werkstätten, Vorträge von Restauratoren, Restauratorenführungen durch die Ausstellung oder im Depot an. Ungefähr die Hälfte der Restaurierungswerkstätten sind auf der Museumshomepage vertreten und/oder publizieren selbst. Im folgenden Diagramm werden lediglich jene mit vier oder mehr Nennungen dargestellt (siehe Diagramm 2).

Diagramm 2: Antworten auf Frage 3 in Prozent

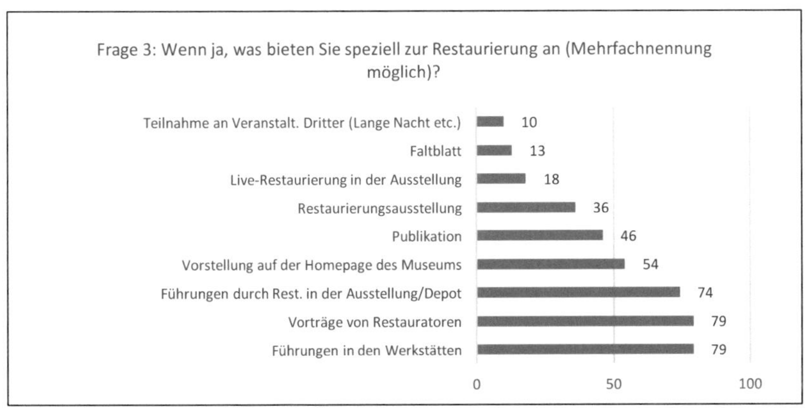

Social Media hingegen scheint bisher kaum Einzug in die Restaurierung gehalten zu haben. Einen Blog zum Thema Restaurierung betreiben nur zwei der befragten Häuser, die gleiche Anzahl ist in sozialen Netzwerken wie Facebook, StudiVZ oder google+ präsent. Twitter, Flickr und YouTube werden von keinem Restaurator genannt. Woran das liegt, kann an dieser Stelle nur vermutet werden: vielleicht an Vorbehalten gegen Neue Medien, der mangelnden Einsicht bezüglich des Nutzens, aber auch am hohen Zeitaufwand, den das regelmäßige Führen eines Blogs oder das Pflegen von Facebook u.a. mit sich bringt.

Die Angaben zur Häufigkeit der angebotenen Maßnahmen wiesen aufgrund der offenen Fragestellung eine große Streuung auf und lassen keine Schwerpunkte erkennen (Frage 5). Vielmehr scheinen die bereits aufgeführten »klassischen« Angebote (Frage 3) wie Führungen und Vorträge überwiegend selten und nur unregelmäßig durchgeführt zu werden. So gab von den 38 antwortenden Restauratoren ein Drittel an, Führungen zwischen ein- und sechsmal im Jahr anzubieten. Nur fünf Prozent führen Führungen zwischen zehn- und 20-mal im Jahr durch. An den restlichen Museen finden unregelmäßig Vorträge und/oder Live-Restaurierungen statt; bisweilen gibt es Faltzettel oder Filme zur Restaurierung in der Ausstellung. Außerdem wurden Maßnahmen genannt, die nicht im klassischen Sinn als Öffentlichkeitsarbeit zu verstehen, sondern an ein Fachpublikum gerichtet sind, wie (Fach-)Publikationen, Lehrveranstaltungen und Fachtagungen.

Zielgruppen

Die überwiegende Mehrheit bietet ihre Maßnahmen »für die breite Öffentlichkeit bzw. den Laien« an (Frage 6, siehe Diagramm 3). Sehr viel seltener werden restauratorische Angebote für spezielle Zielgruppen konzipiert. Nur knapp ein Viertel nannte als Zielgruppe (externe) Fachkollegen, gefolgt von Studenten der Restaurierung oder anderer Fachrichtungen. Mit den Angeboten auch potenzielle Sponsoren oder Förderer der Restaurierung anzusprechen spielt nur bei knapp jedem zehnten Museum eine Rolle.

Lediglich in drei Häusern – d.h. nicht einmal durch jeden Zehnten – wurden Politiker als Zielgruppe genannt, obwohl anzunehmen wäre, dass diese als Zuweiser von finaziellen Mitteln besonders für die Aufgaben der Restaurierung zu gewinnen sein sollten. Auch Schüler und Schulklassen scheinen der Umfrage zufolge keine nennenswerte Zielgruppe zu sein; sie wurden ebenfalls von nur jedem Zehnten genannt, obwohl diese Gruppe für die Nachwuchsförderung durchaus von Interesse wäre.

Diagramm 3: Antworten auf Frage 6 in Prozent

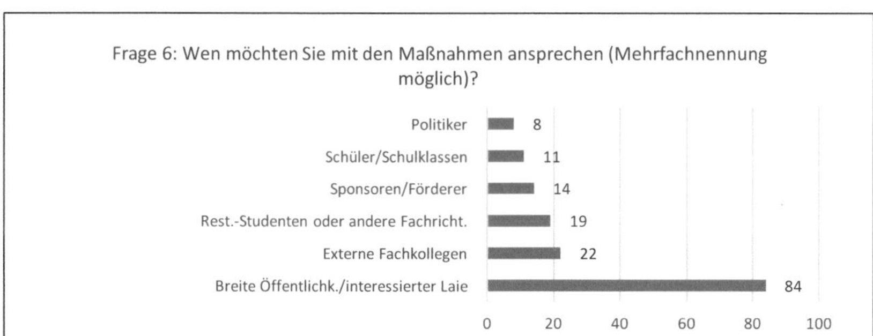

Evaluierung

Wie erwartet wurden bisher kaum Maßnahmen der Öffentlichkeitsarbeit in der Restaurierung evaluiert (Frage 7). Von den 33 Personen, die diese Frage beantworteten, hatten nur gut zehn Prozent eine Evaluierung durchgeführt. Um den Aufwand der Evaluierung einschätzen zu können, wurde abgefragt, ob die Evaluierung durch ein externes Unternehmen oder selbsttätig durchgeführt wurde und welche Maßnahmen genau evaluiert wurden (Frage 8). Es zeigte sich, dass keines der Museen Angebote in der Restaurierung aufwendig evaluiert. Reflektierende Gespräche hingegen werden von fünf Museen geführt. Sie finden entweder unter den Restauratoren oder gemeinsam im Team mit Vertretern der Museumspädagogik oder den Kuratoren statt.

Motivation

Über 90 Prozent der Restauratoren gaben an, dass die Initiative für die Maßnahmen zum Thema Öffentlichkeitsarbeit von ihnen selbst ausgeht (Frage 9). In rund der Hälfte der Häuser wünscht sich außerdem die Leitung des Hauses Maßnahmen vonseiten der Restaurierung, in gut einem Drittel die Abteilung Öffentlichkeitsarbeit. Dies bedeutet, dass der Impuls, der Öffentlichkeit restauratorische Inhalte zu vermitteln, überwiegend von den Restaurierungswerkstätten selbst ausgeht (siehe Diagramm 4).

Diagramm 4: Antworten auf Frage 9 in Prozent

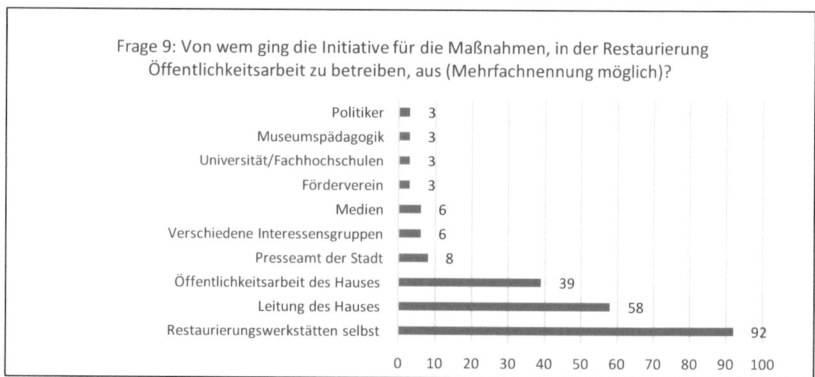

Für ein klares Umdenken weg von der »Geheimniskrämerei« hin zur Vermittlung restauratorischer Inhalte und als Bestätigung des Ergebnisses aus Frage 9 spricht, dass es nahezu alle befragten Restauratoren als sinnvoll erachten, sich einem wie auch immer gearteten Publikum zu öffnen (Frage 11).

Dabei werden die entsprechenden Maßnahmen in aller Regel durch die Leitung der Museen unterstützt. Das bekräftigten fast alle Antwortenden in Frage 10. Lediglich eine Restaurierungswerkstatt erhält bei ihren Vorhaben keine Unterstützung.

Die Ergebnisse aus den Fragen 9 und 11 lassen vermuten, dass die Werkstätten die Maßnahmen selbst entwickeln. Dies bestätigen die Antworten auf Frage 12. Bei 92 Prozent der Museen entwickeln »die Restauratoren selbst« die Angebote. Nur zu je einem Viertel werden Maßnahmen durch die Leitung des Hauses oder die Kollegen aus der Öffentlichkeitsarbeit angestoßen. Dieses Resultat zeigt die Einflussmöglichkeiten der Restauratoren selbst auf die Entwicklung und Inhalte von Angeboten. Es wäre daher sinnvoll, wenn sich einzelne Restauratoren an Museen im Bereich Öffentlichkeitsarbeit fortbildeten bzw. eng mit der eigenen Museumspädagogik zusammenarbeiteten, um dadurch im Sinne einer Professionalisierung gezielt zu vermittelnde Inhalte auszuarbeiten.

Auf die Frage (13) nach den Gründen für die Angebote in der Restaurierung gaben fast alle befragten Häuser an, dass die Inhalte der Restaurierung bekannter gemacht werden sollen, gefolgt von »über die Aufgaben eines Restaurators an einem Museum informieren«, »die Wichtigkeit des Erhalts von Kulturgut vermitteln« und »den Blick hinter die Kulissen ermöglichen«. Monetäre Gründe und Auskunft über die Ausbildung von Restauratoren zu erteilen stehen für die wenigsten im Vordergrund. Das folgende Diagramm führt die Antworten dieser Frage mit jeweils sechs Nennungen und mehr auf (siehe Diagramm 5).

Diagramm 5: Antworten auf Frage 13 in Prozent

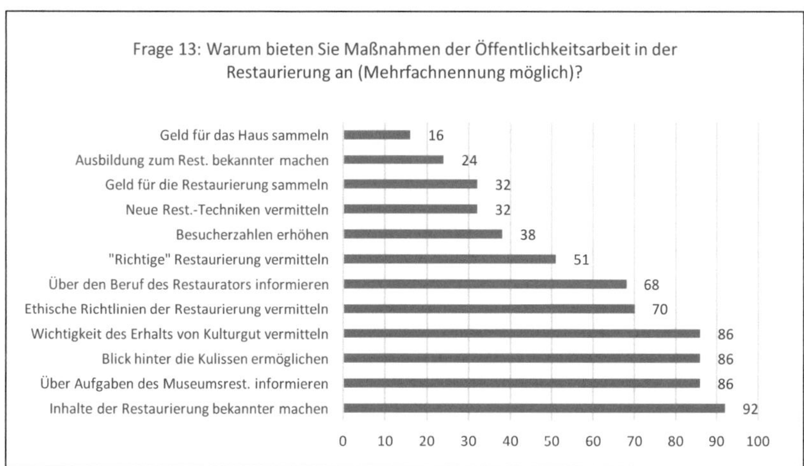

Auffallend sind die Antworten auf Frage 14, mit der untersucht werden sollte, ob sich die Ziele der Öffentlichkeitsarbeit erfüllt haben. Nur rund ein Viertel bejahte diese Frage. Allerdings gaben fast alle Befragten an, dass das Ziel der Öffentlichkeitsarbeit die Erhöhung des Bekanntheitsgrades sei. Warum fast jeder zweite Interviewte aber der Meinung ist, dass diese nicht hinreichend gelinge, ist nicht nachvollziehbar.

Sonstige Angaben

Zur Einschätzung der Frage, ob an der Umfrage eher kleine, mittelgroße oder große Restaurierungswerkstätten teilgenommen haben und mit wie viel Restauratoren sie zusätzliche Aufgaben wie Öffentlichkeitsarbeit erledigen müssen, dienen die folgenden Antworten.

Drei Viertel der befragten Museen beschäftigt zwischen einem und fünf Restauratoren fest (Frage 15), was die Möglichkeit erschwert, zusätzliche Aufgaben in der Vermittlungsarbeit zu übernehmen. Ein Sechstel der befragten Museen verfügt über sechs bis zehn Restauratoren, ein Zehntel zwischen elf und 25 Restauratoren in festen Arbeitsverhältnissen.

Häufig wird in den Restaurierungswerkstätten der Museen beklagt, dass zu wenig Arbeitszeit für die Restaurierung von Objekten bleibe. Diese Aussage wurde im Rahmen der Umfrage von den 39 antworteten Restauratoren nur zum Teil bestätigt (Frage 18). Durchschnittlich wird immerhin in 42 Prozent ihrer

Arbeitszeit restauriert. Die einzelnen Angaben reichten dabei allerdings von zehn bis 99 Prozent.

Der Anteil restauratorischer Tätigkeiten erscheint erstaunlich hoch, wenn man das Ergebnis der folgenden Frage in Betracht zieht: Denn welche Arbeiten neben dem Restaurieren von den Restauratoren an Museen erfüllt werden und ob hierbei die Öffentlichkeitsarbeit eine Rolle spielt, sollte die Frage 19 klären. Hier wurden 50 (!) Tätigkeiten genannt. Diese wiederum lassen sich in Themenblöcke zusammenfassen (siehe Diagramm 6). Dabei bilden Aufgaben im Bereich (Sonder-)Ausstellungen (Betreuung, Planung, Vorbereitung, Auf- und Abbau) den Schwerpunkt; sie nehmen neben dem Restaurieren 18 Prozent der Tätigkeiten ein. Der zweite große Block mit 15 Prozent beschreibt Aufgaben zum Thema Leihverkehr (Protokollierung, Kurierreisen, Ver- und Entpacken). Der dritte Themenbereich beinhaltet fachlich Organisatorisches wie Beratung, Gutachten, Dokumentation etc. (13 Prozent). Bestandserhaltungsmaßnahmen und Tätigkeiten, die hierfür erforderlich sind (Präventive Konservierung, Integrated Pest Management etc.), nehmen zwölf Prozent der Arbeitszeit in Anspruch. Elf Prozent der Arbeitszeit werden auf allgemein Organisatorisches, die Betreuung und Überwachung von technischen Arbeiten, Bestellungen, Besprechungen etc. verwendet. Je ein Zehntel der Tätigkeiten wird bestimmt von Depotarbeiten (Planung, Pflege, Umzüge) und wissenschaftlich-restauratorischen Aufgaben (Forschung, Vorlesungen, Publikationen, Vorträge etc.). Acht Prozent der Arbeitszeit werden für die Betreuung, Schulung oder Ausbildung von Praktikanten, Studenten, Ehrenamtlicher etc. aufgewendet. Lediglich drei Prozent der Antworten entfällt auf das Thema Öffentlichkeitsarbeit.

Diagramm 6: Antworten auf Frage 19 in Prozent

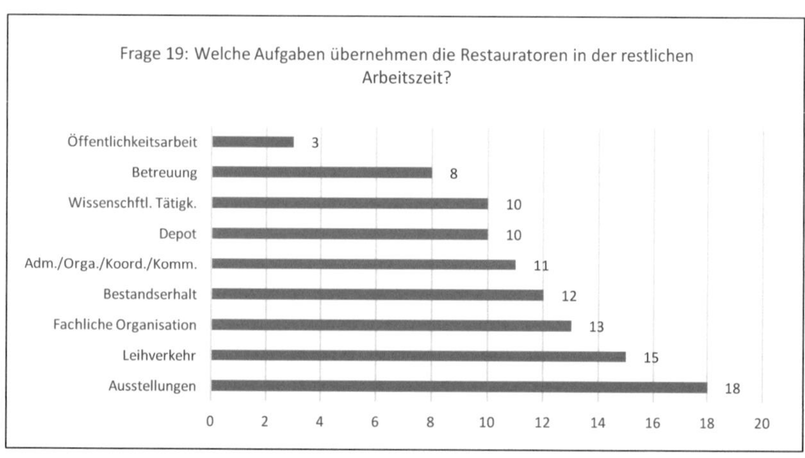

Entgegengesetzt zur Frage 19 antworten die Befragten auf die Frage 20 fünf Prozent ihrer Arbeitszeit für Öffentlichkeitsarbeit aufzuwenden.

Auf Grundlage der in diesem Kapitel vorgestellten Umfrage sowie auf der Basis von Hinweisen in Zeitungsmeldungen, Fachzeitschriften, von Kollegen und anhand weiterer Recherchen im Internet werden im Folgenden unterschiedliche Maßnahmen und Beispiele der Öffentlichkeitsarbeit in Restaurierungswerkstätten von Museen vorgestellt.

6.2 LIVE-RESTAURIERUNGEN

Live-Restaurierungen sind für Restauratoren und Museen aufwendig, da ständig Personal bereitstehen muss, der Besucher die Möglichkeit haben soll, Fortschritte mit eigenen Augen zu sehen, und geeignete Räumlichkeiten zur Verfügung stehen müssen, da nicht alle Arbeiten problemlos in den Ausstellungen durchgeführt werden können. Vielleicht ist dies der Grund, warum nur 18 Prozent der Umfrageteilnehmer diese Art der Vermittlung anbieten. Auch besteht unter Umständen das Problem, dass sich die Restauratoren beobachtet fühlen und/oder aufgrund der Nachfragen nicht zur Verrichtung ihrer Arbeit kommen. Daneben erwarten Besucher häufig schnelle, sichtbare »Vorher-Nachher-Effekte«, die es in der Realität häufig nicht gibt. Nicht jede Restaurierung deckt spannende Vorzeichnungen, geheime Gemälde auf Leinwandrückseiten oder Fälschungen auf. Hier scheint das Bild, das sich die Öffentlichkeit von der restauratorischen Tätigkeit macht, durch eine entsprechende Berichterstattung in den Medien geprägt zu sein. Dennoch wünschen sich zahlreiche Besucher den Blick auf Live-Restaurierungen. Vorteil hierbei ist, dass die Besucher – je nach Art des Angebots – mitunter mit den Restauratoren direkt ins Gespräch kommen können. Die unterschiedlichen Ausprägungen werden im Folgenden vorgestellt.

6.2.1 Temporäre Restaurierung in der Ausstellung

Eine im Verhältnis zu anderen Methoden relativ einfache Form der Live-Restaurierung ist die Vorführung von Restaurierungsarbeiten in einer Ausstellung. Hierbei wird in der Regel an einem Objekt bzw. an fest verbauten Einrichtungsgegenständen restauriert. Die Restaurierungswerkstatt zieht nicht in den Ausstellungsraum, sondern benötigtes Material wird im Zuge der Restaurierungsarbeiten mitgebracht. Vorteil dieses Typs ist, dass die Besucher Fragen stellen und bei mehrmaligem Besuch Fortschritte erkennen können. Ein weiterer Vorteil ist, dass die Live-Restaurierung im Verhältnis wenig Arbeit macht. So wird nicht eine ganze Werkstatt umgezogen und es müssen keine Räume eingebaut werden. Neben dem erhöhten Zeitaufwand aufgrund von Nachfragen durch das Publikum ist außerdem nachteilig, dass nicht alle Arbeiten für diese Methode geeignet sind: So können beispielsweise keine Restaurierungsmaßnahmen ergriffen werden, die stauben, stark lösemittelhaltig sind oder geruchs- und lärmintensiv sind.

Überdies werden die meisten Restauratoren nur stundenweise in der Ausstellung arbeiten können, da neben dem ausgewählten Projekt noch weitere Aufgaben in der Werkstatt auf sie warten. Der Besucher trifft deshalb unter Umständen zu gewissen Zeiten keinen Restaurator an und ist enttäuscht.

2012 ermöglichte das Stadtmuseum Fembohaus (Museen der Stadt Nürnberg) Besuchern, an der Restaurierung eines Deckengemäldes teilzuhaben. Dabei wurde die Besichtigung auf acht Termine beschränkt.[4] Dadurch wurde die tatsächliche Anwesenheit eines Restaurators gewährleistet.

6.2.2 Verlegung der Restaurierungswerkstatt in die Ausstellung

Sehr viel aufwendiger gestaltete sich die Präsentation einer Restaurierung im Museum voor Schone Kunsten (MSK) in Gent. Hier arbeiteten die Restauratoren fünf Jahre lang an der Restaurierung des Genter Altars in einem eigens zu diesem Zweck eingerichteten Atelier innerhalb der Ausstellung. Die Besucher konnten die Arbeiten live durch eine Glaswand mitverfolgen, die Restauratoren wurden somit bei der Arbeit nicht gestört. Am Wochenende wurde die Arbeit ausgesetzt, dafür blieben aber die Altarflügel geöffnet und standen somit der Öffentlichkeit zur Betrachtung zur Verfügung.[5] Hauptgrund für diese Maßnahme war, dass man den Besuchern des MSK den berühmten Altar nicht länger als unbedingt nötig entziehen wollte. Nachteil dieser Vermittlungsform ist jedoch, dass die Besucher keine Fragen stellen können, die Einrichtung aufwendig ist, da größere Bereiche in der Ausstellung freigeräumt werden müssen und das Vorhaben deshalb von langer Zeit geplant werden sollte. Auch sind nicht immer Restauratoren vor Ort; es fallen schließlich auch Arbeiten in der eigentlichen Restaurierungswerkstatt an.

Einen anderen Grund für eine Verlegung der Restaurierungswerkstatt in den Ausstellungsbereich hatte das Lenbachhaus in München. Aufgrund von Sanie-

---

4 https://www.museen.nuernberg.de/fembohaus/presse/pressematerial/pressematerial 2012/live-restaurierung-eines-deckengemaeldes/ vom 18.02.2016.

5 http://www.mskgent.be/de vom 28.02.2016 und http://closertovaneyck.kikirpa.be/#intro vom 28.02.2016.

rungsmaßnahmen in den Restaurierungswerkstätten und Ausstellungsräumen wurde von November 2012 bis Februar 2013 im Kunstbau des Lenbachhauses unter einem Karl-Valentin-Zitat (»Kunst ist schön, macht aber viel Arbeit«) eine Ausstellung über das Entstehen einer Ausstellung gezeigt. Indem die dortigen Restauratoren ihrer Arbeit für die neue Dauerausstellung nachgingen, wurden sie quasi zum »Bestandteil« der Interimsausstellung selbst und restaurierten, rahmten um oder reinigten Objekte vor den Augen der Besucher.[6] Vorteil einer Aktion dieser Art ist, dass die Restauratoren fast immer anwesend sind. Die Besucher kommen somit jederzeit mit den Restauratoren ins Gespräch.

Auch die Neue Sammlung der Pinakothek der Moderne in München machte diesbezüglich aus der Not eine Tugend: 2013 erwarb sie eine Sammlung des DDR-Produkt- und Grafikdesigners Günter Höhne. Diese musste – wie jede an einem Museum eingehende Sammlung – zunächst sortiert, kunsthistorisch eingeordnet, materialanalytisch bewertet, gereinigt, inventarisiert, vermessen und fotografiert werden. Da es sich um Tausende Objekte handelte, konnte diese Arbeit aus Platzgründen nicht in der Restaurierungswerkstatt oder einem anderen Raum hinter den Kulissen durchführt werden. Somit wurden die Maßnahmen kurzerhand in einen frei gewordenen Sonderausstellungsbereich verlegt und mit dem Titel »In Arbeit – oder: Der Blick hinter die Kulissen. Beispiel DDR-Design Sammlung Höhn« versehen. Der Besucher konnte in der Zeit der Ausstellung (03.06.-21.09.2014) Kuratoren, Restauratoren und Fotografen bei der Arbeit zusehen.[7] Vorteil einer solchen Präsentation ist, dass auch weniger offenkundige Arbeiten von Restauratoren an Museen an ein interessiertes Publikum vermittelt werden können. In Gesprächen mit den Besuchern erfahren die Mitarbeiter des Hauses zudem vieles zu den Objekten, insbesondere von ehemaligen DDR-Bürgern. Allerdings wurde die Ausstellung von einigen Besuchern für ein Kunstprojekt – eine Installation oder Performance – gehalten.

6.2.3 Dauerhafte Restaurierungswerkstatt in der Ausstellung

Neben den aufgeführten temporären Restaurierungsprojekten in öffentlichen Bereichen von Museen gibt es auch diverse Beispiele dauerhaft eingerichteter Restaurierungsbereiche in Ausstellungen. Eines ist die sogenannte Gläserne Werkstatt der Flugwerft Schleißheim des Deutschen Museums München. Hier hat der

6 http://www.lenbachhaus.de/ausstellungen/2012/kunst-ist-schoen-macht-aber-viel-arbeit/ vom 28.02.2016.

7 http://www.die-neue-sammlung.de/press/?page_id=8066 vom 28.02.2016.

Besucher die Möglichkeit, über eine Galerie den Restaurierungsarbeiten an der Luft- und Raumfahrtsammlung beizuwohnen.[8]

Vorteil dieser Art von Vermittlung ist, dass der Besucher die meist großen Flugzeuge beim Restaurierungsprozess von oben gut im Blick hat. Nachteilig für die Werkstattmitarbeiter ist indes, dass sie keine Möglichkeit haben, von der Öffentlichkeit abgewandt zu arbeiten; lärm- und geruchsintensive Maßnahmen müssen zudem jenseits der Öffnungszeiten umgesetzt werden.

Das Museum für Antike Schifffahrt in Mainz hat einen anderen Weg gewählt. Hier sind die Restaurierungswerkstätten mit einer Glasscheibe von den Ausstellungsräumen getrennt.[9] Dies hat den Vorteil, bei Bedarf die Fenster verhängen zu können und durch die Scheibe hindurch nicht durch Fragen gestört zu werden. Nachteil für die Besucher ist die verminderte Unmittelbarkeit und »Teilnahme« an der Restaurierung.

6.3 RESTAURIERUNGSAUSSTELLUNGEN

Rund ein Drittel der befragten Restauratoren an Museen gaben an, Restaurierungsausstellungen durchzuführen bzw. durchgeführt zu haben. Auch bei diesen gibt es temporäre und dauerhafte Angebote für Besucher.

1947 wurden in der ersten Ausstellung nach dem Krieg in der National Gallery in London Gemälde gezeigt, bei denen der Firnis ganz oder teils abgenommen worden war, was zu einer breiten und nachhaltigen Diskussion über die Reinigung und Abnahme von Firnis führte (Grimm-Cobet 1994: 105 f.) – das früheste bekannte Beispiel für eine Ausstellung zum Thema Restaurierung.

6.3.1 Temporäre Restaurierungsausstellungen

Die Formen temporärer Ausstellungen mit restauratorischen Inhalten sind vielfältig und finden in deutschen Museen häufig Anwendung. Dabei kann die Form unterschiedlich sein – eine ganze Sonderausstellung zum Thema Restaurierung, ein kleiner Bereich innerhalb des Museums oder gar nur eine Stele, ein Schild oder eine Medienstation. Im Folgenden werden verschiedene Typen anhand von Beispielen vorgestellt. Grundsätzlich sind Ausstellungen dieser Art aufwendig,

---

8 http://www.deutsches-museum.de/flugwerft/information/glaeserne-werkstatt/ vom 28.02.2016.

9 https://www.mainz.de/kultur-und-wissenschaft/museen/museum-fuer-antike-schiffahrt.php 28.02.2016.

aber die Arbeit des Restaurators lässt sich so besonders intensiv und gezielt vermitteln.

So gibt es Ausstellungen über die Arbeit und die Aufgaben von Restauratoren bzw. durchgeführte Restaurierungsprojekte als Wanderausstellung, wie das erste Beispiel, oder als Gruppenausstellung, wie das zweite Beispiel verdeutlichen soll.

1994 tourte eine kleine Wanderausstellung unter dem Titel »restaurieren heißt nicht wieder neu machen« durch Deutschland. In die Wege geleitet und durchgeführt wurde sie von einem Restaurator und einem Designer. Ziel der Ausstellung war es, der Öffentlichkeit (»dem interessierten Laien«) ein realistisches, fundiertes Bild des Restaurators zu vermitteln: weg vom »neu machen« hin zu einer sensibleren, Fachkenntnisse erfordernden Restaurierung (vgl. Buchholz/Homann 1994: 107 ff.).

Ein weiteres Beispiel für diesen Typus war die Ausstellung »Wissensspeicher« im Jahr 2006 in München: Hier gaben 20 Münchner Kultureinrichtungen zusammen mit dem Doerner Institut in 24 kleineren und größeren Ausstellungen zu konservatorischen, restauratorischen und technologischen Fragen Auskunft. Ziel der Aktion sollte sein, den Erhalt und die Erforschung von Kulturgut offensiver in das Bewusstsein der Öffentlichkeit und Medien zu tragen.[10] Die meisten teilnehmenden Museen richteten im Zuge der Ausstellung kleinere Themeninseln innerhalb ihrer Ausstellungen oder in ihren Foyers ein und stellten dort beispielhaft Restaurierungsprojekte dar.

Die Präsentation von Inhalten zur Restaurierung kann indes auch mit der Durchführung aufwendiger Restaurierungsarbeiten oder der Präsentation von Ergebnissen von Forschungsprojekten zusammenhängen – wie bei den KUR-Projekten.[11] So wurden 2003 zwölf Tafeln der »Grauen Passion« von Hans Holbein d.Ä. für die Staatsgalerie Stuttgart angekauft, umfassend untersucht und restauriert. Vom 27.11.2010 bis zum 20.03.2011 zeigte die Staatsgalerie in einer umfassenden Ausstellung[12] die restaurierten Altartafeln, legten das zugrunde liegende Restaurierungskonzept dar, schilderten durchgeführte Maßnahmen und zeigten in Vitrinen die verwendeten Materialien. In einem räumlich abgetrennten

10 http://www.doernerinstitut.de/de/projekte/wissensspeicher/wisp_1.html vom 28.02.2016.

11 http://www.kulturstiftung-des-bundes.de/cms/de/programme/restaurierung/archiv/kur_programm_zur_konservierung_und_restaurierung_von_mobilem_kulturgut_3164_96.html vom 28.02.2016.

12 http://www.staatsgalerie.de/ausstellung/rueckblick/holbein vom 28.02.2016.

Bereich wurde im »Museumskino« ein Begleitfilm zu den Restaurierungsarbeiten gezeigt.

Vorteil dieser Art Präsentation ist, dass die Restaurierungsarbeiten von den Besuchern nachvollzogen werden können, indem sie zum einen die fertig restaurierten Objekte, zum anderen den Prozess in Form eines ausführlichen Films, auf Texttafeln und anhand der ausgestellten Materialien vor Augen haben. Die Kinosituation ermöglicht es außerdem, viele Besucher gleichzeitig zu erreichen. Diese haben wiederum die Möglichkeit, sitzend und über eine große Leinwand sowie in guter Tonqualität dem Film konzentriert folgen zu können.

Im Jahr 2012 wurde das KUR-Projekt zur Behandlung von Massenfunden in archäologischen Sammlungen[13] in einer Gemeinschaftsausstellung unter dem Titel »schrumpfendes Holz, wachsendes Eisen« an beiden projektbeteiligten Häusern gezeigt, dem Römisch-Germanischen Zentralmuseum in Mainz und der Archäologischen Staatssammlung München.[14] In Rahmen dieser Ausstellung wurden dem Besucher anhand von Objekten und Materialien in einzelnen Vitrinen die Ursachen für Schäden an archäologischen Objekten sowie Untersuchungs- und Restaurierungsmethoden verdeutlicht. Eine kleine Begleitpublikation erklärte das Präsentierte anschaulich. 2014 war die Ausstellung im Deutschen Schifffahrtsmuseum in Bremerhaven zu sehen.[15] Vorteil ist hier, dass sich die Besucher in ihrem eigenen Tempo umfassend über die Restaurierungsarbeiten informieren können.

Eine etwas »reißerische« Variante dieses Restaurierungsausstellungstyps ist die Darstellung der Methoden der Restaurierung und Konservierung als Krimi bzw. aufbereitet als Tatort eines Kriminalfalls. Ein Beispiel hierfür war die Ausstellung »Tat Ort Museum« 2011 im Wallraf-Richartz-Museum in Köln.[16] Die Sonderausstellung sollte den Besuchern die Arbeit unterschiedlicher Disziplinen im Museum vor Augen führen und somit den Blick hinter die Kulissen der täglichen Museumsarbeit anhand der Themenfelder Sammeln, Erforschen, Bewahren, Dokumentieren, Ausstellen und Vermitteln ermöglichen. Große, kreisrunde

---

13 http://www.kulturstiftung-des-bundes.de/cms/de/programme/restaurierung/archiv/KUR-Programm/massenfunde_in_archaeologischen_sammlungen_3579_12.html vom 28.02.2016.

14 http://www.rgzm.de/kur/images/default/PressetextAusstellung.pdf vom 28.02.2016.

15 http://www.dsm.museum/ausstellung/sonderausstellungen/schrumpfendes-holz-wachsendes-eisen.5250.de.html vom 28.02.2016.

16 http://www.wallraf.museum/ vom 28.02.2016.

Spots beleuchteten die Ausstellungsbereiche, die exemplarisch je einen »Tatort« darstellten.[17]

Ebenfalls spannend aufbereitet war die Ausstellung unter dem Titel »Zersägt. Ein Krimi um barocke Theaterkulissen« im Franziskanermuseum Villingen vom 30.11.2013 bis zum 23.02.2014.[18] Anlass zu dieser Ausstellung hatten barocke Theaterkulissen gegeben, die 20 Jahre zuvor bei der Sanierung eines denkmalgeschützten Hauses gefunden worden waren. Die Sonderausstellung zeigte stark inszeniert die Entdeckung, Restaurierung und Deutung der 175 beidseitig bemalten Holztafeln. Anhand von einzelnen Stationen konnte der Besucher das Vorgehen bei der Sicherung der Tafeln nachvollziehen und die unterschiedlichen Restaurierungsmaterialien kennenlernen. In Filmen, die an stilisierten Arbeitsplätzen gezeigt wurden, berichteten Restauratoren und Historiker von ihrer Arbeit. Zur Erforschung der Tafeln entstand im Rahmen der Ausstellung auch ein Katalog.[19]

Restaurierungsausstellungen können auch der Akquise von Geldern dienen. Ein Beispiel hierfür wäre die Ausstellung »Zu Hilfe, zu Hilfe – Restaurierungspaten gesucht. Schätze aus den Museumsdepots« vom 10.11.2013 bis zum 21.04.2014 im Lindenau-Museum Altenburg. Mit der Ausstellung sollte um Spenden geworben werden, da das Museum über keinen eigenen Restaurator verfügt und der eigene Etat für anstehende Restaurierungsarbeiten nicht ausreichte. Nach eigenen Aussagen war die Ausstellung ein Erfolg; fast 45.000 Euro wurden gespendet.[20]

Ein weiteres Beispiel für eine Ausstellung dieses Typs ist »Köln 13 Uhr 58. Geborgene Schätze aus dem Historischen Archiv« im Kölnischen Stadtmuseum im Jahr 2010. Anhand einer Präsentation von rund 100 geborgenen Objekten konnten sich Besucher nach dem Einsturz des Gebäudes im März 2009 ein Bild vom Umfang des Verlusts und von den bereits ergriffenen Maßnahmen zur Rettung und Restaurierung der Bestände machen. Bereits Anfang 2010 war im Berliner Martin-Gropius-Bau unter dem Titel »Köln in Berlin. Nach dem Einsturz: Das Historische Archiv« eine Auswahl geschädigter Objekte zu sehen gewesen, die eine große Welle der Solidarität und auch der finanziellen Hilfe für Köln auslöste. Die Kölner Ausstellung sollte als Dankesgeste an die Helfer der Ein-

17 http://www.designmadeingermany.de/2011/23330/ vom 28.02.2016.

18 http://www.villingen-schwenningen.de/kultur/staedtische-museen/franziskanermuseum.html vom 28.02.2016.

19 Hütt, Michael und Schaich, Anne: Zersägt. Ein Krimi um barocke Theaterkulissen, Villingen-Schwenningen, 2013.

20 http://www.lindenau-museum.de/index.php?id=814 vom 28.02.2016.

sturzkatastrophe und an die Spender verstanden werden, aber auch aufzeigen, dass weitere finanzielle Hilfe benötigt wird.[21]

6.3.2 Dauerhafte Restaurierungsausstellungen

Besonders häufig lassen sich Stelen, Medienstationen o.Ä. zu durchgeführten Restaurierungen an ausgestellten Objekten finden. So weist beispielsweise eine Medienstation und eine Schrifttafel auf die aufwendige Restaurierung der Turmuhr der Münchner Frauenkirche im Deutschen Museum München hin.[22] Derlei Stationen sind im Verhältnis zu den anderen Ausstellungstypen günstig und einfach herzustellen, anzubringen und gegebenenfalls austauschbar.

Auch die drei Filme zur Durchführung der Restaurierung an ausgestellten Objekten in der Dauerausstellung des LMW sind ein Beispiel für die dauerhafte Präsentation und Vermittlung von restauratorischen Inhalten (siehe Punkt 7.2.4).[23] Derlei fest installierte Medienstationen in Ausstellungen haben allerdings den Nachteil, dass in der Regel nur ein, zwei Besucher gleichzeitig den Film sehen oder die Medienstation bedienen können. Daneben sind diese meist innerhalb der Ausstellung platziert und nicht in separaten Räumen, was dazu führt, dass sie eher übersehen werden und wenig Ruhe für die Betrachtung herrscht.

In einem eigenen Ausstellungsbereich präsentiert das Rautenstrauch-Joest-Museum in Köln dauerhaft die vier Aufgaben eines Museums – Ausstellen, Bewahren, Forschen und Sammeln – und in diesem Zusammenhang auch die Methoden der Restaurierung und Konservierung.[24] Ähnlich handhabt dies das Focke-Museum Bremen.[25] Hier werden in Vitrinen und mithilfe von Medienstationen Restaurierungen archäologischer Objekte aus dem Museum und Begriffe wie Restaurierung und Rekonstruktion erklärt.

21 http://www.museenkoeln.de/koelnisches-stadtmuseum/default.aspx?s=1287= vom 28.02.2016.

22 http://www.deutsches-museum.de/presse/presse-2006/turmuhr/ und http://scienceblogs.de/deutsches-museum/2009/09/11/goethe-im-rollstuhl/ vom 28.02.2016.

23 http://www.landesmuseum-stuttgart.de/sammlungen/restaurierung/filme/ vom 07.03.2016.

24 http://www.museenkoeln.de/rautenstrauch-joest-museum/default.aspx?s=109 vom 28.02.2016.

25 http://www.focke-museum.de/de/dauerausstellungen/ur_und_fruehgeschichte vom 28.02.2016.

6.4 RESTAURIERUNGSFÜHRUNGEN

Wie das Ergebnis der Umfrage unter Museen zeigt, werden von rund drei Vierteln der Museen Führungen zur Vermittlung restauratorischer Inhalte durchgeführt. Somit haben die meisten Museen dieses Angebot fest im Programm. Die Führungen können in den Werkstätten selbst – als exklusiver »Blick hinter die Kulissen« – oder in den Ausstellungen oder Depots stattfinden.

Bei Führungen in den Ausstellungen stellen Restauratoren in der Regel restaurierte Objekte und Konzepte, Methoden und verwendete Stoffe und/oder aber Herstellungstechniken und verwendete Materialien vor. Aber auch andere Tätigkeiten von Restauratoren an Museen können Inhalt einer Führung sein, wie z.B. bestandserhaltende Maßnahmen im Depot, die Ausbildung von Restauratoren, Leihverkehr oder Ausstellungsauf- und -abbau.

Häufig ist die Teilnahme an den Führungen für die Besucher kostenpflichtig, an Veranstaltungstagen Dritter wie dem Internationalen Museumstag oder dem Tag des offenen Denkmals sind diese kostenlos.

Die Zielgruppen von Führungen mit Restauratoren bzw. in Restaurierungswerkstätten sind unterschiedlich. So werden in der Regel Führungen für eine breite Öffentlichkeit, aber auch Spezialführungen für Kinder, bestimmte Berufsgruppen oder (Fach-)Kollegen angeboten.

6.5 HOMEPAGE

Rund die Hälfte der Teilnehmer an der Umfrage gab an, auf der Homepage ihres Museums vertreten zu sein. Allerdings ist die Art der Aufbereitung sehr unterschiedlich.

An acht von 116 angeschriebenen Museen werden die Restaurierungswerkstätten umfassend vorgestellt: Sie sind mit eigenen Seiten vertreten, auf denen beispielsweise die Fachabteilungen mit den jeweiligen Restauratoren vorgestellt oder aktuelle Restaurierungsvorhaben beschrieben werden. Bei 30 Museen (beinhaltet auch die Staatlichen Museen zu Berlin) wird die Restaurierung auf einer Einzelseite knapp vorgestellt. Dabei werden meist keine Restauratoren oder konkrete Restaurierungsprojekte präsentiert, sondern lediglich die Aufgaben der Restaurierung im Allgemeinen beschrieben. Zwei Museen stellen jeweils ein Restaurierungsprojekt vor, nicht jedoch die Restaurierungsabteilung, und bei 76 Museen werden die Restauratoren lediglich auf Mitarbeiterlisten geführt.

6.6 SOCIAL MEDIA

»Das Thema Social Media ist bei den deutschen Museen angekommen«, so Schmid (vgl. Schmid 2011: 69). Dennoch beschränken sich die Museen im Wesentlichen auf zwei Instrumente (»Social-Media-Tools«). Eine Umfrage aus dem Jahr 2009 ergab, dass 70 Prozent der befragten Museen, Ausstellungshäuser und Kunstvereine Facebook und 60 Prozent Twitter nutzen. 32 Prozent der Museen haben einen eigenen YouTube-Kanal oder nutzen die Plattform Vimeo, einen Flickr-Account haben lediglich 14 Prozent. 21 Prozent betreiben temporär oder dauerhaft Blogs (vgl. Schmid 2011: 69 f.).

Das meistverbreitete und bekannteste soziale Netzwerk ist nach wie vor Facebook, nicht nur bei den Nutzern, sondern auch an Museen. Facebook hat die höchsten Nutzungszahlen und bietet zahlreiche Wege zur Kommunikation und Vernetzung (vgl. Brink 2013: 43). In der Regel wird Facebook von Museen als Fanpage betrieben. Dort werden im Wesentlichen Fotos mit Informationen zu aktuellen Ausstellungen, Veranstaltungstipps, Hinweise auf weitere Angebote des Museums und »Blicke hinter die Kulissen« (z.B. Ausstellungsaufbau) gepostet (vgl. Brink 2013: 28 f.). Zweck dieser Fanpages ist es, mit den Nutzern in einen Dialog zutreten – und doch haben einige Museen die Option für ihre Fans, eigene Beiträge zu posten oder private Nachrichten zu schicken, deaktiviert. Aber selbst wenn andere Nutzer die Möglichkeit haben, über Facebook mit dem Museum in Kontakt zu treten, reagieren die Museen häufig nicht auf die Anschreiben (vgl. Brink 2013: 29 f.). Die Facebook-Fanpages werden von den Museen folglich vornehmlich zur Informationsweitergabe genutzt; eine Vernetzung, geschweige denn die Partizipation durch andere User steht nicht im Vordergrund (vgl. Brink 2013: 30).

In den Restaurierungswerkstätten der Museen hat Social Media bislang kaum Einzug erhalten, was die Umfrage im Rahmen dieser Arbeit verdeutlicht (siehe Punkt 6.1.2). Nur zwei von 45 Restaurierungswerkstätten sind Facebook-User oder betreiben einen Blog. Twitter, Flickr und YouTube werden von keinem befragten Restaurator genannt.

In diesem Zusammenhang sticht der aktive Facebook-Auftritt des Restaurierungszentrums der Landeshauptstadt Düsseldorf besonders hervor, dem – im November 2011 gegründet – 484 Personen folgen.[26] Hier werden nicht nur eigene Ausstellungs- und Restaurierungsprojekte vorgestellt, sondern auch aktuelle Hinweise zu Aktivitäten anderer bundesdeutscher und internationaler Museen,

26 https://www.facebook.com/Restaurierungszentrum.Duesseldorf?fref=nf vom 23.02.2016.

Institute, Hochschulen und Verbände gepostet. Andere Restaurierungswerkstätten betreiben keine eigene Facebook-Seite, sondern beteiligen sich lediglich mit Beiträgen am allgemeinen Museumsauftritt, beispielsweise im Rahmen von Ausstellungsaufbauten.

Ähnlich verhält es sich mit Blogs. Es findet sich kein einziger eigener Blog einer Restaurierungswerkstatt, allerdings leisten vereinzelte Werkstätten Beiträge zu den Blogs ihrer Häuser. Beispielhaft wäre diesbezüglich der Blog des Historischen Museums in Frankfurt zu nennen, in dessen Rahmen regelmäßig Beiträge aus den Restaurierungswerkstätten erscheinen.[27] Vereinzelte Beiträge zum Thema Restaurierung sind u.a. auch im Blog des Städel Museums in Frankfurt[28] und des Lenbachhauses in München zu finden.[29]

Obwohl kein Museum angegeben hat, Filme zur Restaurierung auf YouTube einzustellen, so lassen sich dort unter den Suchbegriffen »Museum und Restaurierung« zahlreiche Filme finden.[30] Beispielsweise stellen das Städel Museum in Frankfurt[31] und das Linden-Museum in Stuttgart[32] seine Restaurierungswerkstätten filmisch vor.

Auf Twitter hingegen lassen sich zum Zeitpunkt der Drucklegung dieser Arbeit keine Meldungen von musealen Restaurierungswerkstätten finden. Einige wenige Tweets zum Thema Restaurierung geben Meldungen zu Restaurierungsvorhaben ähnlich jenen bei Facebook oder in der Tagespresse wieder.

27 http://blog.historisches-museum-frankfurt.de/?tag=restaurierung vom 28.02.2016.

28 http://blog.staedelmuseum.de/verschiedenes/zu-gast-in-der-restaurierungswerkstatt-des-stadel-museums vom 28.02.2016.

29 http://www.lenbachhaus.de/blog/?p=665 vom 28.02.2016.

30 https://www.youtube.com/results?search_query=restaurierung+museum vom 28.02.2016.

31 https://www.youtube.com/watch?v=QV67uibEUfw vom 28.02.2016.

32 https://www.youtube.com/watch?v=QV67uibEUfw vom 28.02.2016.

7. Die Vermittlung von Restaurierung am Landesmuseum Württemberg

Im LMW werden den Besuchern zahlreiche Vermittlungsinstrumente angeboten. Die Zielgruppen sind vielseitig: Das Angebot reicht von Programmen für Kinder, Schulklassen über Erwachsene bis hin zu Programmen für Senioren oder Sehbehinderte und sind in Form von Medienstationen oder Hands-On, Filmen, Spielen, Verkleidungen oder Führungen, Veranstaltungen, Vorträgen oder Vorführungen an verschiedenen Orten im Museum und seinen Zweigstellen fest in den Ausstellungen verankert.

Im Folgenden wird das LMW im Allgemeinen und die Restaurierung mit ihren Vermittlungsinstrumenten im Speziellen vorgestellt. Das Haus ist seit Jahrzehnten an der Meinung seiner Besucher und der Weiterentwicklung seiner Angebote interessiert. Vergangene Evaluierungen werden deshalb ebenfalls kurz beschrieben.

7.1 Allgemeines

Das LMW ist das größte kulturhistorische Museum in Baden-Württemberg. Es besitzt umfangreiche Sammlungen von hoher Qualität und erzählt die Landesgeschichte von der Steinzeit bis zur Gegenwart. Die regionalgeschichtlichen Bestände werden ergänzt durch kunsthandwerkliche Sammlungen von internationalem Rang, beispielsweise die Glassammlung Ernesto Wolfs.

Gegründet wurde das Museum bereits 1862 von König Wilhelm I. als »Staatssammlung Vaterländischer Altertümer« zum Aufbau einer Sammlung für vaterländische Kunst- und Altertumsdenkmale, um dieses kulturelle Erbe für das Land zu sichern. Sie konnte durch Ankäufe und Schenkungen zügig und kontinuierlich ausgebaut werden. Dazu übergab ihr u.a. der württembergische Altertumsverein 1872 bedeutende Bodenfunde und Kunstgegenstände. 1886 erfolgte zunächst die Zusammenlegung mit den exquisiten Werken der ehemaligen Königlichen Kunstkammer, später die Eingliederung von wichtigen Teilen des Kronguts. 1968/69 wurden die umfangreichen Bestände des Landesgewerbemuseums übernommen.

In den 1960ern ging das Kunstgewerbemuseum im LMW auf. Seit 1969 wird der Großteil der Sammlungen im Stuttgarter Alten Schloss – dem Haupthaus – präsentiert. Neben den Dauerausstellungen wird dort im Durchschnitt jährlich eine große Sonderausstellung angeboten.

Daneben zeigt das LMW im Fruchtkasten am Schillerplatz die Schausammlung »Unsere Musikinstrumente«. Im Neuen Schloss befindet sich das Römische Lapidarium. Außerdem gehören zum LMW das Mode- und Keramikmuseum in Ludwigsburg, das Museum für Alltagskultur in Waldenbuch und weitere vier Zweigstellen in Württemberg.

Heute trägt das LMW insgesamt für mehr als 1 Millionen Objekte Sorge, wovon es sich zu drei Vierteln um archäologische Exponate handelt. Sammlungsschwerpunkt ist die Geschichte Württembergs. Insgesamt dürften ungefähr zehn Prozent der Sammlung ausgestellt sein, der überwiegende Teil lagert in Depots.

Im Jahr 2012 feierte das LMW sein 150-jähriges Bestehen. Aus diesem Anlass eröffnete das Museum am 25.05.2012 seine neue Dauerausstellung. Unter dem Motto »LegendäreMeisterWerke – Kulturgeschichte(n) aus Württemberg« werden seitdem auf einem chronologischen Rundgang von der Steinzeit bis zum Beginn des 20. Jahrhunderts im zweiten Stock des Alten Schlosses ca. 4500 Exponate, 130 Mitmachstationen und Medieneinheiten auf 2500 Quadratmetern gezeigt. Zusätzlich wird historisches Hintergrundwissen interaktiv und kompakt mithilfe sogenannter Epochenboxen vermittelt. Mit deren Hilfe soll sich in jeder Epoche der Blick über den württembergischen Horizont hinaus in die Welt öffnen. In den drei Schlosstürmen hat der Besucher die Möglichkeit, aus dem chronologischen Rundgang hinauszutreten und sich anhand von epochenübergreifenden Exponatgruppierungen mit grundlegenden Themen wie Macht, Glauben oder Identitäten zu beschäftigen.

Präsentiert werden in der neuen Dauerausstellung neben zahlreichen archäologischen Kleinfunden, Waffen, Münzen und Schmuck u.a. auch große Objekte wie Stein- und Holzskulpturen, Gemälde, Möbel, Textilien und bunte Glasfenster. Für einige Zeit waren auch eine vollständig erhaltene Mammutfigur aus Elfenbein und die »Venus vom Hohlefels« – mit ca. 35.000 Jahren die älteste bekannte Menschendarstellung der Welt – in der Ausstellung zu sehen.

Wie diese beiden Beispiele bereits vermuten lassen, geht mit der Objektvielfalt eine Fülle an Materialien einher. So finden sich nicht nur archäologisches und kunsthandwerkliches Metall, Glas, Keramik, Edelsteine, Perlen, Elfenbein, Horn, Holz und Textil, sondern in den jüngeren Epochen überdies gefasstes und furniertes Holz, bemalte Leinwand, Papier sowie Kunststoff in den Objekten.

Diese Material- und Größenvielfalt erforderte aus restauratorischer Sicht eine überaus sorgfältige Planung und zog sowohl Restaurierungen, das Ein- und Anbringen der Objekte, Montagehilfen als auch präventive Maßnahmen zum Erhalt der Exponate wie die Wahl der Materialien für Vitrinen, Sockel, Beschriftungen, Leuchtmittel etc. nach sich. Eine frühe Einbeziehung der Restauratoren stellte sich dabei als sinnvoll heraus, da spätere Nachbesserungen zur Vermeidung von Schäden an wertvollem Kunst- und Kulturgut oder Veränderungen aufwendig und daher mit weiteren Kosten verbunden gewesen wären.

Vor der Einrichtung der neuen Dauerausstellung wurde eine Evaluierung der sogenannten Epochenbox durchgeführt. Hierfür wurde ein erster Prototyp im Museumsfoyer aufgebaut, Besucher wurden nach ihrer Meinung befragt.

7.2 DIE RESTAURIERUNGSWERKSTÄTTEN UND IHRE VERMITTLUNGSINSTRUMENTE

Am LMW sind zwölf Restauratoren angestellt, davon eine Restauratorin auf einer Projektstelle zum Thema Eisenentsalzung. Aufgrund der Materialvielfalt der zu betreuenden Objekte sind (bis auf Papier) sämtliche Fachbereiche besetzt, und so befinden sich im Alten Schloss die Werkstätten für Gemälde- und Skulpturenrestaurierung, Möbel- und Musikinstrumentenrestaurierung, Keramik-, Glas- und Porzellanrestaurierung, Restaurierung von Stein und Gips sowie die Restaurierung von kunsthandwerklichen und archäologischen Objekten (Metalle, Knochen, Horn, Elfenbein, Horn, Bernstein, Kunststoffe etc.). Die Textil und Lederrestauratorin arbeitet überwiegend im Zweigmuseum Schloss Ludwigsburg.

In den Werkstätten des LMW werden zahlreiche Maßnahmen zur Vermittlung von Inhalten der Restaurierung angeboten. Diese beinhalten regelmäßige Führungen durch die Werkstätten (siehe Punkt 7.2.1), Führungen mit Restauratoren in den Dauer- und Sonderausstellungen zu den Themen Restaurierung, Materialien und Herstellungstechniken der Objekte, Vorträge im Rahmen der Reihe »Kunstpause« (siehe Punkt 7.2.2) und Filme zur Restaurierung (siehe Punkt 7.2.3). Daneben werden Themenveranstaltungen angeboten (siehe Punkt 7.2.4) und Fachartikel und andere restauratorisch relevante Beiträge veröffentlicht (siehe Punkt 7.2.5). Seit 2012 gibt es überdies einen eigenen Auftritt der Restaurierungsabteilung auf der Homepage des Museums. Dieser sowie andere Social-Media-Aktivitäten werden unter Punkt 7.2.6 dargestellt. Fernseh- und Zeitungsberichte aus den Werkstätten sowie Veranstaltungen zu speziellen Themen der Restaurierung werden der Pressearbeit zugeordnet (siehe Punkt 7.3.7).

Zudem werden sogenannte Bogys (Praktikanten von Gymnasien zur Berufs- und Studienorientierung), Schnupperpraktikanten, studienvorbereitende Jahrespraktikanten, Volontäre und Studenten der verschiedenen Hochschulen der Restaurierungswissenschaften ausgebildet. Sie alle transportieren die Kenntnisse und Anschauungen der Restaurierung wiederum nach außen. Drei Restauratoren bieten Lehrveranstaltungen an der Akademie der Bildenden Künste Stuttgart im Studiengang Restaurierung an und tragen so zum akademisch-fachlichen Austausch bei.

Das Bedürfnis, restauratorische Inhalte an die Besucher zu vermitteln, besteht sowohl in der Abteilung »Kommunikation und Kulturvermittlung«, in der Abteilung »Drittmittel, Gremien und Veranstaltungen« als auch innerhalb der Leitung der Restaurierungswerkstätten selbst und wird von der Direktion ausdrücklich befürwortet.

Gründe für die Durchführung der Maßnahmen sind aus Sicht der Kommunikation und Kulturvermittlung das Überbrücken von »Leerzeiten« zwischen Sonderausstellungen oder bei Schließungszeiten aufgrund von Umbauten. Die Abteilung »Drittmittel, Gremien und Veranstaltungen« bittet in derlei Fällen die Restaurierungsabteilung um Führungen in den Werkstätten als Dankeschön für Mäzene, Sponsoren, Firmen oder Politiker. Aus Sicht der Restaurierungsleitung werden die Aktionen in erster Linie durchgeführt, um die Restauratoren und deren Arbeit bekannter und durch eine rege Teilnahme und Öffentlichkeitswirksamkeit bei der Direktion und den eben aufgeführten Abteilungen auf sich aufmerksam zu machen. Dies soll Personal- und Budgetkürzungen entgegenwirken. Daneben ist das Ziel, einer breiten Öffentlichkeit die Arbeit und Aufgaben der Restauratoren an einem Museum näherzubringen und sie für die Restaurierung gemäß ethischer Grundsätze zu sensibilisieren.

Angesprochen werden, wie bereits erwähnt, zumeist interessierte Laien, doch es werden auch Führungen für Fachkollegen, Sponsoren und/oder Politiker angeboten. Kinder und Jugendliche sind – im Rahmen von »Mitmach«-Programmen – ebenfalls Zielgruppe.

Neben restauratorischen Inhalten werden von den Restauratoren auch Material- und Herstellungstechniken vermittelt. Dies geschieht v.a. in den sogenannten »Kunstpausen« und im Zuge von Führungen mit Restauratoren durch die Ausstellungen.

7.2.1 Führungen

Führungen in den Restaurierungswerkstätten werden der breiten Öffentlichkeit in der Regel zum Internationalen Museumstag und Tag des offenen Denkmals angeboten. Hinzu kommen Führungen zur Langen Nacht der Museen, zum Sommerfest des Fördervereins und ein bis zwei Wochenenden ohne besonderen Anlass für Erwachsene oder auch speziell für Kinder.

Neben den öffentlichen Führungen stehen die Werkstätten auch für exklusive Führungen zur Verfügung, beispielsweise für Firmenangehörige, Sponsoren, Politiker, Presse etc. Überdies führen die Restauratoren in Rahmen von restauratorischen Fachtagungen am Haus externe Kollegen durch die Werkstätten.

Während der Vorbereitungen zur neuen Dauerausstellung »Legendäre-MeisterWerke« im Jahr 2011 wurden besonders zahlreich Führungen in den Restaurierungswerkstätten durchgeführt, da aufgrund der Umbaumaßnahmen große Teile des Hauses geschlossen und für die Besucher alternative Angebote geschaffen werden mussten.

Meist dauern derlei Führungen ca. eine Stunde, wobei in den ersten zehn Minuten die Werkstattleitung allgemeine Informationen zu den Restaurierungswerkstätten und den Restauratoren (Fachbereiche, Anzahl der Mitarbeiter, Auszubildende, Art der Ausbildung, Schwerpunkte der Arbeit an einem Museum) kundtut. Darauf folgen drei Stationen und somit drei Werkstätten, in der Regel Gemälde/Skulptur und jeweils ein kunsthandwerklicher und ein archäologischer Bereich, in denen die jeweiligen Fachrestauratoren aus ihrem konkreten Alltag berichten. Zusätzlich werden Untersuchungs- und Restaurierungstechniken sowie Objekte gezeigt.

Aber auch in den Ausstellungen – meist in den Sonderausstellungen – werden Führungen mit Restauratoren angeboten. Hierbei wird häufig zu Herstellungstechniken und Materialien, weniger zur Restaurierung selbst berichtet, weil selbstverständlich nicht für jede Sonderausstellung Objekte vorab in den Werkstätten restauriert werden.

Sämtliche Aktivitäten werden im Vorfeld auf der Homepage und im Quartalsprogramm des Museums sowie in der Regel auch in der Tagespresse (»Stuttgarter Zeitung« und »Stuttgarter Nachrichten«) angekündigt.

7.2.2 Themenveranstaltungen

Neben den allgemeinen Führungen für die breite Öffentlichkeit finden Themenveranstaltungen in den Restaurierungswerkstätten statt oder werden zumindest von diesen organisiert. Sie unterscheiden sich durch ein spezielles, meist eingeschränktes Publikum oder Spezialthemen von den allgemeinen Führungen.

Führungen für ein eingeschränktes Publikum können Veranstaltungen für die Fördergesellschaft des LMW sein, insbesondere für die sogenannten Freunde und Donatoren, d.h. Personen, deren Förderung über den allgemeinen Beitrag der Förderer hinausgeht. Weitere Beispiele für besondere Kreise sind Sponsoren oder Politiker. All jenen werden beispielsweise exklusiv aktuelle Restaurierungsprojekte in den Werkstätten präsentiert oder aber neue Untersuchungsmethoden bzw. Geräte vorgestellt. Auch im Zuge von Veranstaltungen wie dem Sommerfest der Fördergesellschaft, des Kinderclubs oder Kinderbeirats werden exklusiv Führungen in den Werkstätten angeboten.

Beispiele für Führungen mit Spezialthemen sind »Methoden der Restaurierung kennenlernen« (beispielsweise anlässlich der Langen Nacht der Museen) oder »Farbe« (zum Tag des offenen Denkmals). Bei »Methoden der Restaurierung kennenlernen« wird der Schwerpunkt der Führungen auf die Vorstellung von Untersuchungs- und Restaurierungsmethoden in den unterschiedlichen Fachbereichen gesetzt (in der Regel werden drei vorgestellt). Das Thema »Farbe« beinhaltet weniger Methoden zur Restaurierung, als vielmehr Herstellungstechniken (Färben von Glas oder Textilien) oder die Verwendung von Farbmitteln (Pigmente und Farbstoffe).

Eine weitere Möglichkeit der Vermittlung von restauratorischen Inhalten bieten »Mitmach«-Veranstaltungen. Hierbei wird besonderer Wert darauf gelegt, dass Besucher selbst an Mikroskopen sitzen oder an Dummies Retuscheübungen[1] vornehmen. Es hat sich gezeigt, dass dieses Angebot sowohl von Kindern als auch von Erwachsenen jeder Altersklasse sehr gut angenommen wird. Besonders auffällig tritt dies bei der Langen Nacht der Museen zutage (für Kinder bis 18 Uhr, ab 19 Uhr für Erwachsene). Hier wäre anzunehmen, dass die Teilnehmer für ihren einmal entrichteten Eintrittspreis möglichst viele Häuser besuchen wollen und dadurch nur kurz verweilen. Doch das bestätigt sich in der Praxis nicht. Viele Besucher sitzen ausdauernd an ihren Mikroskopen und informie-

1 Dabei werden bekannte Bildmotive des Museums mit Photoshop am Rechner so bearbeitet, dass interessante kleine Bereiche in weiß erscheinen. Anschließend werden die Motive auf festes Papier ausgedruckt. Die Besucher haben dann die Möglichkeit, mit Buntstiften, Wasserfarben, Guache etc. die fehlenden Teile nachzumalen.

ren sich ausführlich. Daneben zeigt sich, dass Angebote – eigentlich speziell für Kinder konzipiert, wie beispielsweise die Retuscheübung – auch Erwachsenen Spaß macht und sie deshalb lange verweilen.

Unabhängig davon, welche Vermittlungsform gewählt wird – Führungen oder Themenveranstaltungen – muss unter dem Aspekt der Sicherheit abgewogen werden, wie viele Personen in den Werkstätten Platz finden (in der Regel maximal 15). Daneben spielen bei der Wahl des Angebots auch die Anzahl der teilnehmenden Restauratoren, deren Belastungsgrenzen und die Gesamtbesucherzahl eine Rolle. Zunächst muss die grundsätzliche Entscheidung getroffen werden, ob das Angebot in den Restaurierungswerkstätten oder aber in anderen Räumen des Museums stattfinden soll. Ersteres hat den Vorteil, dass ein Blick hinter die Kulissen möglich wird; dafür müssen jedoch aus Sicherheitsgründen Werkzeug weggeräumt und Objekte vor dem Berühren gesichert werden. Veranstaltungen in einem alternativen Raum, z.B. in der Ausstellung oder dem Foyer, haben den Vorteil, weniger Aufwand in den Werkstätten betreiben zu müssen und meist mehr Platz zu haben. Nachteil ist indes, dass die Besucher nicht die gewünschte Werkstättenatmosphäre »schnuppern« und dass unter Umständen aufgrund von klimatischen Gegebenheiten nicht alle Objekte in »fremden« Räumen präsentiert werden können.

Eine weitere Grundüberlegung ist die Personenmenge vs. Vortragsart. So können in einem gewissen Takt an einem Tag Führungen in den Werkstätten angeboten werden, beispielsweise um 13, 14 und 15 Uhr. Vorteil hierbei ist, dass eine definierte Menge an Besuchern an den Führungen teilnimmt. Im LMW beispielsweise sind dies in der Regel rund 15 Personen pro Führung, d.h. 45 Personen am Tag. Jede Führung besteht aus dem allgemeinen Einführungsteil durch die Restaurierungsleitung und der Vorstellung dreier Werkstätten. Es sind also in der Regel mindestens vier Restauratoren sowie Aufsichtspersonal zur Sicherheit der Objekte beschäftigt. Die klare Struktur sichert eine gleichbleibende Qualität der Inhalte, und die Staffelung ermöglicht den Restauratoren Verschnaufpausen zwischen den Führungen. Dass allerdings zahlreiche Interessierte unter Umständen abgewiesen werden müssen und der Aufwand – vier Restauratoren für 45 Personen – verhältnismäßig groß ist, müssen als Nachteile verbucht werden.

Das Angebot der »offenen Werkstätten« hingegen bedeutet, dass die Werkstätten von je mindestens zwei bis drei Restauratoren kontinuierlich besetzt sind und Besucher ständig kommen und gehen können. Dies ermöglicht individuelle Aufenthaltszeiten aufseiten der Besucher. Außerdem kann auf Fragen und unterschiedliche Interessen und Vorwissen gesondert eingegangen werden. Es herrscht also weniger die Situation des »vortragenden Lehrers/zuhörenden Schülers«, sondern es entstehen mitunter (Gruppen-)Diskussionen. Durch dieses System können weitaus mehr Personen die Restaurierungswerkstätten besichtigen, denn nicht alle bleiben lange. Dafür muss sich der Vortragende ständig wiederholen, was mitunter anstrengend sein kann. Pausenzeiten sind hierbei unbedingt mit einzuplanen. Daneben kann die Vermittlung von grundsätzlichen restauratorischen Inhalten nicht gewährleistet werden, da die Restauratoren keinen Überblick darüber haben können, wer bereits im Vorfeld welche Information erhalten hat. Aufsichten sollten außerdem die Besucher zählen, damit hinsichtlich der Objektsicherheit und des Brandschutzes die zulässige Personenzahl nicht überschritten wird.

7.2.3 Kunstpausen

Sogenannte Kunstpausen finden ein- bis zweimal im Monat donnerstagmittags in der Regel im Vortragssaal des LMW statt. In unregelmäßigen Abständen werden von den Restauratoren Vorträge vor einem interessierten Publikum gehalten. Im Durchschnitt geschieht dies drei- bis viermal im Jahr, teilweise mit den Kuratoren gemeinsam. Die Vorträge der Restauratoren betreffen meist abgeschlossene, für Laien spannende Restaurierungsprojekte. Daneben werden Vorträge je nach Thema auch in den Ausstellungsbereichen selbst angeboten, beispielsweise zu ausgewählten Restaurierungsmaßnahmen oder speziellen Projekten wie Depotumzügen. Die Kunstpausen sind in der Regel mit zehn bis 15 Personen pro Vortrag besucht, häufig handelt es sich dabei um »Stammpublikum«, überwiegend Personen im Rentenalter, die regelmäßig an den Kunstpausen teilnehmen.

7.2.4 Filme

Filme über die Restaurierungswerkstätten des LMW beinhalten in der Regel die Vorstellung bereits durchgeführter restauratorischer Maßnahmen. Sie finden Eingang in Sonder- oder Dauerausstellungen oder als Podcasts auf der Homepage des Museums.

So wird in der neuen Dauerausstellung an drei Stellen je ein Film zum Thema Restaurierung von Objekten gezeigt (siehe hierzu Kapitel 9.2). Der Wunsch, diese Filme zu zeigen, entstand in den Restaurierungswerkstätten mit dem Ziel, den Besuchern Restaurierungsarbeiten nahezubringen, die im Vorfeld von Neuaufstellungen durchgeführt wurden. Die Filme wurden daher auch in enger Zusammenarbeit mit den einzelnen Fachrestauratoren geplant und realisiert. Die Schwerpunkte und Kernaussagen der Filme wurden von der Restaurierungsleitung festgelegt, da es von Beginn an vorgesehen war, diese Filme im Rahmen der vorliegenden Arbeit zu evaluieren. Hierfür wurde eigens ein präziser Drehplan vonseiten der Filmfirma erstellt und die Filmaufnahmen im Zeitraum vom 11.07.2011 bis zum 27.10.2011 durchgeführt.

Der erste Film, dem der Besucher auf seinem Rundgang durch die Ausstellung begegnet, thematisiert die archäologische Restaurierung (Film 1). Hier wird die Restaurierung von Keramik, Glas und Metall gezeigt. Korrespondierende Objekte finden sich insbesondere in dem umliegenden Ausstellungsbereich zur Merowingerzeit. Es ist der einzige der drei Filme, den man im Sitzen ansehen kann.

Der zweite Film befindet sich im Bereich »Hohes Mittelalter« und behandelt die Restaurierung von Gemälden (Film 2) anhand der Restaurierung der sogenannten Regiswindis-Legende.[2]

Mit der Betrachtung des dritten Films erfährt der Besucher etwas über die Restaurierung kunsthandwerklicher Objekte. Ausgewählt wurden hierfür zwei maurische Laternen und die württembergische Königskrone (Film 3).

Die Filme sind in ihrer Konzeption für Erwachsene ausgelegt. Es wurde auf eine einfache, verständliche Sprache geachtet, Fachjargon sollte vermieden werden. Daneben durften die Filme inhaltlich nicht überfrachtet werden. Dennoch wurden zwei von drei Filmen länger als ursprünglich vereinbart. So ist der Film zur archäologischen Restaurierung 07:08, der zur Gemälderestaurierung 03:24 und der Film zur kunsthandwerklichen Restaurierung 08:13 Minuten lang.

Die Bildschirme sind an ihren Standorten jeweils in eine Wand eingelassen. In der Nähe befindet sich ein Bewegungsmelder, durch den der Besucher beim Umhergehen den jeweiligen Film auslöst. Die Filme laufen nach der Betätigung einmal komplett ab und enden mit dem Startbild. Der Ton ist über Lautsprecher zu hören. Vorteil hiervon ist, dass mehrere Besucher gleichzeitig den Film ansehen und dem Sprecher folgen können. Nachteil hingegen ist, dass mitunter Hintergrundgeräusche stören und der Besucher somit leicht abgelenkt wird. Ob sich diese Hypothese bestätigt, sollen Interviews zeigen. Die Ergebnisse der Evaluierung der drei Filme werden in Kapitel 10 aufgeführt.

Aber auch schon in den Jahren zuvor wurden Restaurierungsarbeiten an besonders herausragenden Stücken beispielsweise für Sonderausstellungen für die Besucher auf Film gebannt. So wurde für die große Landesausstellung 2007 zum Thema ägyptische Mumien die Restaurierung eines Perlennetzes gefilmt und

2 Holztafelgemälde in fünf Teilen mit der Darstellung der Legende der heiligen Regiswindis aus Lauffen am Neckar, Kopie um 1620 nach einem Original von von 1477.

während der Sonderausstellung den Besuchern präsentiert.[3] Ziel dieser Filme ist vornehmlich die Vermittlung von Restaurierungsmethoden, durchgeführten Maßnahmen und Konzepten.

Eine andere Möglichkeit, restauratorische Inhalte zu vermitteln, hat eine Schülerarbeit aufgezeigt. Hierbei wurde von einer Schülergruppe eines Stuttgarter Gymnasiums gemeinsam mit der Lehrkraft in Vorbereitung zur neuen Dauerausstellung »LegendäreMeisterWerke« ein Podcast unter dem Titel »Der Weg in die Ausstellung« gedreht. Dieser ist auf der Homepage des LMW[4] und auf YouTube zu sehen.[5]

7.2.5 Publikationen

Nicht zuletzt werden Aufgabenfelder und Interessen der Restauratoren über Publikationen verbreitet. Dies betrifft zum einen die Veröffentlichung von Fachartikeln (z.B. in der »ZKK – Zeitschrift für Kunsttechnologie und Konservierung«, »Restauro«). Sie sind für die Weiterqualifikation der Restauratoren und Volontäre von großer Bedeutung, sprechen allerdings ausschließlich Fachinteressierte an. Deshalb werden am LMW Textbeiträge aus den Restaurierungswerkstätten in Publikationen für eine breite Öffentlichkeit explizit unterstützt. So erscheinen Artikel der Restauratoren bzw. der Restaurierungswerkstätten in Katalogen zu Sonder- und Dauerausstellungen (z.B. im Katalog zu den »LegendärenMeister-Werken« zu Ausstellungsvorbereitungen, Montagen und Aufbau). Zudem berichten die einzelnen Fachbereiche der Restaurierung im Jahresbericht des LMW über besondere Projekte und hervorzuhebende Restaurierungen (erscheint alle zwei bis drei Jahre).

3 Der Film ist nicht mehr online abrufbar. Informationen zur Ausstellung unter: http://www.zum.de/Faecher/G/BW/Landeskunde/schwaben/museen/landesmuseum_wttg/ausst/aegypten/elhibe1.htm vom 04.11.2014.

4 http://www.landesmuseum-stuttgart.de/sammlungen/restaurierung/filme/ vom 07.03.2016.

5 https://www.youtube.com/watch?v=1qVcA575FUM vom 07.03.2016.

7.2.6 Homepage und Social Media

Ein wichtiges Instrument, Informationen über die Restaurierungswerkstätten des LMW zu vermitteln, ist die Homepage.

Getwittert oder in einem Blog berichtet wird aus den Restaurierungswerkstätten bis dato nicht. Geplant ist allerdings, über hervorzuhebende Restaurierungsprojekte in Absprache mit der Abteilung für Öffentlichkeitsarbeit des Hauses auf Facebook Bericht zu erstatten. Verschiedene Filme aus der Restaurierung sind bereits auf der LMW-Homepage und auf YouTube zu finden.

Die Homepage des LMW wurde im Zuge der Neueröffnung der Dauerausstellung »LegendäreMeisterWerke« im Mai 2012 komplett überarbeitet. Im Zuge dessen wurde zu dem bereits bestehenden Bereich, in dem alle Mitarbeiter des Museums unter »Über uns«, »Team«, »Projektsteuerung, Werkstätten Restaurierung« mit Foto, Namen und Kontaktdaten vorgestellt wurden[6], ein eigener Bereich für die Vorstellung der Restaurierungswerkstätten geschaffen.[7] Unter »Sammlungen« → »Restaurierung« sind seitdem die acht Fachbereiche der Restaurierung in alphabetischer Reihenfolge (Werkstatt Archäologie, Gemälde und Skulptur, Glas, Keramik und Porzellan, Kunsthandwerk, Möbel und Holzobjekte, Stein und Gips sowie Textilien) aufgeführt. Außerdem hat der Besucher die Möglichkeit, Näheres über die fachbereichsübergreifende Aufgabe der Präventiven Konservierung zu erfahren sowie die Restaurierungsfilme aus der Dauerausstellung und das o.g. Podcast-Projekt der Stuttgarter Gymnasiasten aufzurufen.[8]

Auf der Startseite des Bereichs werden die Werkstätten mit ihren Aufgaben kurz vorgestellt. Daneben kann der Besucher von hier aus Seiten mit wichtigen Links für Restauratoren (Verbände, Hochschulen, Sonstiges) und Informationen über die Ausbildungsmöglichkeiten in den Restaurierungswerkstätten des LMW besuchen.

---

6 http://www.landesmuseum-stuttgart.de/ueber-uns/team/projektsteuerung-restaurierung-und-werkstaetten/ vom 07.03.2016.

7 http://www.landesmuseum-stuttgart.de/sammlungen/restaurierung/ vom 07.03.2016.

8 Des Weiteren werden Stellenausschreibungen (Jahrespraktikum, Volontariat und feste Stellen) auf der Homepage des Museums veröffentlicht (http://www.landesmuseum-stuttgart.de/ueber-uns/stellenangebote/ – letzter Zugriff am 07.03.2016. Es hat sich gezeigt, dass dies besonders hilfreich bei der Beantwortung der zahlreichen Anfragen zur Ausbildung von Restauratoren ist, denn hierbei kann auf die Seite verwiesen werden. Diese Seite findet in der Gesamtbetrachtung keine Berücksichtigung.

Über die Reiter der jeweiligen Fachbereiche gelangt man zur kurzen Vorstellung jeder einzelnen Restaurierungswerkstatt, den Angaben der zuständigen Restauratoren und zu beispielhaften Restaurierungsprojekten.

Nach zweieinhalb Jahren Laufzeit (Mai 2012 bis Dezember 2014) lässt sich inzwischen eine Entwicklung bei den Aufrufen der entsprechenden Seiten ablesen.[9]

Zunächst lässt sich feststellen, dass von der Gesamtzahl der Aufrufe aller LMW-Seiten 5,4 bis 10,6 Prozent (je nach Jahr) auf Seiten zum Thema Restaurierung entfallen, wobei im Jahr 2013 prozentual die meisten Aufrufe verzeichnet wurden. Betrachtet man die Fülle der Themen und Bereiche der Homepage des LMW, ist der erzielte Wert gut.

Mit Abstand die meisten Seitenbesuche erzielt die Restaurierung im allgemeinen Bereich »Unter uns« (zwischen 35 und 43 Prozent aller Aufrufe zum Thema Restaurierung). Allerdings kann hier nicht unterschieden werden, ob sich die Besucher der Seite für die Mitarbeiter der Restaurierung oder aber für die Projektsteuerung oder die Werkstätten interessieren.

Der Vergleich der einzelnen Unterthemen des Bereichs »Sammlungen« → »Restaurierung« über die Jahre verdeutlicht, dass sich 2013 und 2014 ähneln, 2012 hingegen andere Verteilungen aufweist: Von Mai 2012 bis Ende Dezember 2012 wurden die Restaurierungsseiten 3754-mal angeklickt. Das entspricht lediglich 0,54 Prozent des Gesamtwerts der LMW-Homepage. Dieser Wert steigert sich anteilig in den Jahren 2013 und 2014 auf 0,76 Prozent (entspricht 6214 Aufrufen) bzw. 0,71 Prozent (entspricht 6703 Aufrufen). Unter den zehn meistaufgerufenen Seiten unter »Sammlungen« → »Restaurierung« befinden sich die Werkstätten der archäologischen Restaurierung, der Restaurierung von Gemälden und Skulpturen, der Restaurierung von Glas, von kunsthandwerklichen Objekten und von Keramik/Porzellan. Die Präventive Konservierung rangiert in sämtlichen betrachteten Zeiträumen auf Platz zwei bzw. drei. Dies könnte an ihrer Eigenschaft als übergeordnetes Thema liegen oder aber daran, dass Laien an der ihnen unbekannten Materie Interesse zeigen. 2013 und 2014 wird die Seite mit den Informationen zur Ausbildung ebenfalls verhältnismäßig häufig angeklickt; nicht so im Jahr 2012. Die anderen Fachbereiche sowie die weiterführenden Links und Filme werden deutlich seltener aufgerufen und weisen über die Jahre keine Regelmäßigkeit auf. Auf besonders geringes Interesse stoßen die Vorstellungen von einzelnen Restaurierungsprojekten, sie liegen über alle Jahre hinweg auf den letzten Plätzen. Die Besucher scheinen sich somit nicht beson-

9 Die Auswertung erfolgte mit Google Analytics.

ders tief greifend mit den Einzelthemen beschäftigen zu wollen, was dafür spricht, dass hauptsächlich Laien und nicht Fachbesucher die Homepage nutzen.

Die Verweildauer der Besucher auf den jeweiligen Seiten beträgt durchschnittlich ca. eine Minute. Dies entspricht in etwa der Lesedauer der entsprechenden Seiten. Die Betrachtung der Besuchszeiten im Detail zeigt dennoch Unterschiede. So liegt mit 7:16 (2012), 4:42 (2013) und 2:52 Minuten (2014) die Betrachtung der Filme über dem Verweildurchschnitt, allerdings scheint das Interesse über die Jahre abzunehmen. Auch ist es nicht möglich, sich innerhalb der genannten Verweildauer alle Filme auf den Seiten komplett anzusehen. Es scheint also eine Vorauswahl getroffen oder aber die Betrachtung abgebrochen zu werden.

Des Weiteren werden die Seite der Präventiven Konservierung – unabhängig vom betrachteten Jahr – und die Restaurierungsberichte leicht überdurchschnittlich rezipiert.

Die Spitze im Gesamtverlauf liegt im Oktober 2012; in 2013 und 2014 kristallisieren sich keine besonderen Höhepunkte heraus.

Zusammenfassend kann somit gesagt werden, dass an Themen der Restaurierung auf der Homepage des LMW grundsätzlich Besucherinteresse besteht. Dabei werden Seiten mit kurzen, allgemein gehaltenen Texten häufiger aufgerufen als die Vorstellung von vereinzelten, speziellen Restaurierungsprojekten. Seiten zur Präventiven Konservierung und zur Ausbildung von Restauratoren stoßen auf das größte Interesse. Die Verweildauer der Besucher ist insgesamt – bis auf die Betrachtung der Filme – nach wie vor verhältnismäßig niedrig. Die Zahlen der kommenden Jahre sollten weiter beobachtet werden. Auch wenn keine Informationen darüber vorliegen, ob es sich bei den Besuchern überwiegend um Laien oder Experten handelt und ob die Seite von einzelnen Personen nur einmal oder mehrfach besucht werden, sollten doch weitere – aktuelle – Restaurierungsprojekte eingestellt werden.

Eine eigene Facebook-Seite unterhalten die Restaurierungswerkstätten des LMW nicht, da der Aufwand als zu groß erachtet wird und eine regelmäßige Berichterstattung nicht gewährleistet werden kann. Dafür posten sie in Absprache mit der zuständigen Mitarbeiterin der Museums Bilder zu ausgewählten Themen – meist von Ausstellungsaufbauten. Bemühungen, die jeweiligen Jahrespraktikanten dazu zu bewegen, aktuelle Restaurierungsprojekte zu schildern und zu veröffentlichen, scheiterten bislang am mangelnden Interesse seitens der Praktikanten.

7.2.7 Presse

Wie bereits einleitend aufgeführt, sind Restaurierungsthemen häufig Bestandteil von Pressemeldungen und anderen medialen Auftritten. In der Regel werden gezielt zu Führungen in den Restaurierungswerkstätten Veranstaltungshinweise in der Tagespresse veröffentlicht. Ab und zu gehen diese Pressemeldungen (teilweise mit Bild) über die reinen Angaben zur Veranstaltung hinaus.

Daneben wird über Fachtagungen oder zu besonderen Objekttransporten, Umzügen und besonderen Restaurierungs- oder Forschungsprojekten berichtet. Besonders großen Anklang in der Presse fand eine Notfallübung zur Erstversorgung von Objekten in Kooperation mit der Stuttgarter Feuerwehr und zahlreichen Mitarbeitern des Hauses. Dieses Beispiel zeigt, dass »spektakuläre« Aktionen oder besondere Restaurierungsprojekte eher Einzug in die Medien finden als die – oft nicht minder interessante – Alltagsarbeit.

In unregelmäßigen Abständen bitten Presse (in der Regel Tageszeitungen) und andere Medien (für gewöhnlich regionale Radio- und Fernsehsender) auch aus eigenem Antrieb die Restauratoren um Meldenswertes oder Interviews (z.B. zu den Führungen in den Werkstätten anlässlich des Internationalen Museumstags oder zur Vorbereitung einer neuen Ausstellung). Anfragen dieser Art werden über die Abteilung Öffentlichkeitsarbeit des Hauses koordiniert.

Daneben nutzen Firmen oder Stiftungen Kooperationsprojekte mit den Restaurierungswerkstätten für Beiträge in hauseigenen Kommunikationsmedien wie Kundenzeitungen oder Stiftungsheften. So wurde beispielsweise nach einem gemeinsamen Projekt mit der Fa. Trumpf zum Thema Laseranwendung bei archäologischen Eisenfunden über die gemeinsame Arbeit berichtet.

Aber auch in Radio- und Fernsehbeiträgen halten die Restaurierungswerkstätten Einzug. Dies geschieht hauptsächlich anlässlich der Neukonzeption von Dauerausstellungen und bei interessanten Sonderausstellungen.

7.3 BESUCHERSTRUKTURANALYSEN AM LANDESMUSEUM WÜRTTEMBERG

Das LMW gab in den vergangenen Jahrzehnten immer wieder Analysen der Besucherstruktur in Auftrag, beispielsweise in den Jahren 1986, 2006 und 2013. Diese Untersuchungen werden im Folgenden kurz beschrieben, um die Bandbreite dessen zu verdeutlichen, was am LMW erhoben wird. Grundsätzlich ermöglichte das hier zugrunde liegende Interesse am Besucher, im Rahmen der vorliegenden Arbeit drei Fragen zur Restaurierung in die Besucherstrukturanalyse 2013 einzufügen. Sie sind Bestandteil von Teil zwei des dreiteiligen Untersuchungsverfahrens (siehe Kapitel 2).

7.3.1 Besucherstrukturanalysen 1986 und 2006

1986 wurde am LMW die Ausstellung »Abteilung Steinzeit« neu konzipiert und 1988 eröffnet. Im Zuge dessen wurden Besucherbefragungen durchgeführt. Sie sollten folgende Fragen klären: Wird die Zeitdimension und werden die gesellschaftlichen Verhältnisse jener fernen Epoche verständlich? Welche Eindrücke ergeben sich für den Besucher? Wird etwas von der gesellschaftlichen Tradition des Landes deutlich, in dem wir leben?

Für die formative Evaluation kam das Modell (Mock-up) einer Ausstellungseinheit (»Jüngere Steinzeit«) im Maßstab 1:4 zur Anwendung. Dieses wurde in einem separaten Raum präsentiert, und in einer ersten Erhebungsphase wurden Besucher hierüber befragt. Eine weitere formative Evaluation sollte nach den Überarbeitungen und der erneuten Befragung von Besuchern folgen. 1990 – lange nach der Eröffnung der Ausstellung – wurde abschließend eine summative Evaluation durchgeführt, in der nach der Motivation des Besuchs, zuvor bestehenden Kenntnissen, nach der kognitiven Verarbeitung der Ausstellung, sinnlich-visuellen Eindrücken und soziodemografischen Daten gefragt wurde. Im Ergebnis lässt sich festhalten, dass von den Besuchern Texte als Informationsträger präferiert wurden, gefolgt von Grafiken und Abbildungen (nach Neuen, d.h. digitalen Medien wurde vermutlich noch nicht gefragt, Anm. Autorin). Rekonstruktionen, Modelle und Inszenierungen fanden ebenfalls großen Anklang, genau wie die Anwesenheit von Originalobjekten, die allerdings nur mit hinreichenden Erklärungszusätzen kognitiv erfasst werden konnten. Der Einsatz des Ausstellungsmodells wurde als erfolgreich bewertet (Almasan 1991: 25 ff.).

Im Jahr 2006 fanden am LMW zwei Untersuchungen statt – durchgeführt durch das Zentrum für Evaluation und Besucherforschung (ZEB). Unter dem Titel »Der große Spagat. Besucher in der Schausammlung des Landesmuseums

Württemberg und in der ›Großen Landesausstellung. Das Königreich Württemberg 1806 – 1918. Monarchie und Moderne‹« wurden folgende Punkte untersucht: (sozio-)demografische Zusammensetzung der Besucherschaft, Anteile der Erst-, Wiederholungs- und Stammbesucher, Motivation und Informationskanäle, Besuchsmodalitäten wie Begleitformen, Besuchsdauer von Ausstellung und Shop, besuchte Abteilungen und Bewertung des Leitsystems, allgemeine Gefallensaussagen, Bewertung spezifischer Aspekte wie Stärken und Schwächen, Nutzung des Audioguides, Kenntnis von Außenstellen des Museums und Besonderheiten der Rezeption zur Landesausstellung (Wegner 2007a: 4).

Die zweite Untersuchung, die 2006 unter dem Titel »Besucherpotenzial des Landesmuseums Württemberg und des Museums für Volkskultur Schloss Waldenbuch« durchgeführt wurde, sollte zum ersten Mal die Nichtbesucher analysieren. Befragt wurden hierfür kulturell interessierte Stuttgarter Bürger sowie Touristen und Ausflügler. Inhalte waren, neben den soziodemografischen Daten, das Freizeitverhalten der Befragten, ihre Museumsaffinität und -präferenzen, ihre Einschätzung des Bekanntheitsgrads der zu untersuchenden Museen, Besuchshäufigkeit von Museen und Kultureinrichtungen in Stuttgart und Umgebung sowie bei Touristen und Ausflüglern Informationen zum Programm und Rahmenbedingungen ihres Besuchs in Stuttgart. Daneben wurde spezifisch zum LMW der Bekanntheitsgrad des Standorts und des Namens des Museums, Besuchshäufigkeit, Modalitäten bei bereits erfolgtem Besuch sowie Gefallensaspekte – auch im Vergleich zu anderen Stuttgarter Museen – untersucht. Die Nichtbesucher wurden außerdem nach den Gründen des Nichtbesuchs und hinsichtlich des Vorhabens befragt, das Museum später zu besuchen. Für das Museum für Volkskultur Schloss Waldenbuch (heute »Museum für Alltagskultur«) wurden Angaben zur Bekanntheit, zur Besuchshäufigkeit, zu Modalitäten und Bewertung des Besuchs und bei Nichtbesuchern ebenfalls Gründe für den Nichtbesuch und die Aussicht, den Besuch nachzuholen, gesammelt (Wegner 2007b: 7).

7.3.2 Besucherstrukturanalyse 2013

2013 wurde die neue Dauerausstellung »LegendäreMeisterWerke« evaluiert.[10] Mit der Besucherstrukturanalyse wollten das Haus und v.a. die Abteilung Kulturvermittlung mehr darüber in Erfahrung bringen, wie die »LegendärenMeisterWerke« gefallen, wer die Besucher sind und was hinsichtlich des Marketings verbessert werden kann. Die Erhebung fand im September 2013 mithilfe ehrenamtlicher Mitarbeiter des Museums statt. Diese standen am Ausgang der Ausstellung und führten die Evaluierung in Form von Interviews durch.

Die Antworten wurden von den Ehrenamtlichen unmittelbar in Pads eingegeben. Auf diese Weise konnten im angegebenen Zeitraum 401 Datensätze gesammelt und im Anschluss ausgewertet werden.[11] Im Folgenden werden nur jene Ergebnisse der Besucherstrukturanalyse vorgestellt, die für diese Arbeit relevant sind.

Es kamen nahezu gleich viele Männer wie Frauen in die Ausstellung. Auch das Alter war relativ ausgewogen, lediglich die unter 18-Jährigen und über 67-Jährigen waren seltener vertreten. Der Bildungsabschluss der Interviewpartner war vergleichsweise hoch. So hatten knapp drei Viertel der Befragten Abitur, einen Hochschulabschluss teils durch Promotion oder waren zum Zeitpunkt der Befragung noch Studenten.

Die Ausstellung wurde zu einem Drittel mit dem Partner oder einem Freund besucht. Jeweils ein gutes Viertel kam mit der Familie oder alleine.

Außerdem erfolgte der Besuch der Ausstellung überwiegend von Personen, die hierfür eine verhältnismäßig weite Anreise in Kauf genommen hatten. So stammten 45 Prozent aus Wohnorten, die zwischen 21 und 300 Kilometern weit weg lagen. Lediglich knapp ein Fünftel der Besucher der »LegendärenMeisterWerke« kam aus Stuttgart oder war innerhalb des öffentlichen Nahverkehrsbereichs angereist.

Die Frage, wie die Besucher auf die Ausstellung aufmerksam geworden waren (Mehrfachnennung möglich), ergab kein eindeutiges Bild. Rund ein Viertel war durch Außenwerbung am Museum zu einem Besuch angeregt worden, knapp ein Viertel auf persönliche Empfehlung hin gekommen. Nur je 15 Prozent besuchten die »LegendärenMeisterWerke« aufgrund von Informationen aus dem Internet oder durch frühere Besuche im Museum.

Daneben wurden drei Fragen speziell zum Thema Restaurierung in die Umfrage eingefügt. Dabei zeigte sich, dass das Interesse der Besucher an Themen der

10 Die Evaluierung wurde von der Fa. stARTistics durchgeführt.

11 Die Daten sind einer nicht veröffentlichten Datenbank entnommen.

Restaurierung groß war – über die Hälfte der Befragten waren »ziemlich« oder »sehr interessiert«. Mit den beiden nächsten Fragen sollte in Erfahrung gebracht werden, ob die Besucher bereits Angebote der Restaurierung in Anspruch genommen hatten. 4,4 Prozent hatten schon einmal an einer Führung in den Restaurierungswerkstätten des LMW teilgenommen. Erfreulicherweise gaben 16 Prozent der Befragten an, die Filme ganz, 28 Prozent teilweise gesehen zu haben.

Zum Abschluss der Befragung hatten die Besucher die Möglichkeit, Angaben zum Gefallen zu machen und Verbesserungsmöglichkeiten aufzuzeigen. Dabei wurden lediglich zwei Antworten zum Thema »Filme zur Restaurierung« bzw. zur »Restaurierung« gegeben, u.a. »Vielleicht Ohrhörer bei dem Restaurierungsvideo?« Diese Person scheint Schwierigkeiten gehabt zu haben, dem Sprecher des Films akustisch zu folgen. Dass es jedoch ein grundsätzliches Problem hinsichtlich der Lautstärke der Filme gab, zeigt die Evaluierung der Filme im Speziellen (siehe Punkt 11.3.2).

8. Besucherforschung in Museen

Die Besucherforschung ist lediglich ein Teil der museumsbezogenen Publikumsforschung und untersucht Besucher bzw. Teilnehmer von Angeboten im Museum. Die Publikumsforschung als übergeordnete Disziplin beinhaltet z.B. auch die Nichtbesucherforschung (vgl. Reussner 2010: 8) und verfolgt dabei grundsätzlich zwei Ziele: kommunikative bzw. wirkungsorientierte (»Wie wird eine Ausstellung vom Besucher verstanden, was wird vermittelt?« etc.) und ökonomische Motive zu eruieren (»Wie lassen sich Angebote im Museum für die Besucher attraktiver gestalten?«).

Da die Vermittlung restauratorischer Inhalte am LMW eine wichtige Rolle einnimmt, soll – wie in dieser Arbeit bereits eingangs formuliert – im Sinne der Professionalisierung in diesem Bereich die Wirksamkeit von Angeboten systematisch überprüft werden. Dabei werden die Reaktionen der Besucher bzw. Teilnehmer auf mehrere zentrale Inhalte der Angebote am LMW (Film und Führungen) sowie Verbesserungsvorschläge analysiert. Dies soll in Form von Evaluierungen dreier Filme in der Ausstellung und der Führungen in den Werkstätten stattfinden (Ergebnisse siehe Kapitel 10).

Die Arbeit bewertet dabei die Angebote in der Restaurierung vornehmlich aus der Vermittlungsperspektive, nachdem untersucht werden soll, wie die Maßnahmen verbessert werden können. Dennoch sind damit gewissermaßen auch ökonomische Aspekte impliziert, da mit der Verbesserung der Qualität eines bestimmten Angebots auch davon ausgegangen werden kann, dass die Besucher zum erneuten Besuch bewegt oder gar neue Besucher generiert werden können.

Doch wie entwickelte sich die Besucherforschung, und wo steht sie heute? Welche Gegenstandsfelder der Entwicklung wurden dieser Arbeit zugrunde gelegt? Diese Fragen sollen in diesem Kapitel beantwortet werden und somit die Wahl von Methodik, Vorgehensweise und Abläufen dieser Arbeit verständlich machen.

8.1 BESUCHERFORSCHUNG, BESUCHERORIENTIERUNG UND PUBLIKUMSORIENTIERUNG

Wie bereits einleitend angedeutet zielt die Besucherforschung im Sinne des Bildungs- und Vermittlungsauftrags der Museen auf deren Angebote auf ihre Wirkung ab. Sie kann gegenüber Zweiflern am gesellschaftlichen Nutzen von Museen als Argumentations- und Legitimationsgrundlage dienen (vgl. Waltl 2012: 15). Dabei lassen sich drei Motivstränge definieren: Zum einen stellen die Forschungsergebnisse gesicherte, valide Daten dar, die Auftraggebern oder Sponsoren z.B. zur Zufriedenheit von Besuchern Auskunft geben können. Zum anderen kann mithilfe der Forschung die Vermittlungstätigkeit in der Ausstellung oder in Begleitprogrammen verbessert werden. Drittens können qua Durchführung von Forschungsprojekten theoriegeleitet die spezifischen Lernbedingungen eines Museumsorts untersucht werden (vgl. Noschka-Roos 2012: 18).

Frühe Vorstöße in der Besucherforschung zielten – nordamerikanischen Schulen folgend – darauf ab, das Bildungspotenzial von Museen auszubauen (Shettel, Screven, Klein, Treinen usw.). Seit den 1980er Jahren wird die Besucherforschung allerdings zusehends auch aus ökonomischen Gründen herangezogen. In Zeiten knapper werdender Ressourcen, insbesondere der öffentlichen Haushalte, und dem damit einhergehenden Rückgang öffentlicher Fördergelder steigt der Druck, eigene Einnahmen zu generieren (vgl. Glogner/Föhl 2010: 11). Glogner/Föhl machen hierfür den Konkurrenzkampf um Besucher und somit auch zwischen den Einrichtungen verantwortlich. Darüber hinaus weisen sie darauf hin, dass die Zahl alternativer Kultur- und Freizeitangebote bedeutend steigt, was ebenfalls zu einer immer stärker werdenden Konkurrenz führt (vgl. Glogner/Föhl 2010: 13 und Wegner 2010: 98). Somit erhält auch die empirische Publikumsforschung, d.h. die Untersuchung der Besucher, aber auch der Nichtbesucher, eine neue Facette und wird ausdifferenziert. Die Autoren sehen in der Besucherforschung ein Instrument, mit dessen Hilfe spezielle Zielgruppen adäquat angesprochen werden können, um dem Konkurrenzkampf aktiv und wirkungsvoll zu begegnen: Denn »nur wer über gesicherte empirische Kenntnisse zu den Bedürfnissen, Kulturnutzungsmotiven und Umgehensweisen mit Kultur ›seiner‹ Publika verfügt, wird in der Lage sein, Kulturangebote zielgruppengerecht zu vermitteln bzw. zu vermarkten.« (Glogner/Föhl 2010: 2)

Bereits zu einem früheren Zeitpunkt beschreibt Klein, der zu den maßgeblichen Wegbereitern der Besucherforschung zählt, die Besucherforschung als Antwort auf neue Herausforderungen und begreift diese demnach als Chance, mit technischem, sozialem und wirtschaftlichem Wandel umzugehen. Als Beispiele führt er die Konkurrenz- oder Vernetzungsherausforderung, die Event-

Herausforderung, die demografische Herausforderung, die Vermarktungsherausforderung sowie die Medienherausforderung auf. All diesen Herausforderungen müssen Museen sich laut Klein stellen – die Besucherforschung hilft dabei, neue Wege zu beschreiten (vgl. Klein 1996: 78 ff.).

Ähnlich wie in den Konzepten der Besucherforschung, die einerseits dazu dienen, die Vermittlungsbedingungen zu verbessern, und/oder den marktwirtschaftlichen Aspekt betonen, finden sich derlei Hinweise auch in den Konzepten der Besucherorientierung. Hausmann definiert die Besucherorientierung als gezielte Ausrichtung von Angeboten zur Ausstellung und deren Vermittlung sowie zu den Servicebereichen eines Museums auf die Erwartungen und Bedürfnisse des Besuchers (vgl. Hausmann 2001: 76). Die Besucherorientierung ist ihrer Meinung nach Mittel zum Verschaffen von Wettbewerbsvorteilen – nicht nur, was Angebote in einem Museum betrifft, sondern auch im Wettbewerb um öffentliche Gelder (vgl. Hausmann 2001: 62 und 67). Sie wird demnach als eine spezielle modifizierte Form der Kundenorientierung gesehen. Die Besucherorientierung ist somit kein Selbstzweck, sondern – genau wie die Kundenorientierung – Mittel zum Zweck und eine Grundbedingung dafür, dass ein Museum seine originären Aufgaben erfüllen und die gesellschaftspolitischen Ziele verfolgen kann. Mit ihrer Hilfe kann die finanzielle Grundlage geschaffen werden – aber auch eine nicht monetäre, z.B. in Form von positiver Berichterstattung. Erst zweitrangig dient die Besucherorientierung dem Erzielen eines Gewinns (vgl. Hausmann 2001: 80 ff.).

Reussner schließlich erweitert den Begriff der Besucherorientierung um den der Publikumsorientierung, da es in der Betrachtung nicht nur um den bereits »erreichten« Besucher eines Museums geht, sondern auch das Verhältnis von Museum und Gesamtöffentlichkeit mit einschließt – und somit auch museumsferne Bevölkerungsgruppen (vgl. Reussner 2010: 5 f.). Dabei gibt es zwei Sichtweisen – mit unterschiedlichen Konsequenzen für die Museumsarbeit: die gesellschaftsorientierte Sicht und eine markt- bzw. nachfrageorientierte Sicht (mit Fokus auf die vom Publikum an das Museum herangetragenen Bedürfnisse). Beide Sichtweisen können laut Reussner aber auch miteinander vereinbart werden (vgl. Reussner 2010: 6 f.).

8.2 ENTWICKLUNG DER BESUCHERFORSCHUNG

Wie schon in Kapitel 4 erwähnt, legten nahezu alle Museen der alten Bundesländer bis in die 1960er Jahre den Schwerpunkt ihrer Arbeit auf den Ausbau und Erhalt sowie die wissenschaftliche Bearbeitung ihrer Sammlungen; einem Bildungsauftrag gingen sie weniger nach. Der Blick zurück auf die Entwicklung der Besucherforschung zeigt allerdings, dass bereits 1903 auf dem Mannheimer Museumstag erste Überlegungen angestellt wurden, wie man eine Öffnung erreichen könne und was hierfür geschehen müsse (vgl. Klein/Bachmayer 1981: 57). Ab ca. 1900 werden zwar diesbezüglich Umfragen vorgenommen, dabei jedoch nicht die Besucher in den Mittelpunkt des sozialwissenschaftlichen Forschungsinteresses gerückt. Erst 1919 wird in Mannheim eine Studie zum Kulturleben durchgeführt, in der Museumsbesuche, Art, Häufigkeit und deren Beurteilung durch die Besucher Gegenstand der Befragungen sind (vgl. Klein/Bachmayer 1981: 58 f.). Zur selben Zeit – in der frühen Phase der Besucherforschung – tut sich Georg Kerschensteiner im Zuge der Gründung des Deutschen Museums in München hervor: Als Bildungstheoretiker berät er den Museumsgründer Oskar von Miller in der Konzeption der Ausstellungen und fasst dabei – nach dem Konzept des Museums als Volksbildungsstätte – die Wechselwirkung des Lern- und Bildungsprozesses der Besucher ins Auge. Kerschensteiner verfolgt somit erste Ansätze der Besucherorientierung; die Besucherforschung hingegen ist noch kein Bestandteil seiner Untersuchungen (vgl. Noschka-Roos 2003: 8 f.).

1928 führt E.S. Robinson in US-amerikanischen Museen Beobachtungsstudien durch, in denen er die Verweildauer der Besucher vor Exponaten unterschiedlicher Hängungen und mit verschiedenartigen Beschriftungstypen erhebt. Mit diesem forschungsmethodischen Ansatz ist Robinson demnach den Behavioristen hinzuzuzählen. Sein Ziel ist die Überprüfung der Ausstellungseffizienz, um Aussagen darüber zu erlangen, welche Reaktionen die Hängung der Bilder und die Beschriftungstypen bei den Besuchern auslösen. Die Verweilzeit dient Robinson dabei als Indikator für die Bildungswirkung (vgl. Graf/Noschka-Roos 2009: 18).

Für die Überprüfung der Bildungswirkung selbst ist allerdings ein neueres Instrument erforderlich; die Beobachtung allein ist hierfür nicht geeignet. Stattdessen sollen die Besucherbefragung und das Interview nötige Informationen liefern. Für diese Evaluationsstudien kommen lernpsychologische Ansätze zum Einsatz – verhaltenspsychologische und kognitionspsychologische Theorien gewinnen an Einfluss (vgl. Graf/Noschka-Roos 2009: 18). Dies führt Ende der 1960er Jahre – in der zweiten großen Phase der Besucherforschung – zu einem Ausbau des erhebungsmethodischen Instrumentariums, bei dem nicht die Beobachtung der Besucher, sondern Befragungen und Interviews Auskunft über die Bildungswirkung von Ausstellungen geben (vgl. Noschka-Roos 2003: 10). Im Vordergrund stehen dabei die Verständlichkeit des Zusammenspiels der Objekte mit den erläuternden Medien und die Frage, ob die Besucher die präsentierten Inhalte und deren Botschaften der Ausstellung zur Kenntnis nehmen, wie sie diese verarbeiten und sich daran erinnern (vgl. Noschka-Roos/Lewalter 2013: 206).

Zwei Autoren dieser Zeit sind maßgeblich an dieser Entwicklung beteiligt: Shettel und Screven. Die beiden Lernpsychologen und »Väter« der Evaluationsstudien untersuchen Ausstellungsziele, Methoden und Ausmaß der Zielrealisierung, um so die Lerneffizienz von Ausstellungen zu überprüfen (vgl. Kirchberg 2010: 171 und Klein/Bachmayer 1981: 61 f.). Sie definieren Museen als informelle Lernfelder, die Besucher – im Gegensatz z.B. zur Schule – freiwillig besuchen (vgl. Graf/Noschka-Roos 2009: 18).

Shettel prägt dabei den Begriff der »learning power« zur Überprüfung der Lernwirkung. Er entwickelt auf Basis seiner Untersuchungen 15 »basic exhibit categories«, die als Grundlage zur Überprüfung der Lernwirkung dienen (z.B. Attraktivität der Ausstellung, Eigenschaften der Besucher, Kommunikationstechniken in der Ausstellung) (vgl. Graf/Noschka-Roos 2009: 18 f.).

Screven hingegen fokussiert eher die »instructional power«. Er verfolgt damit eher ein pragmatisches Erhebungsinstrument, indem er die Lehreffizienz anhand einer kleinen Anzahl zufällig ausgesuchter und zuvor instruierter Besucher (»cued persons«) an festgelegten Ausstellungseinheiten (nicht der ganzen Ausstellung) überprüft (vgl. Graf/Noschka-Roos 2009: 19). Daneben regt Screven an, Instrumentarien aus der Besucherforschung schon während des Planungs- und Aufbauprozesses von Ausstellungen anzuwenden. So soll die Besucherstrukturanalyse Aufschluss über das Besucherprofil des Museums geben. Eine Front-End-Evaluation lässt schon im Vorfeld einer Ausstellung in Teilen Schlüsse über deren Wirksamkeit zu, während die formative Evaluation in der Planungsumsetzung mithilfe von improvisierten Ausstellungseinheiten Aufschluss über die spätere Wirkung geben soll. Die summative Evaluation nach Fertigstellung einer Ausstellung gibt schließlich Auskunft über die Ergebnisse (vgl. Noschka-Roos 2003: 10).

Miles (1982), ein weiterer wichtiger Vertreter in der Entwicklung der Besucherforschung, zeigt die Grenzen der Evaluierung auf, sofern sie wie ein Werkzeug zur Konzeption einer Ausstellung verwendet wird. Er ist eher Vertreter der »communication power« und hebt im Unterschied zu den o.g. Autoren den Einfluss und die Wirkung von Sender, Medium und Empfänger hervor (vgl. Miles 1989: 1). Miles weist außerdem darauf hin, dass zwischen dem Verstehen (»understanding«) und dem Lernen (»learning«) im Museum ein Unterschied besteht. So ist das Lernen als die Summe von Wissen zu verstehen, das Verstehen hingegen das Begreifen eines Gefüges. Dabei ist es möglich zu lernen, ohne zu verstehen (z.B. durch Auswendiglernen); zu verstehen, ohne zu lernen, ist im Umkehrschluss nicht möglich (vgl. Miles/Tout 1992: 27).

Diese lernpsychologischen Perspektiven sollen das Museum und seine Wirksamkeit erschließen – und das in einer Zeit, in der die klassischen, fachspezifischen Sammlungspräsentationen mit dem Ziel, Museen auch für Laien attraktiv zu machen, zusehends aufgegeben werden. Trotzdem erkennt man bereits jetzt, dass es nicht möglich ist, einen allgemeingültigen Kriterienkatalog für eine bildungswirksame Ausstellung zu entwickeln. Zu viele Parameter spielen dabei eine Rolle: So müssen auf der einen Seite Themen, Objekte und Gestaltung sowie auf der anderen Seite das Interesse und die Motivation einer heterogenen Besucherschaft in Betracht gezogen werden. Dennoch gelingt es mithilfe von Evaluationsstudien, empirisch gesicherte Kenntnisse zum Verfassen von Texten für die Ausstellung und deren Verständnis zu erhalten (vgl. Noschka-Roos 2003: 10).

Loomis, der in der Tradition von Shettel steht, formuliert die Vorzüge der Besucherforschung an Museen gerade im Angesicht finanzieller Kürzungen und einer immer ungewisseren Zukunft (vgl. Loomis 1996: 26 ff.): So geben Evaluationen von Programmen und Ausstellungen Aufschluss darüber, was der Besucher versteht. Dieses Wissen ist wichtig für die Programmplanung und Museumsentwicklung und hilft bei weitergehenden Bemühungen um Besucher. Die gestiegene Anzahl von Freizeiteinrichtungen lassen Museen zu Konkurrenten werden, und das Verständnis, ob und wie wirksam ein Museum mit seinen Besuchern kommuniziert, wird immer bedeutender (vgl. Loomis 1996: 27 f.). Loomis verknüpft insofern beide Perspektiven – die Bildungs- wie die ökonomische. U.a. deshalb werden laut Loomis Besucherentwicklung und -programme fester Bestandteil der Tätigkeiten von Museen und stehen somit gleichberechtigt neben dem Sammeln, Bewahren, der Ausstellungsentwicklung und der Forschung (vgl. Loomis 1996: 35 f.).

In einer DFG-Denkschrift weist Treinen (1974) darauf hin, dass die Museen nach wie vor überwiegend Experten ansprechen, nicht aber Laien (vgl. Lewalter/Noschka-Roos 2010: 527 f.). Dies heißt laut Klein und Bachmayer jedoch nicht, dass es zum Zeitpunkt der Museumsgründung »gar keine Didaktik« gegeben hätte (vgl. Klein/Bachmayer 1981: 57). Vielmehr sind die ausgestellten Sammlungen mit ihren speziellen Ordnungen zunächst nur für ein stark spezialisiertes Fachpublikum verständlich.

Gegen Ende der 1970er Jahre deutet sich ein Paradigmenwechsel an, da die Besucherorientierung mittlerweile als wichtige Zielsetzung in der Museumsarbeit anerkannt wird (vgl. Graf 2003: 74). So werden auch im Zuge bildungspolitischer Reformen im deutschsprachigen Raum immer mehr Besucheranalysen bekannt. Der Trend geht weg von den elitären Musentempeln hin zu Museen mit demokratischem Bildungsanspruch (vgl. Noschka-Roos 2003: 10). Allerdings fußen die museumspädagogischen Ansätze der 1970er Jahre oftmals noch auf einem überwiegend schulisch orientierten Lernbegriff, obgleich sich Lernen in der Ausstellung durch Umherwandeln eher unsystematisch, assoziativ und erlebnisorientiert vollzieht (vgl. Graf 2003: 75).

Die Erkenntnis, dass Besucher in Ausstellungen eher assoziativ agieren, geht auf Studien von Graf/Treinen zurück, die in den 1980er Jahren die Besucherforschung in Deutschland weiterentwickeln. Dabei orientieren sie sich an Shettel, analysieren die Wirkung einzelner Exponattypen und unterscheiden zwischen »attraction power« (»Wie oft bleiben Besucher vor einem bestimmten Exponat stehen und betrachten es?«), »holding power« (»Wie lange fesselt das Exponat den Besucher?«) und »communication power« (»Welche Reaktion ruft das Objekt beim Besucher hervor?«) (vgl. Graf/Noschka-Roos 2009: 21). Allerdings führt der kultursoziologische Schwerpunkt zu einem erschreckenden Ergebnis: Die Besucher sind vorwiegend »aktiv dösend«, Lernergebnisse stark von Vorkenntnissen und dem individuellen Interesse des Besuchers abhängig (vgl. Noschka-Roos 2003: 11).

Die dritte Phase der Besucherforschung basiert – aufbauend auf der soeben skizzierten Entwicklung der 1980er und 90er Jahre – auf einer lerntheoretisch-konstruktivistischen Position. Hier wird davon ausgegangen, dass der Besucher aufgrund seiner eigenen Erfahrungen und anhand seines Vorwissens über das Gesehene selbst einen Sinn herstellt. Die bedeutendsten und maßgeblichsten Vertreter sind Georg Heine und Falk/Dierking (2000) (vgl. Noschka-Roos 2003: 13). Sie prägen – im Sinne der konstruktivistischen Perspektive – den Begriff der »free-choice learning activities« (vgl. Noschka-Roos/Lewalter 2013: 206 f.). In ihrem »Contextual Model of Learning« – basierend auf behavioristischen, entwicklungspsychologischen und kognitiven Theorieansätzen – benennen Falk und Dierking drei übergeordnete Kontextbereiche, die das Lernen der Besucher beschreiben: den persönlichen Kontext (Besuchsmotivation und Erwartungen; Vorwissen und Erfahrungen; frühere Interessen; Wahl und Kontrolle), den soziokulturellen Kontext (kultureller Hintergrund; soziokulturelle Vermittlung in der (Besuchs-)Gruppe; fördernde Vermittlung durch andere) sowie den physischen Kontext (»advance organizer«, d.h. beispielsweise Einführungen in Ausstellungsthemen; Orientierungshilfen im Raum, Architektur und Umgebung; Design der Ausstellungen, Programme und Technologien; anschließende verstärkende Ereignisse und Erfahrungen außerhalb des Museums) (vgl. Noschka-Roos/Lewalter 2013: 207). Diese drei Kontextbereiche, die den Rahmen zur Erklärung von Lernprozessen im Museum bilden, beeinflussen die individuelle Lernwirkung und das »meaning making« (vgl. Noschka-Roos/Lewalter 2013: 207 und Graf 2003: 76).

Während Falk und Dierking versuchen, die Vielzahl der Variablen zu beschreiben und zu ordnen, betrachten Pekarik, Doering und Karns (1999) vorwiegend einen Aspekt, den es auch schon in Falks und Dierkings Modell gibt: die Motivation. Hierbei steht die Betrachtung der Individualität und Vielfältigkeit von Lernprozessen im Vordergrund, was zu einem besucherorientierten Blick auf das Lernen in Museen und einem reflektierteren Umgang mit den Besuchern führt. Pekarik/Doering/Karns untersuchen in diesem Zusammenhang die Lernwirkung bei Museumsbesuchern, indem sie die Erfahrungen analysieren, die Besucher während des Ausstellungsbesuchs machen und als befriedigend empfinden. Hieraus entwickeln sie vier Erfahrungstypen: den objektbezogenen, kognitiven, introspektiven und sozialen (vgl. Noschka-Roos/Lewalter 2013: 208).

Als jüngster Trend steht insbesondere die Wechselwirkung zwischen Ausstellungsdesign und Ausstellungsbesuch und somit das Zusammenspiel ihrer Wirkmechanismen im Fokus der Forschung (Macdonald 2011). Sie will Ausstellungsabsichten transparent machen und über den Einzelfall hinaus grundlegende Muster der Interaktion zwischen Besuchern und Objekten bzw. Ausstellungskonzepten erarbeiten (vgl. Noschka-Roos/Lewalter 2013: 211 f.).

8.3 GEGENSTANDSFELDER

Nach Screven (1984) wird die Besucherforschung heute in fünf Gegenstandsfelder eingeteilt: die Besucherstrukturanalyse (siehe Punkt 8.3.1), die Besucherbeobachtung (siehe Punkt 8.3.2) und die Evaluation (siehe Punkt 8.3.3). Weitere Gegenstandsfelder sind die experimentelle Forschung, theoretische Ausführungen und die Auswertung von Quellenmaterial (vgl. Noschka-Roos 2012: 18). Diese Einteilung greifen auch Armin Klein (2003) sowie Graf/Noschka-Roos (2009) auf. Analysen der Besucherzusammensetzung zeigen hierbei, dass es den typischen Besucher nicht gibt, sondern dass die Besucherstruktur teilweise stark variiert nach Museumsgattung, lokalen Bedingungen usw. (Vgl. Noschka-Roos 2012: 173).

Einen alternativen Ansatz verfolgen milieutheoretische Studien. Sie beschreiben Lebensstilmodelle, denen Besucher zugeordnet werden (vgl. Noschka-Roos 2012: 173).

8.3.1 Besucherstrukturanalyse

Besucherstrukturanalysen werden seit den 1960er Jahren durchgeführt, um deskriptiv-analytisch statistische Zusammenhänge über Besucher und deren soziodemografische Merkmale zu untersuchen, beispielsweise wer kommt, wann, warum, wie lange, wie oft usw. Ziel ist es, mit quantitativen Methoden möglichst viel über seine Besucher herauszufinden und auf Grundlage dessen beispielsweise Maßnahmen der Öffentlichkeitsarbeit zu entwickeln. Hierbei werden Fragen nach Besuchsanlässen, deren Verlauf, Beurteilungen der Sammlungen und deren Präsentation sowie »Was wäre wenn« gestellt (vgl. Noschka-Roos 2012: 173). Besucher müssen hierbei direkt beobachtet bzw. befragt werden. Persönlichkeitsmerkmale hingegen werden nicht erfragt, sondern aus anderen Merkmalen abgeleitet (Lebensstiltypen, Wissen, Nutzungstypen wie Beobachter, Lerner, Spieler). Ebenfalls abgeleitet werden besucherspezifische Merkmale wie Besuchermotive, Erwartungen an das Museum, Präferenzen, Einstellungen gegenüber einem speziellen Museum oder Museumstyp (vgl. Hausmann 2001: 69). Auch können Informationen über Interessen und Vorkenntnisse gesammelt werden. Durch Untersuchungen in den letzten Jahren lässt sich demnach feststellen, dass das Interesse an einem Museumsbesuch mit der Vorbildung des Besuchers korreliert. Es steigt bei zunehmend selbstständiger und komplexer beruflicher Tätigkeit, sinkt mit dem Alter und steht überdies in positiver Korrelation mit der Größe seines Wohnorts (vgl. Graf/Noschka-Roos 2009: 17).

Mithilfe von Besucherstrukturanalysen werden des Weiteren wichtige Erkenntnisse zum Thema Lernen in Museen gewonnen. Das Lernen in Museen stellt dabei einen komplexen Prozess dar; drei wichtige Faktoren werden im Folgenden beschrieben.

Zunächst spielt die Verschiedenartigkeit der Museen, d.h. ihre situativen Merkmale, für das Lernen eine Rolle. Je nach Museumstyp werden unterschiedlich viele Zusatzinformationen qua Text oder in Form von Bildern, Multimedia Angeboten, Filmen und Hands-On angeboten (in einem Kunstmuseum weniger als z.B. in einem kulturgeschichtlichen) (vgl. Lewalter/Noschka-Roos 2010: 531 f.).

Der zweite wichtige Faktor stellt den Besucher mit seinen Charakteristika selbst dar. Auch hier handelt es sich um eine inhomogene Gruppe. Der zentrale Punkt hierbei ist, dass das Lernen abhängig vom Vorwissen und den Erfahrungen des Besuchers vollzogen wird. Je nach Vorwissen und Interesse entscheiden die Besucher selbst – seine Auswahl ist demnach freiwillig –, wie intensiv sie sich mit einem Thema auseinandersetzen möchten (vgl. Lewalter/Noschka-Roos 2010: 532).

Die Vermutung, dass es sich bei Museumsbesuchern überwiegend um hochgebildete Personen handelt, konnte in früheren Untersuchungen nicht bestätigt werden. (Eine Ausnahme stellen Kunstmuseen dar.) Immerhin ein Viertel sind Hauptschulabsolventen. Unabhängig vom Museumstyp ist der Erwerb von Wissen der am häufigsten genannte Grund für einen Museumsbesuch, gefolgt von der Erwartung an ein Freizeitvergnügen und Unterhaltung. Daneben kann es eine Rolle spielen, dass der Anlass für den Museumsbesuch einer bestimmten Lebensphase entspricht (z.B. Kindheit) oder aber ein soziales Ereignis darstellt. So kommen 60 Prozent der Besucher in Begleitung (Partner, Familie oder Freunde), lediglich 20 Prozent in organisierten Gruppen und weitere 20 Prozent allein (vgl. Lewalter/Noschka-Roos 2010: 532). Eine Untersuchung aus dem Jahr 2010 ergibt, dass vier von fünf Besuchern das Museum mit Familie, Freunden oder Kollegen besuchen – das gemeinsame Erlebnis mit anderen scheint demnach bevorzugt zu werden (vgl. Graf 2003: 77).

Die dritte Besonderheit für das Lernverhalten eines Besuchers im Museum liegt in den zentralen Kennzeichen eines Museumsbesuchs und dem Lernen selbst begründet. Museumsbesuche erfolgen in der Regel freiwillig, der Besucher bestimmt selbst, wie lange er an welchem Ort verweilt. Interesse und Neugier charakterisieren seinen Weg durch das Museum, der häufig nicht entsprechend der empfohlenen Routen vollzogen wird. Das Lernen geschieht als aktiver, sozialer, emotionaler, selbstbestimmter Prozess – eigenes Wissen, Erfahrungen und Meinungen werden dabei in den Lernprozess mit eingebracht. Im Gegensatz zum Schüler ist der erwachsene Besucher bestrebt, etwas hinzuzulernen, weil es ihn schlicht interessiert oder weil es für seinen Beruf oder das Privatleben von Nutzen ist (vgl. Lewalter/Noschka-Roos 2010: 533 f.).

Da die Erkenntnis eines genaueren Bilds des Besuchers und Teilnehmers von Angeboten zum Thema Restaurierung im Rahmen dieser Arbeit ein wichtiges Ziel darstellt, sollen deren Interessen und Vorkenntnisse zum Thema Restaurierung erfasst werden, stellen sie doch wichtige Voraussetzungen bei der Rezeption und der Beurteilung eines Angebots dar.

8.3.2 Besucherbeobachtungen

Besucherbeobachtungen werden, wie im vorangegangenen Kapitel aufgeführt, seit den 1920er Jahren auf Robinsons Erkenntnisse zurückführend angewandt. Mit ihrer Hilfe werden die Reaktions- und Interaktionsweisen von Museumsbesuchern beispielsweise durch Nachvollzug des Besuchsablaufs oder der Bestimmung des Aufenthalts vor bestimmten Exponaten systematisch erfasst (vgl. Noschka-Roos 2012: 18).

Eine Beobachtungsstudie hat für gewöhnlich vier Bestandteile bzw. Protagonisten: das Beobachtungsfeld, die Beobachtungseinheit, den Beobachter und den Beobachteten (vgl. Atteslander 2006: 74 ff.). Auf Grundlage von drei Dimensionen lassen sich sechs verschiedene Arten der Beobachtung unterscheiden, je nachdem, welcher Strukturierungsgrad und welche Distanz zur Untersuchungssituation eingenommen wird. Nicht teilnehmend sind die »nicht wissenschaftliche« Alltagsbeobachtung (unstrukturiert), die nicht reaktive Beobachtung (strukturiert/verdeckt, z.B. durch eine Überwachungskamera) und die offene, nicht teilnehmende Beobachtung. Zur Gruppe der Teilnehmenden hingegen werden anthropologische Beobachtungen (unstrukturiert), »verdeckte Ermittlungen« (strukturiert/verdeckt, z.B. im investigativen Journalismus) und teilnehmende Beobachtung (offen) gezählt. Somit umfasst die Strukturierung eine Bandbreite von grundlegenden Regieanweisungen bis hin zu hochgradig standardisierten Instrumenten. Ziel der Beobachtungen ist die Durchführung einer möglichst personenunabhängigen und somit bei Wiederholungsmessungen reproduzierbaren Erfassung der Vorgänge. Jedoch stellt selbst die gänzlich unstrukturierte Beobachtung methodisch ein Problem dar, denn der Beobachtete wird sich allein durch das Bewusstsein, beobachtet zu werden, im Verhalten ändern (vgl. Meyer 2007: 265 ff.). Dieses Problem ließe sich bei der Anwendung von Kameras umgehen. Diese dürfen allerdings aus Gründen des Persönlichkeitsschutzes nicht angewandt werden. Deshalb kommt bei Evaluationen laut Meyer meist das Verfahren der offenen teilnehmenden Beobachtung zum Einsatz (vgl. Meyer 2007: 267).

Mit einer Besucherbeobachtung hätte beispielsweise erfasst werden können, welchen Weg die Besucher in den »LegendärenMeisterWerken« nahmen, wie lange sie sich an einer der Filmstationen aufhielten und ob sie sich den entsprechenden Film bis zum Ende ansahen (vgl. Paatsch/Schulze 1992: 119). Beobachtungen im Vorfeld der Arbeit zeigten indes, dass zum einen die Beobachtung der Besucher aufgrund der Ausstellungsarchitektur sehr auffällig gewesen wäre, zum anderen, dass die Besucherzahlen im Zeitraum der Erhebungen zu gering waren, um eine allgemeingültige Aussage zum Besucherverhalten treffen zu können.

8.3.3 Evaluierung

Eine weitere Methode der Besucherforschung ist die Evaluierung. Sie stellt im Rahmen dieser Arbeit die Grundlage der Datenerhebung dar und findet deshalb im nun folgenden Kapitel besondere Beachtung. Mit ihr wird beispielsweise untersucht, wie verständlich und motivierend ein Ausstellungsarrangement auf den Besucher wirkt (vgl. Noschka-Roos 2012: 18).

Evaluierungen stellen ein »Instrument zur Generierung von Erfahrungswissen« dar, gehen mit einer Bewertung einher und sind zielgerichtet. Die Evaluierung erfolgt in drei Schritten: der Erhebung von Informationen, deren Bewertung und einer Schlussfolgerung und Entscheidungsfindung auf Grundlage der erhobenen und ausgewerteten Daten (vgl. Stockmann 2007: 25 f.). Die Evaluation ist Teil der angewandten Sozialforschung und will zur Lösung praktischer oder gesellschaftspolitischer Probleme beitragen. Sie bewegt sich insofern in einem Spannungsfeld zwischen Wissenschaftlichkeit und Nützlichkeit (vgl. Stockmann 2007: 28 f.).

Im Wesentlichen werden drei Verfahren angewendet: die Vorab-Evaluation (z.B. einer Ausstellungsplanung), die formative Evaluation (die Entwicklung bestimmter Ausstellungseinheiten) und die summative Evaluation (nach der Ausstellungseröffnung) (Noschka-Roos 2012: 18). Daneben werden die Status-quo-Evaluierung (z.B. wenn die bestehende Ausstellung modernisiert werden soll) und die Nachbesserungsevaluation (Elemente bestehender Ausstellung wie Texttafeln sollen nachgebessert werden) beschrieben (vgl. Klein 1991: 7 ff. und Wegner 2010: 103).

Die Evaluierung wird gemäß bestimmter Vorgaben – Planung, Durchführung und Auswertung – vergleichbar mit einem Managementprozess vollzogen. Zunächst muss ein konkretes Ziel formuliert, anschließend das Vorhaben geplant und vorbereitet werden. Dabei werden die benötigten Instrumente entwickelt und auf Tauglichkeit überprüft. Es folgt die Durchführungsphase, in der die Erhebung geplant wird, die Zielpersonen kontaktiert und Interviews durchgeführt werden. Abschließend werden in der Auswertungsphase die Antworten in auswertbare Daten übertragen (»codiert«) und Validität und Zielerreichung überprüft (vgl. Glogner 2008: 592 f. und Meyer 2007: 256).

Die Entwicklung eines Evaluierungsverfahrens kann anhand grundsätzlicher Fragen erfolgen (vgl. Silvestrini 2007: 111):

- Welche Erkenntnisse sind von Interesse, und was sind die untersuchungsleitenden Fragestellungen?
- Welche Vorannahmen können zu diesen Fragen formuliert werden? Gibt es hierzu bereits Vermutungen oder Erwartungen?
- Welche Daten sind zur Überprüfung notwendig? Welche Informationen werden benötigt?
- Liegen bereits Daten vor bzw. enthalten diese ausreichend Informationen zur Beantwortung der Fragen?
- Wer oder was kann die Informationen zur Überprüfung der Vorannahmen liefern?
- Welche Datenerhebungsmethode(n) ist/sind hierbei am ehesten Erfolg versprechend?
- Ist eine Vollerhebung möglich, oder muss mit Stichproben gearbeitet werden? Wie soll sich diese Stichprobe zusammensetzen?
- Wer kann wann die Daten erheben? Welche Rahmenbedingungen müssen beachtet werden?
- Ist die Datenerhebung finanziell und zeitlich durchführbar? Gibt es Alternativen?

Diese Fragen stellten bei der anvisierten Evaluierung der Filme und Führungen im Rahmen dieser Arbeit ein wesentliches Instrument in der Entwicklung dar, da mit ihrer Hilfe Zielsetzungen verdeutlicht und wichtige Handlungsschritte geplant werden konnten.

9. Evaluierung zweier Angebote am Landesmuseum Württemberg

Jede Restaurierungsabteilung in einem Museum bzw. jeder einzelne Restaurator wird, ob bewusst oder unbewusst, auch jenseits des unmittelbaren Kollegenkreises über seinen Beruf und seine Tätigkeiten sprechen. Bereits auf diesem informellen Weg werden Inhalte und Wissen zum Thema Restaurierung vermittelt und somit (in eingeschränkter Form) Öffentlichkeitsarbeit betrieben.

Das LMW bietet, wie bereits erwähnt, darüber hinaus zahlreiche Informations- und Bildungsangebote zum Thema an, z.B. regelmäßige öffentliche Führungen in den Restaurierungswerkstätten mit Restauratoren, Führungen für VIPs (Sponsoren, Firmen etc.), drei Filme in der seit Mai 2012 geöffneten Dauerausstellung, Führungen mit Restauratoren in Dauer- und Sonderausstellungen, die sogenannten Kunstpausen, in denen Restauratoren in 30 Minuten Vorträge zu selbst gewählten Themen vor einer interessierten Öffentlichkeit halten, sowie »Mitmach«-Programme für Kinder und Erwachsene beispielsweise im Zuge der Langen Nacht der Museen. Gemeinsames Ziel dieser Programme ist dabei, die Arbeit von Restauratoren an Museen zu veranschaulichen, restaurierungsethische Grundlagen zu vermitteln und über Ausbildungsmöglichkeiten zu informieren.

Die rege Teilnahme an diesen Programmen lässt die Annahme zu, dass bei Museumsbesuchern ein nicht unerhebliches Interesse an Themen der Restaurierung besteht. Diese Vermutung stützt sich zudem auf eine allgemeine Besucherbefragung, durchgeführt im September 2013 in der Dauerausstellung »LegendäreMeisterWerke« (siehe Punkt 7.3.2). Auf die Frage, ob die Besucher der Ausstellung ein Interesse für Themen der Restaurierung aufbringen, gab dabei rund jeder Zweite an, sich »ziemlich« oder »sehr« dafür zu interessieren. Es ist somit zumindest in dieser Form bestätigt, dass ein grundsätzliches Interesse der Besucher an Themen der Restaurierung besteht.

Darüber hinaus spiegelt eine im Rahmen der vorliegenden Arbeit durchgeführte Umfrage an Museen in Deutschland wider, dass über drei Viertel der Umfrageteilnehmer Öffentlichkeitsarbeit in ihrer Restaurierungsabteilung betreiben. Nahezu alle befragten Restauratoren finden dies auch persönlich sinnvoll (siehe Punkt 6.1.2).

Insgesamt lässt sich somit zunächst feststellen, dass »auf beiden Seiten« – unter Besuchern (erhoben durch die Besucherstrukturanalyse) wie auch bei den Anbietern an Museen, den Restauratoren selbst (erhoben anhand der Onlinebefragung), an einem Austausch Interesse besteht. Häufig stellt sich diesbezüglich allerdings das Problem, dass Restauratoren an Museen nicht bekannt ist, ob ihre Methoden zur Vermittlung von Wissen in diesem Bereich tatsächlich wirksam sind. Evaluierungen rund um die Restaurierung in Museen sind im deutschsprachigen Raum bislang nicht durchgeführt worden. Dies gilt auch für das LMW: Es werden seit vielen Jahren, wenn nicht Jahrzehnten Führungen, Vorträge etc. angeboten, aber ob und inwiefern die Inhalte auch wirklich nachhaltig rezipiert werden, ist nicht bekannt. Die Untersuchungen im Rahmen dieser Arbeit sollen ein Anfang sein, die Angebote der Restaurierungswerkstätten am LMW zu überprüfen und möglicherweise zu verbessern. Ferner sollen anhand dieser Angebote Sinn und Zweck von öffentlichkeitswirksamen Maßnahmen verdeutlicht und die Anregung für andere Museen formuliert werden, die jeweils eigenen Angebote zu überprüfen.

Erreicht das LMW mit seinen Programmangeboten seine Besucher? Welche Inhalte werden vermittelt? Verstehen die Teilnehmer die häufig sehr komplexen, weil chemischen/technischen Inhalte? Können die Programmangebote gegebenenfalls verbessert werden?

Zur Prüfung dieser Fragen wurden zwei Programmangebote am LMW – die Führungen in den Werkstätten und die drei Filme in der Dauerausstellung – evaluiert, um zunächst zu eruieren, wer die Angebote nutzt, wie sie eingeschätzt und bewertet werden und was gegebenenfalls an den bestehenden Angeboten verbessert werden muss, damit die Qualität der Vermittlungsangebote am LMW optimiert werden kann.

Zur Darstellung der Untersuchung werden in einem ersten Schritt zunächst die beiden Programmpunkte Führungen (siehe Kapitel 9.1) und Filme (siehe Kapitel 9.2) inhaltlich skizziert. Außerdem werden die Botschaften beschrieben, die jeweils zugrunde liegen. Sie sollen einen Maßstab zur Überprüfung darstellen, inwieweit seitens der Befragten verstanden wird, was vermittelt werden soll, bzw. welche Fragen sich den Teilnehmern zudem stellen. In einem zweiten Schritt (siehe Kapitel 9.3) werden das Untersuchungsdesign und das Befragungsinstrument vorgestellt.

9.1 FÜHRUNGEN IN DEN WERKSTÄTTEN

Wie unter Punkt 7.2.1 aufgeführt, werden in unregelmäßigen Abständen Führungen durch die Restaurierungswerkstätten angeboten. Deren Inhalte, Organisation und Botschaften werden im Folgenden vorgestellt.

9.1.1 Inhalte

Ziel der Führungen ist es, eine spannende Kombination aus Grundlagen- und Spezialwissen zu vermitteln sowie einen Einblick in die Werkstattarbeit zu ermöglichen. Die Besucher sollen für die Arbeit der Restauratoren begeistert und zu Multiplikatoren für den Beruf und die Restaurierungswerkstätten des Landesmuseums werden. Bestenfalls sollen die Teilnehmer der Führungen vom sinnvollen Einsatz gewisser Ressourcen überzeugt werden, die in Form von Zeit und Geld dem Erhalt von Kunst- und Kulturgut zugutekommen und von ihnen als Steuerzahler bereitgestellt werden.

9.1.2 Organisation

Seit April 2010 laufen die Führungen am LMW im Großen und Ganzen nach dem immer gleichen Schema ab. Die Besucher melden sich – je nach Führungsart – vorab telefonisch oder am Tag der Führungen an der Rezeption des Museums an. Die Zahl der Teilnehmer ist je Führung in der Regel auf 15 bis 20 Personen beschränkt. Die Gruppen werden von der Restaurierungsleitung im Museumsfoyer abholt und mit dem Aufzug in das vierte Obergeschoss begleitet, in dem die Restaurierungswerkstätten untergebracht sind.

Die Autorin in ihrer Funktion als Leitung der Restaurierungswerkstätten übernimmt die allgemeine Einführung im Vorraum der Werkstätten. Anschließend wird die Gruppe nacheinander zu drei »Restaurierungsstationen« geführt, wobei darauf geachtet wird, dass die zeitlichen Vorgaben eingehalten werden. Die drei Stationen werden von drei Restauratoren des LMW unterschiedlicher Fachrichtungen in der jeweiligen Werkstatt oder an geeigneten Plätzen in den Werkstätten wie Labors oder Arbeitsbereichen innerhalb der gemeinsamen Werkstattflächen repräsentiert. Bestandteil der Führungen ist stets ein Besuch in der Gemälde-/Skulpturenrestaurierung, da dieser Bereich erfahrungsgemäß das größte Interesse weckt. Darüber hinaus werden die archäologische und die kunsthandwerkliche Restaurierung vorgestellt, beispielsweise anhand der Restaurierung von Porzellan, Keramik, Glas, Eisenentsalzung oder Metall. Die entsprechend ausgebildeten Restauratoren vermitteln in je rund 20 Minuten anhand praktischer Beispiele ihre Arbeit: u.a. Untersuchungsmethoden, Restaurierungen beispielsweise in Vorbereitung einer Ausstellung, chemische Methoden in der Restaurierung, Herstellungstechniken etc.

9.1.3 Botschaften

Die Führungen lassen sich in zwei Bereiche teilen: die allgemeine Einführung und die Präsentationen in den jeweiligen Werkstätten selbst. In der Einführung wird die Gruppe, wie bereits geschildert, von der Restaurierungsleitung begrüßt, und es werden folgende Themen angesprochen:

- Anzahl der Mitarbeiter, Fachbereiche
- Ausbildung, Studium und Qualifikation der Restauratoren
- Ausbildung von Studenten, Volontären und Praktikanten in den Restaurierungswerkstätten
- Aufgaben neben dem Restaurieren wie Leihverkehr, Ausstellungsauf- und -abbau, Depotpflege, Präventive Konservierung in der Ausstellung
- Überleitung zu den Themen des Tages (d.h. welche Werkstätten für die Besucher während der jeweiligen Führung zu sehen sein werden)

Anschließend werden drei Werkstätten nacheinander mit der Gruppe besucht, wobei der jeweilige Restaurator die Anleitung der Gruppe übernimmt. Botschaften der vorgestellten Fachbereiche sind die Grundsätze der berufsethischen Richtlinien wie z.B.:

- Reversibilität: Die verwendeten Materialien müssen bei zukünftigen Maßnahmen leicht entfernbar sein.
- »Restaurieren heißt nicht neu machen.«
- Maßnahmen müssen für nachfolgende Generationen dokumentiert werden.
- Keine Restaurierung gleicht der anderen. Das Konzept muss immer neu überdacht werden.
- Die Spuren der Geschichte sollen durch die Restaurierung erhalten bleiben.
- Das Restaurierungskonzept ist vom Zustand, Material des Objekts, der Präsentationsform und den vermittelten Inhalten abhängig.

Außerdem kommen Themen zur Sprache wie:

- Beispiele aktueller Restaurierung
- Vorstellung neuer Techniken
- Unterschiede zwischen archäologischer und nichtarchäologischer Restaurierung
- Herstellungstechniken
- Untersuchungsmethoden (UV, IR)

Allerdings können die Botschaften der Werkstattführungen variieren, was an den Themen und Vortragenden liegt. Es wird ihnen dabei keine Vorgabe seitens der Restaurierungsleitung gemacht, allerdings sollen die wichtigsten restaurierungsethischen Grundlagen vermittelt werden. Aber auch Zusammensetzung und Art der Gruppe tragen maßgeblich zum Inhalt der Führungen bei. So lassen sich verhältnismäßig schnell vorhandene Vorkenntnisse und Interessen der Führungsteilnehmer ablesen, und diese bestimmen – neben den gestellten Fragen – den weiteren Verlauf der jeweiligen Präsentation und folglich auch die vermittelten Inhalte während der Führung.

9.2 FILME IN DER AUSSTELLUNG

Die Konzeption und Realisierung der drei beispielhaften Filme nahm im Vorfeld eine beträchtliche Zeit und verschiedenartige Abstimmungsprozesse in Anspruch. Die Schilderung der dabei zugrunde gelegten Inhalte, die Technik, d.h. deren Herstellung und Organisation, und die Botschaften sind Inhalte dieses Kapitels.

9.2.1 Inhalte

Die drei Filme in den »LegendärenMeisterWerken« haben zum Ziel, die Arbeitswelt des Restaurators zu vermitteln, den Besuchern mehr über die ausgestellten Objekte nahezubringen und einen Blick hinter die Kulissen zu ermöglichen. Hierfür musste eingangs geprüft werden, welche Objekte, von denen man zum entsprechenden Zeitpunkt sicher wusste, dass sie präsentiert würden, für den Film infrage kamen.

Ausschlaggebend für die Wahl der Objekte war v.a. der Restaurierungsbedarf, der geeignete Zeitraum und die Bedeutung des Objekts im Kontext der gesamten Ausstellung. Besonders wichtig war auch die Durchführbarkeit der Filmaufnahmen im Verhältnis zu den erforderlichen Restaurierungsschritten. In der Restaurierung entstehen durch z.B. in Trocknungszeiten »Lücken« im Arbeitsablauf. Die einzelnen Schritte mussten somit sinnvoll auf wenige Drehtage aufgeteilt werden.

Daneben wurde festgelegt, welche Restaurierungsinhalte neben der eigentlichen Darstellung von Restaurierungsschritten vermittelt werden sollten. Hierfür konnten die Restauratoren Kernaussagen, die sie in der Vermittlung ihres Metiers als wichtig erachten, in die Konzeption einfließen lassen. Im Anschluss wurde ein »Botschaftenkatalog« erstellt und den Filmen einzelne Schwerpunkte zugeordnet. Aus diesem Katalog und den Fachinhalten zu den einzelnen Restaurierungsmaßnahmen entstand abschließend der Text des Sprechers. Fachinhalte wurden von den jeweiligen Fachrestauratoren auf Richtigkeit überprüft. Auf Restauratoren als Sprecher wurde verzichtet, da es sich um Filme von Reportagecharakter handeln sollte. Außerdem zeigte sich schnell, dass die verbale Vermittlung in derlei kurzen Filmen professionelle Sprecher erforderlich machen würde. Lediglich ein Mitschnitt einer kleineren Diskussion sollte aufgenommen werden.

9.2.2 Technik

Für die Durchführung der Filme wurde die Hochschule der Medien in Stuttgart mit dem Team um die Professoren Stephan Ferdinand und Eckhard Wendling ausgewählt. Diese hatten zuvor bereits einen Film über die Restaurierung des Altars von Hans Holbein d.Ä. für die Stuttgarter Staatsgalerie angefertigt, der in der großen Landesausstellung Baden-Württemberg 2010 unter dem Titel »Die Graue Passion in ihrer Zeit« vom 27.11.2010 bis zum 20.03.2011 den Besuchern der Ausstellung vorgeführt wurde. Somit brachten die Regisseure und ihr Team bereits Grundkenntnisse zu Fachthemen der Restaurierung mit, angefangen von der Intention eines Restaurierungsfilms über Fachtermini, aber auch das Ausleuchten von empfindlichen Materialien.

In den Filmen sollte jeweils eine Geschichte erzählt werden. Dabei sollte weniger die Technik im Vordergrund stehen als vielmehr die handelnde Person, und die anvisierte räumliche Nähe der Filmstationen zu den in den Filmen gezeigten Objekten in der Ausstellung sollte zur Verständlichkeit beitragen. Dabei war wesentlich, dass der gesprochene Text und das gezeigte Bild inhaltlich nicht zu stark voneinander abwichen. Ein solches Phänomen wird »Text-Bild-Schere« genannt und bewirkt, wenn diese zu weit auseinanderklafft, dass der Betrachter dem Film nicht länger folgen kann und die Aufmerksamkeit abnimmt (vgl. Wember 1983: 46 ff.).[1]

Auf der Grundlage der erarbeiteten Inhalte wurden vier Drehtage in den Restaurierungswerkstätten sowie ein externer Drehtag eingeplant und die erforderlichen Restaurierungsschritte und -maßnahmen sinnvoll auf diese Tage verlegt. Dabei ergaben sich drei Blöcke, um Restaurierungsarbeiten zwischen den Filmtagen ausreichend weit voranbringen zu können. Dennoch musste aus pragmatischen Gründen ein wenig »geschummelt« werden: So waren einige Schritte nicht durchgängig an einem Objekt darstellbar, sondern mussten anhand von alternativen Objekten gezeigt werden.

Anschließend wurden die Filme geschnitten, den Restauratoren und der Restaurierungsleitung zur Prüfung vorgelegt, leicht geändert, mit Texten eines professionellen Sprechers unterlegt, nochmals an kleinen Punkten korrigiert und abgeschlossen.

9.2.3 Botschaften

Neben den fachlichen Inhalten sind mit den Filmen dezidierte Botschaften verknüpft, die anhand der dargestellten Objekte und Restaurierungsmaßnahmen vermittelt werden sollten. Die Aussagen wurden den einzelnen Filmen zugeordnet. Zusammengetragen handelte es sich um folgende Botschaften:

- Restaurierung ist reversibel: Nachfolgende Generationen finden einen Zustand vor, mit dem sie gut weiterarbeiten können. (Bsp. Glasklebung)
- Keine Restaurierung gleicht der anderen/immer neu zu überdenkendes Konzept (Krone vs. Laterne)
- So wenig restaurieren wie nötig/Konservieren geht vor Restaurieren (statt »neu machen«) (Gemälde)
- Spuren der Geschichte wenn möglich erhalten (Laterne)
- Teamwork: Entscheidung, wie restauriert wird, ist von vielen Faktoren abhängig: vom Zustand des Objekts, der Materialbeschaffenheit, dem Ausstellungsort, den zu vermittelnden Inhalten (Laterne)
- Blick nach vorne: Neue Techniken sind nötig, um komplexe Problemstellungen zu bearbeiten. (Laser)
- Restaurierung von archäolog. Objekten beinhaltet andere Problemstellungen (z.B. Entsalzen) als die nicht archäolog. Objekte

1 Mündl. Mitteilung am 18.07.2014 von Prof. Stephan Ferdinand und Prof. Eckhard Wendling.

Neben den Botschaften wurde versucht, die drei Filme inhaltlich stark voneinander abgegrenzt zu gestalten, d.h. in jedem Film sollte ein anderer Fachbereich vorgestellt werden, und keine Restaurierungstätigkeit, kein -schritt sollte sich wiederholen. Daneben wurde versucht, durch die Aufnahmen an verschiedenen Orten mit unterschiedlichen Personen Abwechslung zu erzeugen. So sind zunächst die jeweils zuständigen Restauratoren zu sehen, aber z.B. auch ein Mitarbeiter der Fa. Trumpf beim Testen neuer Methoden in der Restaurierung (Anwendung von Laser zum Abtrag von verkrusteten Oberflächen auf archäologischen Bodenfunden aus Metall). Der Film zur kunsthandwerklichen Restaurierung zeigt die Arbeit einer Praktikantin und einer Kuratorin des LMW. In der Regel entstanden die Aufnahmen in den Restaurierungswerkstätten des LMW im vierten Stock des Alten Schlosses, teils aber auch am Trumpf-Firmensitz bzw. in einem der Außendepots des LMW.

9.3 Evaluierungsdesign

Das Ziel der Untersuchung lag darin, die Qualität der Angebote zu überprüfen, gegebenenfalls im Fall der Führungen Verbesserungsmaßnahmen umzusetzen oder im Fall der Filme Alternativen in der Präsentation oder bei den Inhalten zu entwickeln. Daher folgte die Untersuchung den Regeln der formativen Evaluation (siehe Punkt 8.3.3). Für derlei Untersuchungen wird oft mit qualitativen Instrumenten gearbeitet, die eher darauf abzielen, bisher unbekannte Probleme oder Verständnisschwierigkeiten aufzudecken – in diesem Fall jene der Angebote der Restaurierungswerkstätten am LMW.

Die in der Arbeit angewendeten Untersuchungsformen entsprechen Methoden der empirischen Wissenschaften, auch Erfahrungswissenschaften genannt (vgl. Mayer 2006: 15).

Zur Überprüfung der Qualität der Vermittlungsangebote – Filme ebenso wie Führungen – sollten mithilfe einer Mischung aus geschlossenen und offenen Fragen Besucher interviewt werden. Zum Einsatz kam ein Leitfadeninterview mit mehrheitlich offenen Fragen. Wie aus der Besucherforschung bekannt (siehe Kapitel 8), stellen Interesse, Vorwissen sowie soziodemografische Merkmale wie Bildung oder Alter wichtige Merkmale bei der Wahrnehmung und Rezeption von Museumsangeboten dar. Die Kategorien Interesse und Vorwissen stehen daher im Mittelpunkt solcher Untersuchungen.

9.3.1 Methodisches Vorgehen

Untersucht wurden davon abgeleitet v.a. die Merkmale Interesse und Vorwissen der Filmbetrachter und Führungsteilnehmer. Hierbei handelt es sich um wichtige Variablen, anhand derer, gemäß Falks und Dierkings »Contextual Model of Learning« (siehe Kapitel 8.2), das Lernverhalten der Besucher beschrieben wird und anhand dessen die Qualität der beiden Angebote überprüft werden kann.

Zum Einsatz kam die Besucherbefragung. Zu beachten galt dabei, dass bei einer solchen Befragung nicht das genuine Verhalten, Denken und Fühlen untersucht wird, sondern – durch einen Filter betrachtet – lediglich die individuellen Aussagen der befragten Person und deren Sichtweisen (Atteslander 1969: 70 f.). Weder die Fragen selbst noch die Antworten können demnach als objektive Aussagen betrachtet werden, da gleichlautende Fragen unvermeidlich unterschiedlich verstanden und beantwortet werden können, je nachdem, wann, von wem und wie sie gestellt werden. Umso unerlässlicher ist bei dieser Methode ein strikt planmäßiges Vorgehen (Atteslander 1969: 71 f.).

Nichtsdestoweniger sollte ein relativ gering standardisierter thematischer Leitfaden für die Interviews entwickelt werden, der in den Antwortreihenfolgen wie im Antwortspektrum offen war. Allerdings setzen Restaurierungsthemen qualifiziertes Fachpersonal voraus, damit auf Rückfragen vonseiten der Besucher entsprechend flexibel, offen und ggf. vertiefend reagiert werden kann. Nur so können Hintergründe genauer erfragt und die Perspektive der Interviewten bezogen auf die Präsentation stärker ausgeleuchtet und ggf. korrigiert werden.

Im Zuge der Arbeit erfolgten die Interviews unmittelbar nach der Rezeption der Filme persönlich, im Anschluss an die Führungen telefonisch. Atmosphärisch und methodisch war dabei zentral, dass Besucher nicht nach ihrem Kenntniszuwachs abgefragt wurden; das Interview hatte eher Gesprächscharakter mit dem gemeinsamen Ziel, die Angebote zu verbessern. Nach dieser pragmatischen Zielsetzung wurden plausible und logisch nachvollziehbare Kritikpunkte oder Verbesserungsvorschläge seitens der Besucher berücksichtigt und ggf. zur Optimierung der Angebote aufgegriffen.

In der Evaluierungsforschung ist bekannt, dass mit einem derartigen Verfahren in der Regel eine Stichprobengröße von maximal 20 bis 30 Personen genügt, um eventuelle notwendige Verbesserungsmaßnahmen zu eruieren. In den vorliegenden Befragungen war die Teilnahme freiwillig (Gelegenheitsstichprobe) und basierte lediglich darauf, ob sich der jeweilige Besucher für das Thema interessierte und dem Interview zustimmte.

Hinsichtlich der Antwortvorgaben wurden sogenannte offene Fragen, halb offene sowie geschlossene Fragen angewandt. Eine offene Frage gibt keine

Antwortmöglichkeit vor. Halb offene Antworten bezeichnen eine Kombination aus Antwortvorgaben und der Möglichkeit, unter »Sonstiges« alternative Antworten zu geben (vgl. Mayer 2006: 89 ff.). Bei einer rein geschlossenen Frage muss sich der Befragte zwischen verschiedenen Antwortoptionen entscheiden. Dabei ist mitunter eine Mehrfachnennung möglich. Diese Variation muss jedoch bereits in der Fragestellung benannt werden (vgl. Mayer 2006: 89 ff.). Bei mündlichen Befragungen können die Antworten vorgelesen werden. Komplexere Auswahlantworten wurden den Interviewten vorgelegt (was naturgemäß bei den Telefoninterviews nicht möglich war).

Die Fragen, die im Rahmen einer Evaluierung an die Interviewteilnehmer gestellt werden, sollten ihn in seinen Kenntnissen nicht überfordern, einen möglichst konkreten Bezug zu seiner Lebenswelt aufweisen und zur Reduzierung von Missverständnissen, Unklarheiten und Verständnisproblemen in einfachen Worten verfasst sein. Dies wurde mithilfe von Pretests sichergestellt (siehe Punkt 9.3.3). Ferner sollten kurze und neutrale, d.h. nicht durch Wertungen beeinflusste Formulierungen gewählt werden. Hypothetische Formulierungen, Suggestivfragen, Mehrdimensionalität und doppelte Negationen sind grundsätzlich zu vermeiden (vgl. Meyer 2007: 241).

Bei den Befragungen handelte es sich um Vollerhebungen, d.h. jeder Besucher der Ausstellung, der an den Filmen vorbeikam, und jeder Teilnehmer der Führung in den Werkstätten wurde gefragt, ob er diesbezüglich an einem Interview teilnehmen wolle. Somit bestand für alle Besucher die Möglichkeit der Teilnahme (im Gegensatz zum Auswahlverfahren mit einer bewussten Auswahl hinsichtlich bestimmter Merkmale, vgl. Paatsch/Schulze 1992: 103 und Meyer 2007: 232).

9.3.2 Durchführung der Evaluierung

Bei der Planung einer Evaluierung stellte sich zudem die Frage nach der internen oder externen Evaluierung, d.h. einer Erhebung, die durch eigene Mitarbeiter entwickelt und durchgeführt wird, oder jener durch externes Personal. Beide Verfahren weisen Vor- und Nachteile auf. So sind Vorteile einer internen Evaluation, dass sie bestenfalls ohne großen Aufwand durchgeführt werden kann, eine hohe Sachkenntnis der Evaluatoren voraus- und unmittelbar umgesetzt werden kann. Nachteile einer Evaluierung am eigenen Haus sind die Gefahr einer gewissen »Betriebsblindheit«, fehlende Unabhängigkeit und Distanz und dass die Betreffenden eine zu geringe Methodenkompetenz aufweisen (vgl. Stockmann 2007: 61 f.). Externe Evaluatoren bringen im Vergleich eine größere Unabhängigkeit und Methodenkompetenz mit. Ferner unterstützen sie Reformkräfte und genießen eine große Glaubwürdigkeit. Nachteilig sind indes ihre geringere Sachkenntnisse und dass sie eher mit Abwehrreaktionen rechnen müssen, Probleme bei der Umsetzung haben könnten (vgl. Stockmann 2007: 61 f.) und für den Auftraggeber generell ein höherer finanzieller Einsatz erforderlich ist.

Die im Rahmen dieser Arbeit geführten Interviews zu den Filmen und den Führungen in den Werkstätten stellen demnach eine Form der internen Evaluierung dar. Sie wurden von zwei Jahrespraktikantinnen sowie einer wissenschaftlichen Volontärin aus dem Bereich Restaurierung vorgenommen. Alle drei verfügten über genügend fachliches Wissen, um die Interviews durchzuführen und auf Nachfragen der Befragten adäquat reagieren zu können, und ausreichend Kenntnisse, um die Botschaften zum Thema Restaurierung genauer zu erklären und bei freien Antworten diese den Kernaussagen zu ordnen zu können. Außerdem hatten alle drei bereits an Vermittlungsangeboten in der Restaurierung teilgenommen (z.B. Lange Nacht der Museen).

Durchführung der Interviews zu den Führungen

Gegenstand der Interviews waren je drei Führungen in den Werkstätten an zwei Terminen im Jahr 2013, die sich durch eine Teilnahmegebühr unterschieden. Am Ende sämtlicher Führungen wurde dem Publikum mitgeteilt, dass eine Evaluation der Führung zum Zweck der Qualitätsprüfung und der Abfrage von Verbesserungsmöglichkeiten vorgenommen werden solle. Die Teilnehmer wurden darum gebeten, Namen, Telefonnummer und, sofern gewünscht, ein genaues Datum bzw. eine günstige Uhrzeit für den Anruf in einer Liste einzutragen. Dabei wurde betont, dass die Daten nicht gespeichert, sondern nur im Rahmen der Umfrage benötigt würden.

Grund für die Wahl des Datenerhebungstyps Telefoninterview war die Praktikabilität der Durchführung. So haben Telefoninterviews den Vorteil, dass eine erhöhte Erreichbarkeit vorliegt, dass die erhaltenen Daten rasch verarbeitet werden können und dass schnell Ersatz für Ausfälle gefunden werden kann (vgl. Atteslander 2006: 148 und 151 f.). Außerdem entstehen keine Wartezeiten nach der Führung, wie sie bei der Durchführung der Interviews direkt im Anschluss an die Führungen entstehen würden. Diese Wartezeiten könnten nur umgangen werden, indem man fünf oder mehr Interviewer bereitstellte, was im Rahmen dieser Arbeit nicht möglich war. Außerdem findet eine Telefonbefragung in bestmöglicher Ruhe und bei entspannter Atmosphäre statt. Nachteilig ist, dass eine Kontrolle des Interviews schwerer möglich ist. So ist beispielsweise nicht eindeutig, wer antwortet (vgl. Atteslander 2006: 148 und 151 f.). Daneben kann ein Nachteil sein, dass durch den zeitlichen Abstand zwischen Führung und Befragung Gedanken und Erinnerungen verblassen, Teilnehmer der Interviews sich bis zum Anruf weiterführende Gedanken über die Führung oder die Restaurierung an sich machen, entsprechende Erkundigungen einholen und sich absprechen. Daher wurde beim Aufruf zur Teilnahme an den Interviews nicht eigens erwähnt, dass allgemeines Wissen zur Restaurierung, Kenntnisse, Verständnis und Gefallen abgefragt werden sollten, und die Interviews wurden bereits wenige Tage nach den Führungen durchgeführt.

Auf Grundlage der Namenslisten führten neben der Autorin zwei der drei Interviewhilfen, die auch an den Befragungen zu den Filmen beteiligt waren, die Interviews durch.

Führung I fand am 12. Mai 2013 zum jährlich stattfindenden Internationalen Museumstag unter dem Slogan »Vergangenheit erinnern – Zukunft gestalten: Museen machen mit!« statt.[2] Allerdings wurden die Inhalte der Führungen nicht auf dieses Motto abgestimmt. Am Internationalen Museumstag 2013 beteiligten sich über 1650 Museen in Deutschland mit Führungen, Aktionen und Veranstaltungen bei überwiegend freiem Eintritt. Die damit verbundenen Aktionen wurden von den einzelnen Museen selbst beworben; daneben hatten Interessierte aber auch die Möglichkeit, mithilfe einer Suchmaske auf der Homepage des DMB zu recherchieren.[3]

Die drei Führungen anlässlich des Internationalen Museumstags fanden um 13.30 Uhr, 14.30 Uhr und 15.30 Uhr mit der Ankündigung »Exklusive Führungen durch die Restaurierungswerkstätten« statt. Insgesamt nahmen 70 Personen nach vorheriger Anmeldung an der Kasse teil. Nach der Führung hinterließen die Teilnehmer in einer Liste ihren Namen, die Telefonnummer und Angaben zum gewünschten Tag und der gewünschten Uhrzeit des Anrufs zum Zweck der Befragung; es kamen 18 Interviews zustande.

Die drei Führungen II fanden, wie bereits erwähnt, jenseits eines besonderen Veranstaltungstages statt: am 21. Juli 2013 um 13.30 Uhr, 14.30 Uhr und 15.30 Uhr. Zur Teilnahme waren die Interessenten aufgefordert, sich anzumelden sowie acht Euro pro Person zu entrichten. Angekündigt waren die außerplanmäßigen Führungen auf der Homepage des Museums, im Quartalsprogramm und als Ankündigung in der Tagespresse. Daneben wurde am 19. Juli 2013 ein Artikel in der »Stuttgarter Zeitung« zur Restaurierung im LMW mit dem Hinweis auf

---

2 http://www.icom-deutschland.de/client/media/490/mottoerlaeuterung_2013.pdf vom 28.02.2016.
http://www.museumstag.de/ vom 28.02.2016.

3 http://www.museumstag.de/nc/museumsaktionen/aktion/bl/baden-wuerttemberg/smn/landesmuseum/museum/1220/ vom 22.07.2013.

die Führungen veröffentlicht. Trotz schönen Wetters erschienen zu der Führung um 13.30 Uhr neun Personen, um 14.30 Uhr zehn Personen und um 15.30 Uhr sechs Personen. Nach der Einleitung, die wie schon bei Führung I die Leitung der Restaurierungswerkstätten durchführte, präsentierte zunächst derselbe Restaurator wie bei der ersten Führung die Gemälde-/Skulpturenrestaurierung. Die beiden anderen Fachbereiche wurden im Vergleich zu Führung I von anderen Restauratoren vermittelt. Den archäologischen Bereich übernahm an diesem Tag der Restaurator für archäologisches Metall, und die kunsthandwerkliche Restaurierung wurde anhand von Beispielen zu Porzellan von der entsprechenden Restauratorin dargestellt. Nach diesen drei Führungen konnten 13 Kontaktdaten auf einer Liste gesammelt werden.

Bei einer derartigen Erhebung stellt sich allerdings folgendes Problem: Führungen in den Werkstätten werden aus Zeit- und Kostengründen nicht allzu häufig angeboten und stehen zudem nur einer beschränkten Anzahl von Interessierten zur Verfügung. Daher kann nur eine geringe Personenzahl zur Beurteilung der Angebote befragt werden. Doch im Rahmen einer formativen Evaluationsstudie über die Restaurierungsführungen werden die Ergebnisse ohnehin qualitativ und weniger quantitativ gewertet, sodass ein verhältnismäßig kleines Sample (ca. 30 Teilnehmer) genügt und diese Anzahl konnte ohne weiteres erreicht werden.

Durchführung der Interviews zu den Filmen

Ein ähnliches Problem hinsichtlich der Stichprobe lag bei der Überprüfung der Filmangebote vor: Die Dauerausstellung spielt in gewisser Weise eine Nebenrolle im Vergleich zu den sehr gut besuchten Sonderausstellungen. Klein spricht gar von einer »Saure-Gurken-Zeit« zwischen den Sonderausstellungen an einem Haus (vgl. Klein 2001: 15). Eine Befragung während der Wintermonate ist aufgrund der stets gut besuchten Sonderausstellungen in Form von großen Landesausstellungen folglich wenig sinnvoll. In den Sommermonaten jedoch ist die Dauerausstellung aufgrund von gutem Wetter und Ferienzeiten umso weniger gut besucht. Aus diesen Gründen war abzusehen, dass der Anteil der ohnehin schon geringen Besucherzahl, die sich die Filme in der Ausstellung ansehen und anschließend interviewt werden könnte, noch geringer würde.

Erfahrungsgemäß wird lediglich der erste Film ab und zu betrachtet. Eventuell liegt dies daran, dass der Film im ersten Drittel der Ausstellung platziert ist und die Besucher dort noch aufnahmefähiger sind – vielleicht ist der Grund aber auch schlicht die Sitzbank, die vor dem Filmprojektor steht. Eine diesbezügliche Lösung bestand darin, nach dem Konzept der sogenannten »cued persons« (siehe

Kapitel 8.2) Besucher direkt zu befragen, ob sie sich die Filme ansehen würden und für ein Interview zur Verfügung stünden. Hierfür wurden an allen drei Filmstationen entsprechend Interviewer platziert.

Die Datenerhebung sollte mit persönlichen Interviews vor Ort unmittelbar nach dem Betrachten des jeweiligen Films vorgenommen werden. Derlei Interviews sind dadurch gekennzeichnet, dass Einstellungen, Urteile, Meinungen und Motive besser erfasst werden können. Es kann bei Ungenauigkeiten nachgefragt werden. Außerdem wirken sie persönlicher, die Besucher fühlen sich nicht als reine »Datenlieferanten«. Nachteile sind indes, dass nur eine kleine Zahl befragbar ist und dass es mitunter schwerfällt, ein Interview locker und doch unmissverständlich zu formulieren (vgl. Paatsch/Schulze 1992: 122 f.).

Die Rekrutierung beruht in beiden Fällen auf dem Prinzip der Freiwilligkeit, wobei davon auszugehen ist, dass diejenigen, die sich für ein Interview zur Verfügung stellen, motivierter und bereit sind, insbesondere bei den offenen Fragen Auskünfte zu erteilen, die für eine Verbesserung der Angebote (Filme wie Führungen) dienlich sein können.

Im Vorfeld wurde abgewogen, ob es sinnvoll wäre zu erfassen, wie oft die Filme laufen. Dies war allerdings aufgrund der verwendeten Hard- und Software technisch nicht möglich. Außerdem sagt eine Erfassung der Abspielhäufigkeit nichts darüber aus, ob der jeweilige Film auch gesehen bzw. abgebrochen wird: Die Filme können aus Versehen ohne konkretes Interesse im Vorbeigehen ausgelöst werden. Auch eine Stationenbeobachtung der drei Filme wurde verworfen, da zum Untersuchungszeitpunkt die Besucherzahlen zu gering waren. Hierbei hätte festgestellt werden können, wer sich die Filme ansieht, wer vorbeigeht, wer sie ganz ansieht oder deren Betrachtung abbricht (»holding power« und »attracting power«; siehe Kapitel 8.2).

Wie bereits dargelegt, wurden die Befragungen zu den Filmen von zwei Praktikantinnen und einer Volontärin aus der Restaurierungsabteilung des Museums durchgeführt. Dabei wurde in der Zuordnung der Personen darauf geachtet, dass die Fachspezialisierung der angehenden bzw. studierten Restauratorinnen zu den Fachspezifika der Filme passte. Die Volontärin aus der Restaurierung archäologischer Objekte und Kunsthandwerk interviewte Betrachter des ersten Films (archäologisches Glas, Keramik und Metall), die Praktikantin aus demselben Fachbereich Personen zum dritten Film (Krone und Laterne). Die Praktikantin aus der Gemälderestaurierung übernahm die Befragung der Zuschauer des zweiten Films (Gemälde).

Es wurden an fünf Tagen Interviews in der Dauerausstellung durchgeführt, da es nicht möglich war, an nur zwei Tagen eine ausreichende Anzahl Interviewpartner zu gewinnen. Hierfür wurden »Schwabenrabatt«-Tage gewählt, da das Angebot, am letzten Freitag jedes Monats ab 14 Uhr kostenfrei das Museum besuchen zu können, erfahrungsgemäß mehr Interessierte in die Dauerausstellung lockt. Als weiterer Befragungstermin wurde der Tag des Sommerfests des Förderkreises ausgewählt. Auch an diesem Tag waren viele Besucher zu erwarten.

Die Interviewer standen für die Rekrutierung der Interviewpartner jeweils in der Nähe »ihres« Films, hielten dabei jedoch eine gewisse Entfernung ein, um den Film nicht selbst auszulösen. Durch die direkte Ansprache mit der Bitte um Teilnahme konnten 55 Interviews durchgeführt werden, die sich mit 17 Befragungen (bei 36 Verweigerern) auf den ersten Film, 22 auf den zweiten (bei mind. 19 Verweigerern[4]) sowie 16 Befragungen auf den dritten Film (56 Verweigerer) verteilten.

9.3.3 Konzeption des Interviewleitfadens

Auf Basis der oben beschriebenen Zielsetzung wurde ein dreigeteilter Interviewleitfaden (A/B/C) erstellt. Die Dreiteilung dient der Differenzierung der Fragen in jene, die für die Interviews der Filmbetrachter und der Führungsteilnehmer identisch sind (A und C), und jene, die sich auf das jeweilige Angebot beziehen (B).

Nach Besichtigung der Filme bzw. nach Teilnahme an den Führungen sollte bei den Interviewteilnehmern zunächst das Vorwissen, bestehende Interesse sowie die generelle Einstellung zum Thema Restaurierung mit einem je gleichen Erhebungsinstrument erfasst werden (Instrument A). Die dadurch gewonnenen Informationen sollten eine Vorstellung über die Nutzer geben und als Grundlage der inhaltlichen Ausarbeitung der Angebote dienen.

Je nach benutztem Angebot – Führung oder Film – sind thematisch angepasste, aber im strukturellen Aufbau vergleichbare Fragen im Interviewleitfaden enthalten (Instrument B1 = Fragebogenteil Film und Instrument B2 = Fragebogenteil Führung). Die Daten dienen der Ermittlung des Verständnisses und des Gefallens der Angebote.

Der dritte Teil der Befragung, der sich auf die Erhebung soziodemografischer Daten bezieht und aus interviewatmosphärischen Gründen ans Ende gesetzt wurde, ist in beiden Fragekatalogen identisch (C). Dieser Untersuchungsteil sollte Aufschluss über die Zusammensetzung der Teilnehmer liefern, um somit die Angebote auf diese anzupassen bzw. mit anderen oder veränderten Angeboten neue Zielgruppen zu erreichen.

4 Die Angaben zu den Verweigerern am 30.6.2013 zu Film 2 fehlen.

Jeweils direkt nach der Filmbesichtigung oder im Rahmen des Telefoninterviews nach der Führung in den Restaurierungswerkstätten wurden alle Frageinstrumente (A/B/C) bei den Besuchern eingesetzt, die sich für die Interviews bereit erklärt hatten.

Mit Instrument A wurde darauf abgezielt zu erfahren, inwieweit das Thema Restaurierung Interesse bei den Befragten fand (Frage 1) oder zumindest als Thema bekannt war (Frage 2). Bei einer positiven Antwort auf Frage 2 wurde weiter gefragt, welche Vorstellungen über die restauratorische Arbeit am LMW vorlagen (Frage 3) und woher dieses Wissen stammte (Frage 4). Anschließend erkundigten sich die Interviewer, welches detaillierte Bild über die Anforderungen einer fachgerechten Restaurierung vorlag (Frage 5). Bei denjenigen Teilnehmern, die auf die Frage 2 negativ antworteten, wurde mit Frage 6 fortgefahren.

In Frage 6 wurden die Teilnehmer zu ihrer Meinung darüber befragt, ob Besucher etwas über die Arbeit der Restauratoren erfahren sollten (5-stufige Skala von »gar nicht« bis »sehr«). Verneinten sie dies, wurde zu Frage 9 die jeweilige Begründung notiert. Diejenigen, die sich für eine Öffnung aussprachen, konnten detailliert anhand von vorformulierten Statements die Gründe gewichten (Frage 7) und darüber hinaus mit einer anschließend offenen Frage eigene Gründe hinzufügen (Frage 8).

Mit den Instrumenten B1 = 100 und B2 = 200 wurde jeweils erfasst, wie die Besucher mit den Angeboten zurechtkamen. Auch hier war im Vorfeld wichtig zu wissen, wie die Interessen- und Motivationslage einzuschätzen ist, zumal sie in der Wahrnehmung und Beurteilung der Angebote eine Rolle spielen: Wie sind die Teilnehmer der Führungen auf das Angebot aufmerksam geworden, eher zufällig oder gezielt? Haben sie früher bereits ein solches Angebot genutzt, würden sie es wieder nutzen und, wenn ja, warum? Die Antworten auf diese Fragen (200 bis 203) mit teils geschlossenen, teils offenen Fragen geben einen wichtigen Hinweis zur Nutzerstruktur. Wie gefielen den Teilnehmern die jeweiligen Führungsteile rein subjektiv (Schulnotenvergabe, Frage 204), warum und warum nicht (offene Fragen 205, 206), wie beurteilten die Besucher die Länge, die Verständlichkeit und andere Eigenschaften der Führung (dreistufige Skala, Frage 207). Welche Auswahl trafen sie bei den Statements, die sie im Lauf der Führung vernommen hatten und die ihrer Ansicht nach wichtig waren, sowohl bei der allgemeinen Einführung als auch in den Werkstätten (Frage 208)? In der Ausarbeitung und Definition dieser Statements wurde darauf geachtet, neben allgemeinen Feststellungen wie beispielsweise »Restaurierung heißt nicht neu machen« auch solche enthalten waren, die sich explizit auf die jeweiligen Botschaften der Führungen oder Filme bezogen. Auf diese Weise sollte anhand der

Feedbacks überprüft werden, inwieweit die jeweiligen Präsentationen klar und verständlich sind. Abschließend hatten die Befragten Gelegenheit, eigene Gedanken zum Thema Restaurierung zu äußern (Frage 209).

Der thematisch variierte, aber strukturell vergleichbare Fragebogen zur Erfassung der Meinungen zu den Filmen (B1 = 100) erhob in gleicher Form Gefallensbekundungen, die Beurteilung der Eigenschaften der jeweiligen Filme sowie die laut Besucher wichtigsten Statements (Fragen 104 bis 109). Nur die ersten drei Fragen zu den Filmen wurden der Situation angepasst, indem nach der Freiwilligkeit zur Betrachtung der jeweiligen Filme gefragt wurde. So sollten die Interviewten aufführen, ob sie sich die Filme bereits bei einem früheren Besuch angesehen hatten und ob nach dem Interview weitere Filme in Betracht gezogen würden (Fragen 100 bis 103), um ähnlich wie bei der Führung mit Blick auf Motivation oder Interesse ein Bild über die Nutzerstruktur zu gewinnen.

Teil C zur genaueren Beschreibung der Nutzerstruktur war wie erwähnt in beiden Fällen identisch. Zur Erfassung der Nutzerstruktur wurden abschließend soziodemografische Merkmale wie Alter, Bildung, Wohnort usw. erfasst; diese Fragen lehnten sich an die Besucherstrukturanalyse an.

Vor Durchführung der Befragungen wurden in zwei Runden Pretests in der Ausstellung vorgenommen. Derlei Tests dienen der Prüfung auf Tauglichkeit der Fragen und müssen gegebenenfalls mehrfach durchgeführt werden. Zum Aufdecken möglicher Erhebungs- und Verständnisprobleme werden dabei die Merkmale Verlässlichkeit und Gültigkeit, die Verständlichkeit und die Eindeutigkeit der Fragen geprüft. Dabei sollten bestenfalls die gleichen Bedingungen herrschen wie bei der späteren Untersuchung; die Zahl der Probanden kann allerdings deutlich geringer ausfallen (vgl. Atteslander 2006: 277 f.).

Pretest 1 wurde am 17.03.2013 zunächst an vier Probanden durchgeführt. Keine der vier Testpersonen übt einen Beruf im Museum oder Kulturbereich aus, alle zählen sich selbst zu den »eher gelegentlichen Museumsgängern«. Mit dieser Befragung sollte das grundsätzliche Verständnis der Fragestellungen sichergestellt sowie Dauer und Komplexität der Befragung geprüft werden. Hierfür sahen sich zwei Personen den ersten Film in der Ausstellung an, eine den zweiten, eine den dritten, und alle vier beantworteten anschließend die Fragen der Interviewer.

Es zeigte sich, dass eine starke Überarbeitung des Fragebogens hinsichtlich Länge und Abgrenzung der Fragen nötig war. Außerdem erwies sich eine Dreiteilung des Bogens in Teile mit Fragen an alle und einen Teil mit Fragen im Speziellen zu den Filmen oder den Führungen als sinnvoll.

Pretest 2 fand am 17.4.2013 statt. Hierfür konnten sechs Ehrenamtliche des Museums gewonnen werden. Es wurden je zwei Personen zu einem Film befragt. Die Befragung der jeweils ersten Testperson führte die Autorin durch, das zweite Interview – als erste Übung – die zukünftige Interviewerin.

Ein Pretest zu den Führungen in den Restaurierungswerkstätten wurde aus praktischen Gründen nicht durchgeführt, da dieser nur mit großem personellem Aufwand möglich gewesen wäre (es hätten mindestens drei Restauratoren anwesend sein müssen). Außerdem glichen sich die Fragen bis auf einige wenige, sodass davon ausgegangen werden konnte, dass die Ergebnisse aus den Pretests auch auf die Fragebogen der Führungen übertragbar waren.

9.3.4 Auswertung

Der Interviewleitfaden, der zur Strukturierung und Auswertung der qualitativen Daten erstellt wird, dient dem Eintragen der Fragen und der dazugehörigen Antworten. Für die Auswertung wurden die qualitativen Antworten in quantitative Daten transformiert und ausgewertet. Daneben wurden auf jedem Bogen eine fortlaufende Identifikationsnummer, das Eingangsdatum und die Interviewernummer vermerkt (vgl. Maats 2007: 280 ff.). Während der Datenerhebung wurde die Verwertbarkeit der Bogen geprüft, nachdem nur vollständig und klar ausgefüllte Bogen verwertbar sind (vgl. Atteslander 2006: 281 f.). Da es sich bei der Datenerhebung um persönliche und dadurch vollständige Interviews handelte, waren alle Bogen verwertbar.

Um die Daten statistisch auswerten zu können, wurde als weiterer Vorbereitungsschritt ein sogenannter Code- oder Codierungsplan entwickelt. Dabei wurde jeder Frage eine Variable zugeordnet, die sich aus der Fragenummer und Kurzform der Fragestellung zusammensetzt (z.B. V3: »Was machen Restauratoren am LMW?«). Anschließend wurden im Zuge einer Variablenkennung die Daten in Form von Zahlen codiert, d.h. jeder Antwort auf eine Frage wurde wiederum eine Zahl zugeordnet (vgl. Maats 2007: 286 ff.). Bei Fragen mit Mehrfachantworten musste die Frage in so viele Variablen aufgelöst werden, wie es Antworten gab. Jede Variable hatte dann die Zuordnung 1 für »ja« oder 2 für »nein«, für »genannt« oder »nicht genannt« (vgl. Mayer 2006: 105). Dabei war bei allen Zuordnungen von Zahlen darauf zu achten, dass die Codierung einheitlich erfolgte (»ja« immer mit 1 und »nein« immer mit 2; z.B. V3: »Was machen Restauratoren am LMW?«; V3a: »Objekte restaurieren«; 1 = »genannt«; 2 = »nicht genannt«) (vgl. Mayer 2006: 104). Für die Codierung halb offener Fragen wurde der gesamten Kategorie »Sonstiges« eine Nummer zugeordnet (vgl. Mayer 2006: 103 f.).

Anschließend wurden diese Zahlenkürzel in einer Tabelle für alle Bogen und Fragen zusammengefasst und ausgezählt. Offene Antworten wurden in Textfelder übertragen, gemäß Wiederholungen in Tabellen kategorisiert und ebenfalls ausgezählt. Auf diese Weise wurden 31 Interviewbogen der Führungsteilnehmer und 55 Bogen der Filmteilnehmer ausgewertet.

10. Ergebnisse der Evaluierung

Nachdem aus der Besucherforschung bekannt ist, dass Interesse und Vorkenntnisse wichtige Merkmale für die Rezeption darstellen (siehe Kapitel 8.2), stellt sich die Frage, ob sich die beiden Gruppen im Hinblick darauf unterscheiden. Wie ausgeprägt ist darüber hinaus das allgemeine Interesse und Vorwissen der Besucher zum Thema Restaurierung? Wer besucht die Führungen und sieht sich die Filme an? Wie groß ist das Interesse speziell an diesen Angeboten, werden die beiden Programme inhaltlich verstanden, wie werden sie bewertet?

Mit Blick auf die Nutzerstruktur lassen sich Unterschiede zwischen den beiden Gruppen – den Führungsteilnehmern und den Filmbetrachtern – feststellen. Zunächst sollen die Ergebnisse vorgestellt werden, die zur Charakterisierung der Nutzerstruktur dienen (Kapitel 10.1). Lassen sich die Nutzer der Filme anhand ihrer Merkmale von den Führungsteilnehmen unterscheiden? Zur Beantwortung werden die Ergebnisse aus Teil I und Teil III des Fragebogens vorgestellt (Kapitel 10.2 und 10.3). Beide Teile waren für die vergleichende Analyse identisch.

10.1 Beschreibung des Samples

Anhand einer Stichprobenauswahl – dem sogenannten Sample – sollten Merkmale der befragten Personen, d.h. der Besucher der restauratorischen Angebote des LMW, erfasst werden, um diese entsprechend differenziert zu beschreiben. Ziel war es gemäß der Anforderungen der qualitativen Forschung, charakteristische Angaben (»Wer sind die Teilnehmer bzw. Besucher der restauratorischen Angebote, und was kennzeichnet sie?«) zu erfassen, und nicht, allgemeingültige Aussagen zu treffen. Dabei wurden gemäß des Untersuchungsschwerpunkts das Interesse und das Vorwissen (Teil A) sowie die soziodemografischen Angaben (Teil C) abgefragt.

10.1.1 Allgemeines Interesse an Themen der Restaurierung

Frage 1 nach dem Interesse an Themen der Restaurierung wurde überwiegend positiv beantwortet. So gaben 70 Prozent der Interviewpartner an, »sehr« oder »ziemlich« interessiert zu sein. Diese 70 Prozent werden im Folgenden als Hochinteressierte bezeichnet, im Unterschied zu den 30 Prozent, die sich nur »etwas« oder »wenig« interessiert zeigten und die folgend als Geringinteressierte bezeichnet werden.

Die Unterscheidung zwischen Gering- und Hochinteressierten liefert einen Hinweis darauf, wie maßgeblich das Interesse bei der Wahrnehmung der Angebote ist. Erwartungsgemäß zeigten die Führungsteilnehmer mit 80 Prozent ein größeres Interesse als die Betrachter der Filme mit 64 Prozent.

Das insgesamt große Interesse der Filmbetrachter und Führungsteilnehmer an Themen der Restaurierung spiegelt sich auch in einem weiteren Befund wider. Frage 6 – nach dem Bedürfnis, mehr zu erfahren – beantworteten die Geringinteressierten zu etwa zwei Drittel und die Hochinteressierten zu nahezu 100 Prozent positiv.

Zu Frage 7 – Gründe für eine Öffnung der Restaurierung für Interessierte – finden sich in beiden Gruppen vergleichbare Antworten (siehe Diagramm 7): Die Befragten gaben überwiegend den »Blick hinter die Kulissen« an, »Restaurierungstechniken und Materialien werden gezeigt« und »Fachgerechte Restaurierung wird deutlich«. Ein kleiner Unterschied spiegelt womöglich einen Effekt der Angebote wider: So bemerkten die Führungsteilnehmer vermehrt, dass insbesondere die »Ausbildung der Restauratoren« dargelegt, und die Filmbetrachter, dass der Bereich »Fachwissen/Spezialisierung der Restauratoren [...] deutlich« werde. Ursache hierfür ist vermutlich, dass in den Führungen gleich einleitend über die Restauratorenausbildung gesprochen wird, während in den Filmen das Thema nicht angeschnitten wird.

Diagramm 7: Antworten auf Frage 7 in Prozent

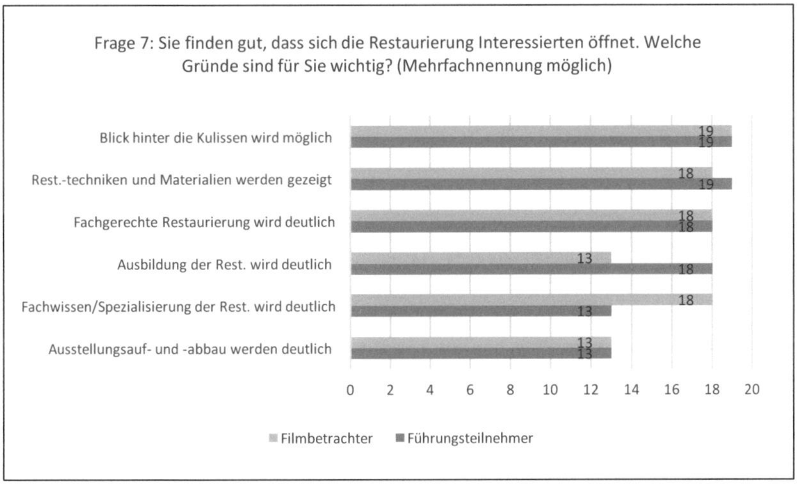

Frage 7: Sie finden gut, dass sich die Restaurierung Interessierten öffnet. Welche Gründe sind für Sie wichtig? (Mehrfachnennung möglich)

	Filmbetrachter	Führungsteilnehmer
Blick hinter die Kulissen wird möglich	19	19
Rest.-techniken und Materialien werden gezeigt	18	19
Fachgerechte Restaurierung wird deutlich	18	18
Ausbildung der Rest. wird deutlich	13	18
Fachwissen/Spezialisierung der Rest. wird deutlich	18	13
Ausstellungsauf- und -abbau werden deutlich	13	13

Die offene Frage 8, die ergänzend zu den Statements in Frage 7 den Befragten die Möglichkeit bot, weitere Gründe für die Öffnung der Restaurierung zu nennen, erbrachte bei grundsätzlich geringem Rücklauf eine breite Streuung der Antworten. Dennoch lassen sich Schwerpunkte und Unterschiede in den einzelnen Gruppen erkennen. Am häufigsten wurde bei den Filmbetrachtern »Einblick in Tätigkeiten« genannt; die Führungsteilnehmer hingegen versprachen sich von der Öffnung »ein besseres Verständnis für die Arbeit von Restauratoren« und ein erhöhtes »Kostenverständnis«. Dieser Unterschied verdeutlicht, dass die Einstellung der Befragten zur Öffnung der Restaurierung abhängig von dem genutzten Angebot ist. Auffallend ist darüber hinaus, dass sich bei den Führungsteilnehmern einige Statements aus Frage 7 wiederholten. Bei der Gesamtbetrachtung der Nennungen zeigte sich, dass sich nur wenige Antworten auf die Restaurierung selbst (Berufsstand, Tätigkeit und Objekte) beziehen. Das Interesse der Interviewten scheint in anderen Bereichen zu liegen. So wurden vermehrt allgemeine Punkte zur Erhöhung des Bekanntheitsgrads der Restaurierungstätigkeit genannt.

Auf die offene Frage (9), warum es nicht zu befürworten sei, etwas über die Arbeit von Restauratoren zu erfahren, gab es keine Antworten.

10.1.2 Vorwissen zum Thema Restaurierung

Drei Viertel aller Befragten bejahten die Frage (2), ob sie bereits etwas über die Arbeit von Restauratoren an Museen gehört hätten. Hierin unterschieden sich die Führungsteilnehmer von den Filmbetrachtern nicht. Auch ergab weder der Vergleich der beiden Führungstage noch die der Antworten zu den drei unterschiedlichen Filmen einen Unterschied. Die Betrachtung der Besucher nach ihrem Wissensstand zeigte, dass 82 Prozent der Hochinteressierten bereits etwas über Restauratoren an Museen gehört hatten. Unter den Geringinteressierten waren es immerhin noch 62 Prozent.

Auf Nachfrage bei den Zustimmenden auf Frage 2, welche Tätigkeiten von Restauratoren an einem Museum ausgeübt würden (Frage 3), gaben beide Gruppen überwiegend die zu erwartende Antwort »Objekte restaurieren«. Darüber hinaus ist überraschend, dass die Hälfte der Filmbetrachter mit »Objekte erhalten« antwortete; dies äußerten nur knapp 40 Prozent der Führungsteilnehmer, obwohl dieses Thema explizit in der Einleitung der Führungen angesprochen wird. Allerdings zeugen die Antworten nicht von einem tiefer gehenden Wissen bzw. einem Lernerfolg aufgrund der Teilnahme an den Angeboten. Immerhin sieben Befragte der Filme nannten den »Ausstellungsauf- und -abbau«, obwohl diese Aufgabe nicht in den Filmen bzw. erst später im Interview erwähnt wurde. Alle anderen Nennungen traten gestreut auf und sind demnach zu vernachlässigen.

Mit der offenen Frage 4, die sich ebenfalls an die Zustimmenden auf Frage 2 richtete, sollte die Herkunft des Wissens erkundet werden. Hier unterscheiden sich die Führungsteilnehmer von den Filmbetrachtern – unabhängig von ihrem Bildungsgrad (siehe Diagramm 8). Häufiger als die Filmbetrachter beziehen die Führungsteilnehmer Informationen von Freunden/Bekannten/Verwandten sowie aus anderen Museen oder Einrichtungen. Dafür gaben mehr Filmbetrachter an, über Vorwissen aus Fernsehbeiträgen und/oder aufgrund eines Hobbys zu verfügen.

Diagramm 8: Antworten auf Frage 4 in Prozent

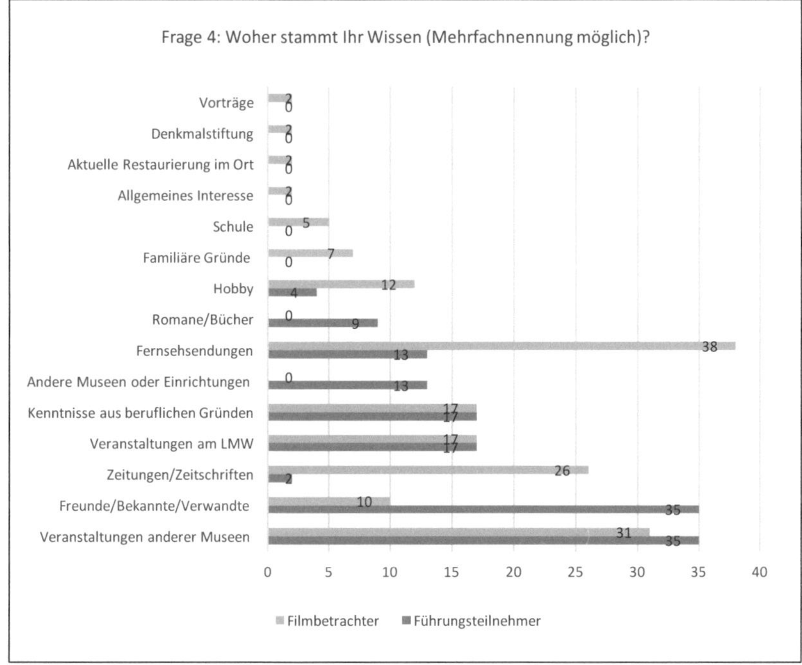

Der Vergleich der Antworten zwischen denjenigen, die an den kostenlosen, und jenen, die an den kostenpflichtigen Führungen teilgenommen haben, deckt erstmals eine Abweichung auf (siehe Diagramm 9). Das Publikum der beiden Veranstaltungstypen unterscheidet sich merklich. So bezog gut ein Drittel der Teilnehmer der Führungen am Internationalen Museumstag Vorwissen aus Veranstaltungen anderer Museen, wohingegen diese Antwort nach der kostenpflichtigen Führung niemand gab. Hier überwog stattdessen das Wissen aus Zeitungen/Zeitschriften und von Freunden/Bekannten/Verwandten. In dieser Gruppe ist folglich der Anteil derjenigen, die auch im Freundes- und Bekanntenkreis über das Thema sprechen sowie sich gezielt informieren, höher. Dabei handelt es sich gemäß der Bedeutung des Vorwissens und des Interesses um einen theoretisch schlüssigen Befund.

Diagramm 9: Antworten auf Frage 4 in Prozent

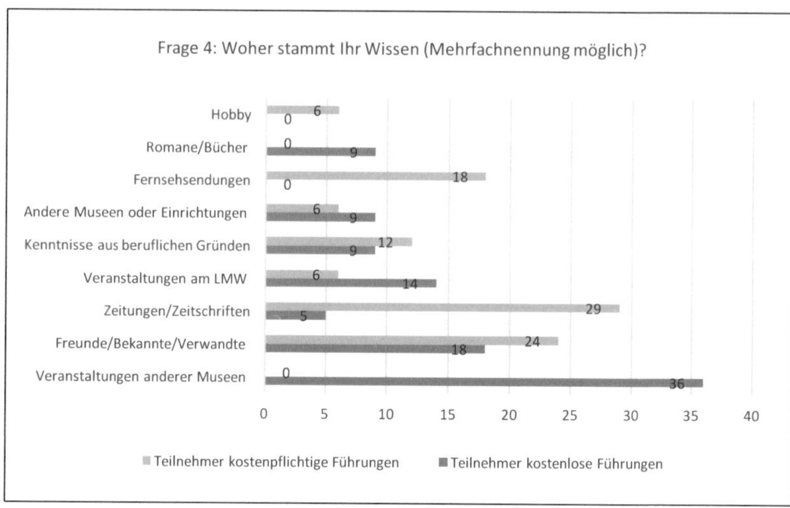

Weitere Erkenntnisse zum Wissen der Befragten sollte die offene Frage (5) nach der Bedeutung fachgerechter Restaurierung bringen. Sie wurde wiederum allen Teilnehmern der Interviews gestellt. Die 31 Führungsteilnehmer nannten 19 Punkte, die 55 Filmbetrachter 25 Punkte mit jeweils breiter Streuung. Hierbei zielten die meisten Antworten auf das Ergebnis von Restaurierungsmaßnahmen ab. So lautete rund ein Viertel der jeweiligen Antworten, dass eine Restaurierung »so wenig sichtbar wie möglich« sein, dass »so wenig wie möglich restauriert« sowie »Material und Technik möglichst originalgetreu verwendet werden« sollten. Weniger häufig wurden Angaben zur Arbeit des Restaurators an sich gemacht.

10.1.3 Soziodemografische Daten

Teil C der Interviews gibt Aufschluss darüber, wie sich die Teilnehmer der Führungen und die Betrachter der Filme hinsichtlich ihres Alters, Geschlechts, der Ausbildung etc. zusammensetzten.

Geschlecht

Rund zwei Drittel der Interviewteilnehmer – unabhängig ob Filmbetrachter oder Führungsteilnehmer – waren weiblich, ein Drittel männlich (Frage 10). Die Besucherstrukturanalyse hingegen ergab ein ausgewogenes Verhältnis zwischen männlichen und weiblichen Museumsgästen. Die unterschiedliche Verteilung weist insofern darauf hin, dass tendenziell eher die weiblichen Besucher/Teilnehmer der Bitte, an den Interviews teilzunehmen, nachkamen. Die Betrachtung der Interessierten bestätigt die Vermutung, dass in der Gruppe der Hochinteressierten die Frauen dominierten (67 Prozent). Im Vergleich waren sie in der Gruppe der Geringinteressierten etwa zur Hälfte vertreten.

So war auch der Frauenanteil unter den Hochinteressierten höher (67 Prozent) als bei den Geringinteressierten (54 Prozent). Ob dieses Ergebnis zeigt, dass sich mehr Frauen – bzw. diese intensiver – für das Thema Restaurierung im Museum interessieren, muss hier offen bleiben.

Alter

Die Teilnehmer der Führungen waren im Durchschnitt älter als die Filmbetrachter (Frage 11). Durchschnittlich am jüngsten waren die Befragten der Besucherstrukturanalyse. Außerdem war das Alter der Hochinteressierten höher als jenes der Geringinteressierten.

Hinsichtlich des Alters ist festzustellen, dass in beiden Gruppen – bei den Filmbetrachtern ebenso wie bei den Führungsteilnehmern – nahezu die Hälfte der Altersgruppe zwischen 45 und 64 Jahren angehörte. Ein Viertel der Befragten zählte zur Gruppe der Rentner. Dies entspricht in etwa dem Ergebnis der Besucherstrukturanalyse. Ein Unterschied zeigte sich erwartungsgemäß eher in den jüngeren bzw. älteren Gruppen: Bei den Filmbetrachtern waren Jüngere stärker vertreten, während mehr Ältere unter den Führungsteilnehmern waren.

Bildung

Die Befragten wiesen im Schnitt einen hohen Bildungsgrad auf, unabhängig ob Filmbetrachter oder Führungsteilnehmer (Frage 12). Dabei waren sich die beiden untersuchten Gruppen im Bildungsabschluss ähnlich. Dies verdeutlichen auch die Antworten der Teilnehmer der Besucherstrukturanalyse. Allerdings überrascht, dass in der Gruppe der Geringinteressierten die Personen mit Abitur/Studium oder Promotion dominierten (88 Prozent), wohingegen in der Gruppe der Hochinteressierten diese nur etwa zur Hälfte vertreten waren. Einen ähnlichen Wert ergab auch die Besucherstrukturanalyse. Fraglich ist, was die Ursache hierfür sein könnte. Eine Möglichkeit wäre, dass bei den Hochinteressierten der Anteil von Frauen im höheren Alter größer ist, diese Frauen aber häufig über keinen höheren Bildungsgrad verfügen.

Teilgenommen/besucht mit

Die Besucherstrukturanalyse zeigte, dass ein gutes Drittel mit (Ehe-)Partner/ Freunden/Bekannten die Ausstellung besuchte, jeweils knapp ein Drittel mit Familienangehörigen bzw. alleine.

Bei den Befragten zu den Filmen überwogen hingegen mit 42 Prozent diejenigen, die alleine waren (Frage 13). Das Ergebnis hängt vermutlich damit zusammen, dass vermehrt Besucher an den Interviews teilnahmen, die sich allein in der Ausstellung befanden. Hiervon unterscheiden sich die Teilnehmer der Führung: Dort kam jeder Zweite mit einem Familienangehörigen.

Interessant ist, dass es einen Unterschied zwischen den Gruppen nach Interesse gibt. Die Geringinteressierten besuchten im Wesentlichen die Ausstellung bzw. die Führung alleine oder mit dem (Ehe-)Partner/Freund. Bei den Hochinteressierten war die Streuung breiter: Hier waren es zwar im Wesentlichen Besucher, die alleine kamen, gefolgt allerdings von jenen, die mit dem (Ehe-)Partner, sonstigen Familienangehörigen oder Kollegen/Freunden/ Bekannten kamen.

»LegendäreMeisterWerke« schon einmal besucht

Ein überraschendes Ergebnis legen die Antworten auf Frage 14 offen. Über die Hälfte der Befragten hatte zuvor die neue Dauerausstellung am LMW nicht besucht, davon jeder dritte Führungsteilnehmer und die Hälfte der Filmbetrachter. Dieses Ergebnis ist erstaunlich, da anzunehmen gewesen wäre, dass all diejenigen, die an einer Führung in den Restaurierungswerkstätten teilnehmen, bereits die Ausstellung und somit das Haus kannten.

In diesem Bereich lässt sich indes kein deutlicher Unterschied zwischen den Hochinteressierten und den Geringinteressierten feststellen.

Herkunft

Die Untersuchung der Herkunft der Befragten deckt Folgendes auf (Frage 15): Drei Viertel der Teilnehmer der Führungen kamen überwiegend aus dem Stadtgebiet und dem Bereich des öffentlichen Nahverkehrs.

In der Besucherstrukturanalyse zeigte sich indes, dass das Publikum im Allgemeinen größere Entfernungen zurücklegt, um an den Angeboten teilzunehmen. Dies traf auch auf die Interviewpartner der Filmevaluierung zu. So stammten von diesen nur gut die Hälfte aus dem Stadtgebiet und dem Bereich des öffentlichen Nahverkehrs. Darüber hinaus überrascht es nicht, dass bei den Führungen vermehrt lokale Teilnehmer zu finden waren, die sich über das Angebot beispielsweise in der Lokalpresse informieren konnten. Ein weiterer Grund könnte sein, dass Interessenten, die sich an der Kasse für eine zahlenmäßig beschränkte Führung anmelden müssen, nicht weit fahren, da das Risiko, abgelehnt zu werden, zu groß ist.

10.2 RESTAURIERUNGSFÜHRUNGEN IN DEN WERKSTÄTTEN

Neben der angebotsunabhängigen Befragung zum allgemeinen Interesse der Besucher an Themen der Restaurierung (siehe Kapitel 10.1.1) werden nun das Interesse, das Verständnis bzw. Gefallen sowie die Kritikpunkte bzw. Verbesserungsvorschläge zunächst speziell zu den Führungen in den Werkstätten, in Kapitel 10.3 anschließend zu den Filmen betrachtet.

10.2.1 Interesse der Teilnehmer an den Führungen

Fast jeder Zweite war durch den Hinweis in einer Tageszeitung auf das Angebot der Führungen in den Restaurierungswerkstätten aufmerksam geworden (gefolgt von Empfehlungen von Freunden/Bekannten/Verwandten und der Homepage des Museums) (Frage 200).

Im Vergleich der beiden Führungstage zeigten sich dabei klare Unterschiede bei der Quelle der Information (siehe Diagramm 10). Die Teilnehmer der kostenpflichtigen Führungen informierten sich zu 83 Prozent über eine Tageszeitung, der Rest über das Quartalsprogramm des Museums, wohingegen die Besucher der kostenlosen Führungen nur zu einem knappen Drittel die Angaben aus der Tageszeitung bezogen, dafür aber vermehrt auf Empfehlungen von Freunden/Bekannten/Verwandten zählten oder sich auf der Homepage oder am selben Tag im Museum erkundigt hatten. Im Ergebnis lässt sich also darauf schließen, dass die Teilnehmer der kostenpflichtigen Führungen die Angebote des Museums in der Tagespresse und im Quartalsprogramm mehr oder weniger aktiv verfolgten, während den Teilnehmern der kostenlosen Führungen die spontane Entscheidung vor Ort eher eine Rolle zu spielen scheint. Dafür spricht auch der nächste Befund.

Diagramm 10: Antworten auf Frage 200 in Prozent

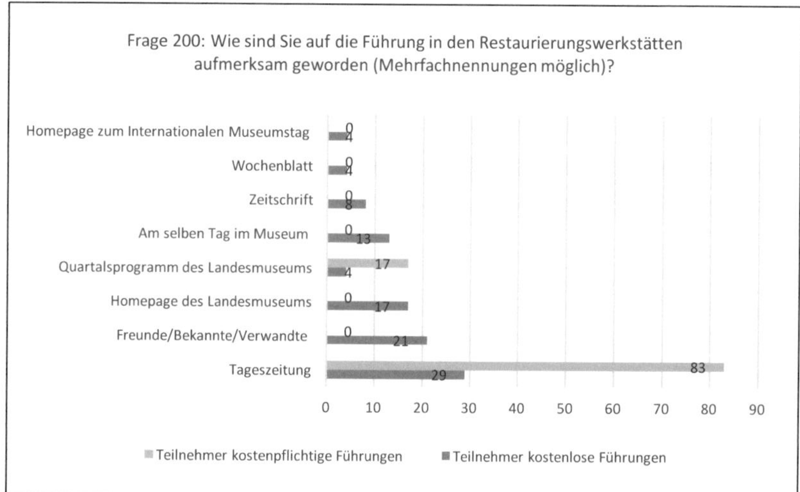

Nahezu ein Fünftel der Befragten hatte bereits zu einem früheren Zeitpunkt an Führungen in den Werkstätten des LMW teilgenommen (Frage 201). Überraschend ist, wie sehr sich dabei die Teilnehmer der kostenlosen Führungen von jenen der kostenpflichtigen Führungen unterschieden. Nur fünf Prozent der Teilnehmer an den kostenlosen Führungen hatte zu einem früheren Zeitpunkt bei Führungen in den Restaurierungswerkstätten des LMW mitgemacht. Auch das Ergebnis spricht für die spontane Entscheidung. Bei den kostenpflichtigen Führungen hingegen waren es 42 Prozent.

Interessanterweise spiegelt das Ergebnis der kostenlosen Führungen jenes der Besucherstrukturanalyse in den »LegendärenMeisterWerken« wider. Auch bei dieser Befragung gaben vier Prozent der Teilnehmer an, bereits einmal an einer Führung in den Restaurierungswerkstätten des LMW teilgenommen zu haben.

Dass ein grundsätzliches Interesse an derlei Führungen besteht, verdeutlicht auch das Ergebnis auf die Frage, ob die Interviewten zukünftig wieder an einer Führung teilnehmen würden (Frage 202). Fast alle Befragten bestätigten dies auf einer dreistufigen Skala. Demnach ist kein Unterschied zwischen den Teilnehmern kostenloser und kostenpflichtiger Führungen feststellbar. (Die Einzelperson, die von einer weiteren Führung absehen wollte, gab mangelndes Interesse als Grund an.)

10.2.2 Gefallen und Verständnis der Führungen

Das Gefallen der Teilnehmer an den Führungen wird anhand von Bewertungen der Führungsteile per Schulnoten deutlich (Frage 204). Grundsätzlich wurde in keinem Fall die Note 4, 5 oder 6 vergeben.

Der Führungsteil in der Gemälderestaurierung schneidet erwartungsgemäß am besten ab (durchschnittlich 1,35). Nahezu 70 Prozent vergaben in diesem Bereich die Note »sehr gut«. Den Führungsteil »Restaurierung archäologischer Objekte« bewertete fast jeder Zweite mit »sehr gut« (durchschnittlich 1,51). Die Bewertung des allgemeinen Einführungsteils wurde hingegen von jeweils fast der Hälfte mit Note 1 oder Note 2 bewertet (durchschnittlich 1,48). Am wenigsten gut fiel die Bewertung des Teils kunsthandwerkliche Restaurierung aus (durchschnittlich 1,87). Diese Führung wurde von knapp einem Viertel mit »befriedigend« beurteilt.

Bei der Betrachtung der Notenvergabe – getrennt nach freien und kostenpflichtigen Führungen – zeigt sich abermals ein interessanter Befund: Insbesondere die Gemälderestaurierung wurde von den Teilnehmern der kostenlosen Führung deutlich besser bewertet als von den zahlenden (siehe Diagramm 11 und 12). Aber auch die anderen Führungsteile gefielen den Besuchern des Internationalen Museumstags besser. Auf der anderen Seite waren sie bei dem Führungsteil »kunsthandwerkliche Objekte« relativ kritisch. Hier wurde insgesamt sechsmal die Note 3 gewählt (siehe Diagramm 13). Dem entgegengesetzt vergaben die Befragten der kostenpflichtigen Führungen insgesamt nur viermal die Note 3, davon einmal für die kunsthandwerkliche Restaurierung. Dies lässt sich nur zum Teil mit dem anspruchsvollen Thema erklären. Es ist vielmehr anzunehmen, dass die unterschiedliche Wertung der Tatsache geschuldet ist, dass nicht immer ein und derselbe Restaurator die Führung durchgeführt hat.

Diagramm 11: Vergabe Note 1 auf Frage 204 in Prozent

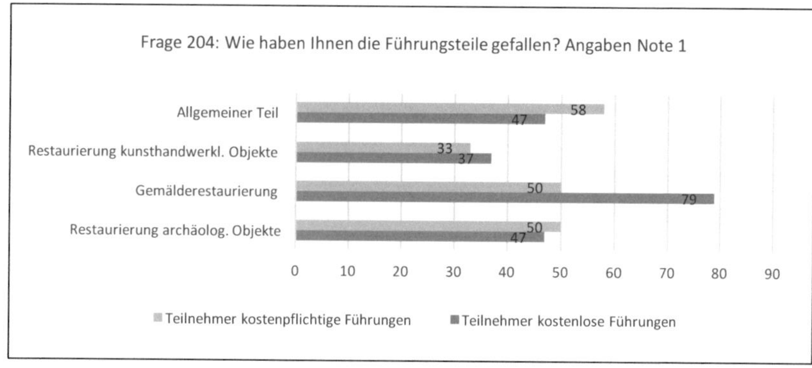

Diagramm 12: Vergabe Note 2 auf Frage 204 in Prozent

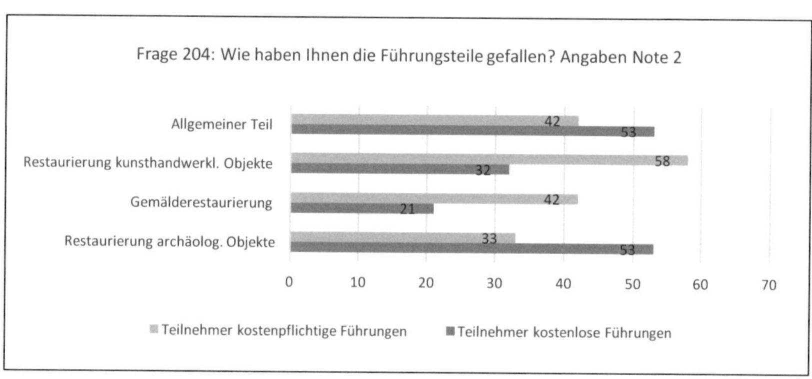

Diagramm 13: Vergabe Note 3 auf Frage 204 in Prozent

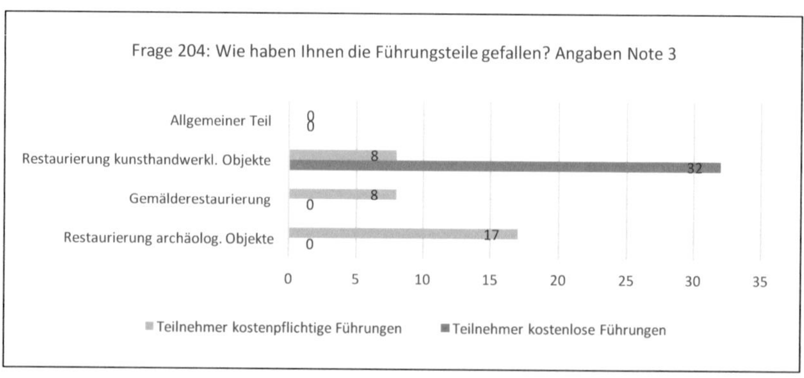

Nachdem jeder Befragte mindestens einen Führungsteil mit der Note 1 oder 2 bewertet hatte, wurden alle Teilnehmer gefragt, was ihnen besonders gefallen habe (Frage 205). Die Antworten hierauf sind weit gestreut. Wenn man die genannten Punkte inhaltlich zusammenfasst, ergibt sich folgendes Bild (siehe Diagramm 14): Ein Drittel der Gründe für das Gefallen sind die Befriedigung von Neugierde und Lernbereitschaft, gefolgt von Anmerkungen zur didaktischen Aufbereitung. Darüber hinaus teilten vier Personen auf diese Frage Verbesserungsvorschläge mit. Sie fließen abschließend in die Gesamtwertung ein.

Diagramm 14: Inhaltliche Zusammenfassung der Antworten auf Frage 205 in Prozent

Auf die Frage nach den Gründen für das Nichtgefallen an die acht Führungsteilnehmer, die einem oder mehreren Führungsteilen die Note 3 gegeben hatten, wurden zehn breit gestreute Antworten erhoben. So zählten die Befragten beispielsweise den Wunsch nach »mehr praktischer Restaurierung«, mangelnde »Angebote für Kinder« oder das Bedürfnis, »Objekte vor und nach einer Restaurierung zu sehen« auf. Die Kritikpunkte bzw. Verbesserungsvorschläge, die auf diese Frage geäußert wurden, fließen in die Tabelle mit der Gesamtwertung ein.

Neben der Bitte um eine Benotung und die entsprechende Begründung war darüber hinaus von Interesse, detaillierte Informationen über die Eigenschaften der Führung zu erhalten (Frage 207). In einer dreistufigen Skala bewerteten die Besucher hierfür folgende Eigenschaften: Länge der Führungsteile, Gruppengröße, Lautstärke, Informationsgehalt, Verständlichkeit sowie Inhalte im Bereich Technik/Chemie. Sie werden im Folgenden einzeln aufgeführt.

Länge

Knapp die Hälfte der Befragten wünschte sich längere Führungen (Frage 207.1). Den Einführungsteil hingegen fanden die Teilnehmer überwiegend »genau richtig« (Frage 207.1). Bei den Ergebnissen unterscheiden sich die beiden Führungsgruppen kaum (Frage 207.2).

Gruppengröße

Die Gruppengröße wurde von 90 Prozent der Befragten mit »genau richtig« bewertet (Frage 207.3). Allerdings empfanden 16 Prozent der Teilnehmer an der kostenlosen Führung die Gruppengröße als zu umfangreich, was tatsächlich an der größeren Gruppenstärke an diesem Tag gelegen haben dürfte (zwischen 20 und 30 Teilnehmern im Gegensatz zu sechs bis acht Personen bei den kostenpflichtigen Führungen).

Lautstärke

Die Lautstärke bewerteten alle Teilnehmer der Führungen als sehr gut (Frage 207.4).

Informationsgehalt

Die Frage nach der Einschätzung des Informationsgehalts ergibt, dass mit einem geringfügigen Unterschied der Führungsarten insgesamt fast drei Viertel diesen »genau richtig« fanden (Frage 207.5).

Verständlichkeit

Während die Teilnehmer der kostenpflichtigen Führungen einhellig mit der Verständlichkeit zufrieden waren, merkte immerhin gut jeder Zehnte aus den kostenlosen Führungen an, die zu vermittelnden Sachverhalte seien zu kompliziert gewesen (Frage 207.6). Dieses Resultat könnte dazu führen, die Verständlichkeit bei den kostenlosen Führungen zu vereinfachen. Dafür sprechen auch die kommenden beiden Ergebnisse.

Inhalte Technik

64 Prozent der Führungsteilnehmer gab an, dass die Inhalte zum Thema Technik »genau richtig« waren (Frage 207.7). Allerdings sind die weiteren Angaben ambivalent. So unterscheiden sich die Teilnehmer der kostenlosen von jenen der kostenpflichtigen Führungen: Letztere scheinen höhere Ansprüche zu haben, vermutlich da sie für das Angebot bezahlt haben. Wünschte sich die Gruppe der zahlenden Teilnehmer zu einem Viertel mehr technische Inhalte, waren es derer für die Teilnehmer der kostenlosen Führungen mit 16 Prozent bereits zu viele.

Inhalte Chemie

Die Bewertung der chemischen Inhalte fällt ähnlich aus wie jene im Bereich Technik (Frage 207.8), denn auch hiermit waren rund 60 Prozent zufrieden. Daneben gaben die Interviewten zu einem ähnlichen Anteil an, dass es ihnen zu viel bzw. zu wenig anspruchsvoll gewesen sei. Und doch unterscheiden sich auch hier die beiden Gruppen. So empfanden die Teilnehmer der »Gratisgruppe« zu einem Fünftel, dass es »zu viel Chemie« gewesen sei. Ein Viertel der zahlenden Teilnehmer hingegen wünschte sich mehr diesbezügliche Inhalte.

Zur Verbesserung zukünftiger Maßnahmen bzw. zum gezielten Ausbau selten genannter Themen wurden die interessantesten Aussagen und Themen, die während der Führungen zur Sprache kamen, in Frage 208 den Interviewten zur Auswahl vorgelegt. Mithilfe dieser Vorlage von vier Statements zur allgemeinen Einführung (Frage 208.1) und sechs Statements zu den Führungen in den Werkstätten (Frage 208.2) lässt sich überprüfen, ob die zentralen Aussagen von den Teilnehmern verstanden wurden.

Die beiden interessantesten Aussagen, die laut Teilnehmer während der Einführung der Führungen getroffen wurden, lauteten: »Ausbildung und Qualifikation der Restauratoren ist wichtig« sowie »Umgebungsbedingungen sind wichtig für den Erhalt«. Diese für die Restaurierung wichtigen Themen sollten demnach in zukünftigen Angeboten Bestandteil der Vermittlung bleiben.

Hinsichtlich der Führungen in den Werkstätten wählten die Befragten »Restaurieren heißt nicht neu machen« sowie »Restaurierung für nachfolgende Generationen gut dokumentieren«. Da diese beiden Statements – wichtige restaurierungsethische Grundsätze – auf besonders großes Interesse stießen, sollten sie womöglich ausgebaut werden. So ließen sich beispielsweise »überrestaurierte« Objekte im Vergleich zu sensibel restaurierten zeigen. Zur Vermittlung der zweiten Aussage wären unterschiedliche Dokumentationsformen wie Röntgenbilder oder Kartierungen gut geeignet.

Am Ende der Interviews hatten die Befragten die Möglichkeit, sich zum Thema Restaurierung allgemein und/oder im Speziellen zu den Führungen zu äußern (Frage 209). Die entsprechenden Antworten fließen zusammen mit den Kritikpunkten bzw. Verbesserungsvorschlägen aus den anderen Fragekomplexen in ein gemeinsames Diagramm ein (siehe Punkt 10.2.3).

10.2.3 Zusammenfassung der Kritikpunkte und Verbesserungsvorschläge

Im Rahmen der Interviews wurden auf die offenen Fragen 8, 205, 206 und 209 zahlreiche Kritikpunkte bzw. Verbesserungsvorschläge genannt. Außerdem bewerteten die Interviewpartner in Frage 207 die Eigenschaften der Filme mithilfe einer Skala, wodurch ebenfalls Kritik zum Ausdruck gebracht werden konnte. Die insgesamt 101 Anmerkungen wurden zusammengeführt; Dopplungen, die durch Mehrfachnennung eines Kritikpunkts durch ein und dieselbe Person auf unterschiedliche Fragen hin entstanden, wurden herausgerechnet.

Im Folgenden werden nur Verbesserungsvorschläge bzw. Kritikpunkte dargestellt, die von je fünf oder mehr Befragten genannt wurden (siehe Diagramm 15).

Diagramm 15: Zusammenfassung aller Kritikpunkte und Verbesserungsvorschläge in Prozent

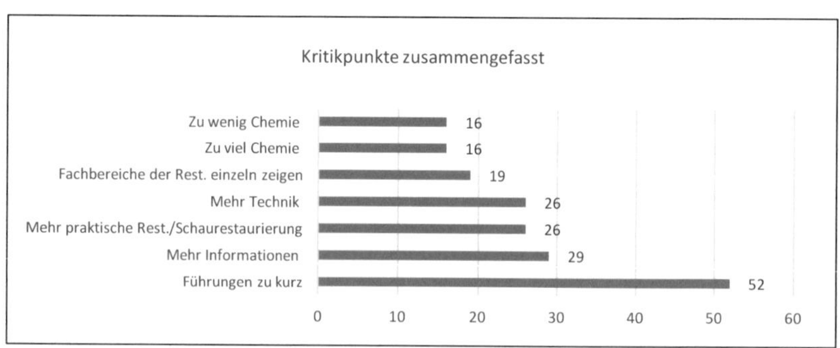

So fand – wie bereits durch die Ergebnisse der einzelnen Fragen zu erwarten – über die Hälfte der Befragten die Führungen zu kurz. Jeweils ein gutes Viertel wünschte sich mehr Informationen und mehr technische Inhalte, was dem Ergebnis aus Frage 207 entspricht. Ein Sechstel wiederum sprach sich für mehr Chemiethemen aus. Allerdings illustriert dies eher das Meinungsbild der Teilnehmer der kostenpflichtigen Führungen. Für die Teilnehmer der kostenlosen Führungen sollten die Inhalte etwas einfacherer gehalten werden.

Ein Viertel der Interviewpartner hätte gern (mehr) praktische Restaurierungsmaßnahmen gesehen. Dies ist im Rahmen von Führungen allerdings nicht zu bewerkstelligen. Hierfür sollte auf die Filme verwiesen werden. Ein Fünftel machte den Vorschlag, die Fachbereiche in Führungen einzeln zu zeigen, nicht hintereinander während ein und desselben Termins. Dieser Vorschlag könnte ohne Probleme umgesetzt werden. Allerdings bleibt abzuwarten, ob sich dann die Besucher vorrangig für die Gemäldeführung anmelden oder ob sich die Interessenten auch auf andere Fachbereiche verteilen, was wünschenswert wäre.

In einem weiteren Schritt lassen sich die Kritikpunkte bzw. Verbesserungsvorschläge nach Themen bündeln (siehe Diagramm 16). Dabei wird deutlich, dass inhaltliche Kritikpunkte überwiegen – sie machen knapp jede zweite Äußerung aus (z.B. fehlende Fachbereichsvorstellung) –, gefolgt von organisatorischen Anmerkungen (z.B. zu lang, zu kurz) mit 40 Prozent der Nennungen. Mehr praktische Restaurierung bzw. der Blick hinter die Kulissen war Inhalt von gut zehn Prozent der Antworten. Lediglich zwei Prozent beziehen sich auf den Wunsch nach mehr Hintergrundinformationen.

Diagramm 16: Kritikpunkte und Verbesserungsvorschläge nach Themen gebündelt in Prozent

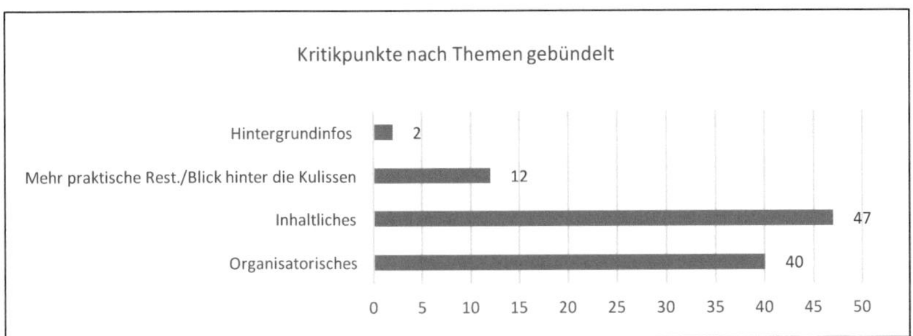

10.3 Restaurierungsfilme in der Dauerausstellung

Entsprechend den Bewertungen von Interesse, Gefallen bzw. Verständlichkeit und den Verbesserungsmöglichkeiten zu den Führungen in Kapitel 10.2 werden im Folgenden die Ergebnisse der Interviews aufgeführt, die mit den Filmbetrachtern durchgeführt wurden.

10.3.1 Interesse der Befragten an den Filmen

Unabhängig von der Befragung hätten sich im o.g. Erhebungszeitraum nur wenige oder gar kein Besucher die Filme angesehen (Frage 101). Den Film zur archäologischen Restaurierung hätten ohne entsprechende Bitte oder haben lediglich fünf Prozent, den zur Restaurierung von Gemälden gar niemand, jenen zur Restaurierung der Krone und der Laterne (kunsthandwerkliche Restaurierung) nur zwei Prozent ganz betrachtet.

Der Vergleich dieser Ergebnisse mit der Besucherstrukturanalyse ergibt Widersprüchliches. So hatte diese Untersuchung ergeben, dass knapp jeder Zweite die Restaurierungsfilme ganz oder teilweise gesehen hatte. Film 1 wurde dabei von den meisten Besuchern betrachtet. Warum der Unterschied so groß ist, ist schwerlich zu erklären. Eventuell ist hier im Sinne der sozialen Erwünschtheit von den Teilnehmern der Besucherstrukturanalyse mehr bestätigt worden, als in der Realität tatsächlich der Fall war.

Dass die Besucher nichtsdestotrotz ein grundsätzliches Interesse an derlei Filmen haben, verdeutlichen die Antworten auf Frage 102. So gab knapp jeder zweite Befragte an, sich die jeweils anderen Filme gern noch ansehen zu wollen. Lediglich ein Viertel wollte sich keine weiteren Filme ansehen. Die übrigen Interviewten legten sich mit »vielleicht« oder »Teile/zum Teil« nicht fest.

Die Betrachtung der Filme im Einzelnen ergibt, dass der dritte Film mit rund einem Drittel am wenigsten rezipiert wurde.

Den Grund für das Nichtbetrachten der Filme klärt die anschließende Frage (103). Als Ursache nannten die 18 Personen, die weitere Filme nicht mehr oder nur vielleicht sehen wollten, zu knapp zwei Dritteln »Zeitmangel«. Diese Angabe ist aufgrund der Fülle an Objekten und Informationen in der Dauerausstellung nachvollziehbar. Einem Drittel der Befragten mangelte es an weitergehendem Interesse. Das entspricht in etwa dem Ergebnis zur Frage nach dem generellen Interesse der Filmbetrachter an Themen der Restaurierung (Frage 1).

10.3.2 Gefallen und Verständnis der Filme

Eine weitere Bestätigung für das Gefallen der Filme liefern – neben der Abfrage des Interesses unter Punkt 10.3.1 – konkrete Fragen nach dem Gefallen bzw. Verständnis der Filme.

Dabei schneiden alle drei Filme gut bis sehr gut ab (Frage 104). Keiner der Befragten vergab die Note 4, 5 oder 6. Und doch unterscheiden sie die drei Filme in ihrer Bewertung (siehe Diagramm 17).

Zwei Drittel der Betrachter des Films »Restaurierung archäologischer Objekte« (Film 1) fanden diesen »gut«. In der Gesamtbetrachtung ergibt sich hier ein Durchschnittswert von 1,76. Noch besser schneidet der zweite Film ab. Den Film zur Restaurierung von Gemälden (Film 2) fanden drei Viertel der Befragten »gut« (durchschnittlich 1,23). Die Bewertung des Films zur Restaurierung der Krone und der Laterne (Film 3) fiel im Vergleich zu den beiden anderen Filmen weniger gut aus. So bewerteten die Interviewpartner den Film kein einziges Mal mit »sehr gut«, dafür gaben sie zu 94 Prozent ein »gut« und zu sechs Prozent ein »befriedigend«. Diese Angaben führen zu einem Durchschnitt von 2,06.

Diagramm 17: Antworten auf Frage 104 in Prozent

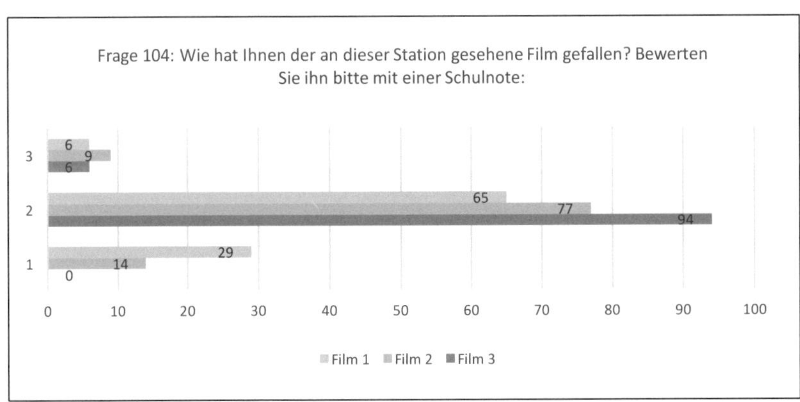

Zur Einschätzung der Vergabe der Schulnoten wurde sich in zwei weiteren Fragen nach den Gründen für die gute Note (1 oder 2: Frage 105) oder aber eine weniger gute Note (3, 4, 5 oder 6: Frage 106) erkundigt.

Die Personen, die eine 1 oder 2 vergaben, äußerten insgesamt 31 Gründe für das Gefallen. Die Antworten weisen eine breite Streuung auf, weshalb sie inhaltlich zusammenfasst werden (siehe Diagramm 18). Demnach entfällt ein gutes Drittel der genannten Gründe auf die Darstellung des Berufs bzw. des Fachwissens. Dies war weniger zu erwarten, ist aber erfreulich, da die Antworten dieser Kategorie zum einen sehr konkret ausfallen, zum anderen dem Anspruch der Filme gerecht werden. Ein Fünftel der Antworten bezog sich auf die inhaltliche Vermittlung (Neugierde/Lernbereitschaft). Die restlichen Angaben verteilten sich auf Einzel- oder Globalkritik, didaktische Aufbereitung, Organisation und den Blick hinter die Kulissen.

Diagramm 18: Inhaltliche Zusammenfassung der Antworten auf Frage 105 in Prozent

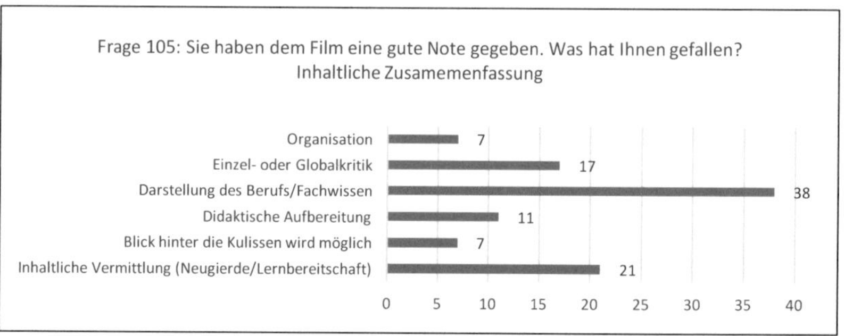

Vier Personen vergaben auf Frage 104 die Note 3. In Frage 106 wurde nach den Gründen für die schlechtere Bewertung gefragt, worauf drei Kritikpunkte (»Skulpturenrestaurierung zeigen«, »Ton für halbseitig Taube schwierig« und »Material nicht interessant«) genannt wurden. Diese Gründe fließen in die Gesamtliste mit Kritikpunkten bzw. Verbesserungsvorschlägen am Ende dieses Kapitels ein.

Die genaue Einschätzung der Eigenschaften der Filme erfolgt unter Verwendung von dreistufigen Skalen zu folgenden Themen:

Länge

Die Länge der Filme wurde von rund drei Vierteln der Befragten als »genau richtig« empfunden. Bei der genaueren Betrachtung der einzelnen Filme ergaben sich hierbei jedoch Unterschiede. So bewerteten die zum ersten Film Interviewten (archäologische Objekte) diesen zu 82 Prozent als »genau richtig«. Ähnlich wurde der dritte Film (kunsthandwerkliche Restaurierung) gewertet. Der Film über die Restaurierung von Gemälden hingegen war für 68 Prozent der Probanden »genau richtig«, für 23 Prozent aber »zu kurz«. Der Film ist mit 03:24 Minuten tatsächlich der kürzeste Film. Dass dies ein Kritikpunkt sein würde, war nicht zu erwarten. Vielmehr lag die Vermutung nahe, dass die anderen Filme mit

08:13 (kunsthandwerkliche) bzw. 07:08 Minuten (archäologische Restaurierung) mehrheitlich als zu lang eingeschätzt würden.

Lautstärke

Wie vorauszusehen, empfanden knapp zwei Drittel der Befragten die Lautstärke der Filme als zu gering. Dies hatten bereits eine Pretest-Person kritisiert, woraufhin die Lautstärke der Filme nach oben geregelt worden war. Dennoch scheint die Lautstärke nicht auszureichen. Über die Anbringung von Kopfhörern oder Hörmuscheln sollte nachgedacht werden.

Informationsgehalt

85 Prozent der Filmbetrachter fanden den Informationsgehalt »genau richtig«. Nur die Betrachter des zweiten Films wünschten sich zu knapp einem Viertel mehr Informationsgehalt. Dieses Ergebnis korreliert mit der Angabe der Befragten, dass Film 2 zu kurz gewesen sei. Dass zu viel Informationsgehalt in den Filmen stecke, gab keine der befragten Personen an.

Verständlichkeit

Die Verständlichkeit bewerteten nahezu alle Befragten als »genau richtig«. Dies ist insbesondere darauf zurückzuführen, dass gesprochener Text und gezeigtes Bild nicht voneinander abweichen (siehe Kapitel 9.2).[1]

Technische Inhalte

Ebenso empfanden fast alle Interviewpartner die technischen Inhalte der Filme als »genau richtig«)

Chemische Inhalte

Die Frage nach den chemischen Inhalten der Filme ergibt, dass 84 Prozent der Filmbetrachter diese »genau richtig« fanden. Dabei wurde der erste Film – jener, der überwiegend als zu kurz bewertet wurde – auch am wenigsten gut bewertet.

---

1 Mündl. Mitteilung am 18.07.2014 von Prof. Stephan Ferdinand und Prof. Eckhard Wendling.

Ob dabei zu viel oder zu wenig Chemie im Film vorkommt, wurde ambivalent eingeschätzt. In Film 3 werden bedeutend ausführlicher chemische Prozesse und Anwendungen beschrieben, allerdings scheint dies hinsichtlich der Bewertung der Inhalte keine Auswirkung zu haben.

Die Auswahl der Kernaussagen des jeweiligen Films in der anschließenden Frage (108) zeigt ein überraschendes Ergebnis. So wurden bei allen drei Filmen die zentralen Statements zur Kenntnis genommen und erinnert. Bei Film 1 ist dies: »Der Einsatz neuer Techniken hilft den Restauratoren bei komplexen Aufgaben«, bei Film 2: »Die Restaurierung muss für nachfolgende Generationen gut dokumentiert werden« und bei Film 3: »Das Restaurierungskonzept ist von vielen Faktoren abhängig: vom Zustand und Material des Objekts sowie der Ausstellung und den vermittelten Inhalten«. Dieses Ergebnis spricht wiederum für die Qualität der Filme.

Auf die abschließende Frage (109), ob die Interviewten noch etwas zum Thema Restaurierung allgemein und/oder den Filmen mitteilen mochten, wurden 18 positive und negative Punkte mit großer Streuung genannt. Die Kritikpunkte fließen in die Gesamtliste ein.

10.3.3 Zusammenfassung der Kritikpunkte und Verbesserungsvorschläge

Die Interviewten brachten im Rahmen der Befragungen an mehreren Stellen Kritikpunkte an. Deshalb werden im folgenden Diagramm alle Kritikpunkte zusammengefasst, die auf die Fragen 8, 9, 105, 106, 107 und 109 genannt wurden. Im Zuge dessen werden Dopplungen, d.h. identische Anmerkungen ein und derselben Person auf verschiedene Fragen, herausgerechnet. Weit abgelegen bemängelten knapp drei Viertel die Lautstärke (siehe Diagramm 19).

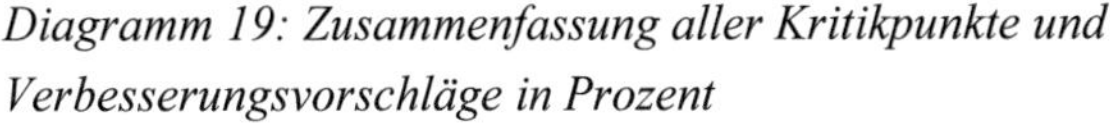

Diagramm 19: Zusammenfassung aller Kritikpunkte und Verbesserungsvorschläge in Prozent

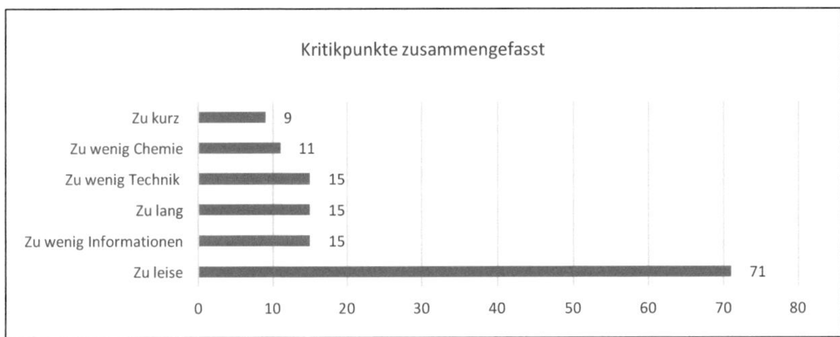

Bei der inhaltlichen Zusammenfassung der Kritikpunkte zeigt sich, dass 62 Prozent der Anmerkungen organisatorische Belange betreffen (zu leise, zu kurz, zu lang etc.). Ein knappes Drittel der Kritikpunkte bezog sich auf Inhaltliches, gefolgt von Angaben zum Thema »mehr praktische Restaurierung« sowie »Hintergrundinformationen« (siehe Diagramm 20).

Diagramm 20: Kritikpunkte und Verbesserungsvorschläge nach Themen gebündelt in Prozent

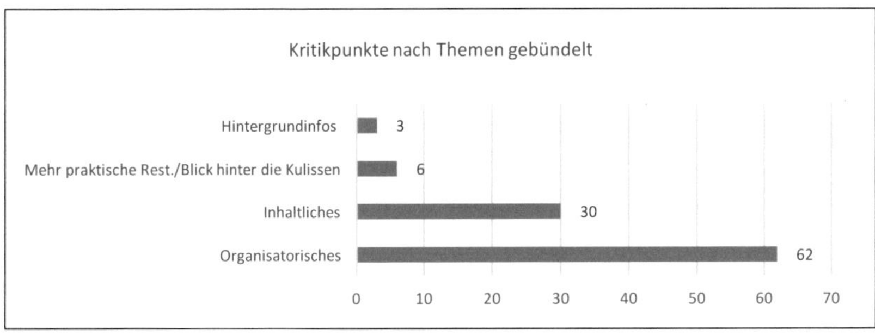

11. Diskussion der Evaluierungsergebnisse und Schlussfolgerungen

Die Evaluierung der Restaurierungsfilme in der Dauerausstellung und der Führungen in den Restaurierungswerkstätten am LMW stellt nur eine kleine Erhebung dar, liefert aber dennoch qualitativ aufschlussreiche Ergebnisse. Dabei können – wie aus der Besucherforschung bekannt – die Merkmale der Besucher hinsichtlich ihres Vorwissens und ihres Interesses dazu beitragen, die Ergebnisse zu gewichten. Wenig überraschend ist, dass insbesondere im Zusammenhang mit diesen beiden Merkmalen deutliche Unterschiede zwischen Führungs- und Filmteilnehmern vorliegen.

Hinsichtlich der Evaluierung der Filme und Führungen lassen sich aus den Ergebnissen – in Kapitel 10 ausführlich beschrieben – gewisse Schlussfolgerungen ziehen; die Gliederung des entsprechenden Kapitels folgt dabei den drei Untersuchungsschwerpunkten Interesse (siehe Kapitel 11.1) und Vorwissen (siehe Kapitel 11.2) der Besucher sowie Gefallen bzw. Verständnis der Angebote (siehe Kapitel 11.3).

11.1 Interesse

In diesem Kapitel werden die Ergebnisse der Fragen zum Interesse der Besucher beleuchtet. Speziell wird hier abgeglichen, ob das Interesse für die Angebote geweckt und ob all das, was die Besucher interessiert, von der Restauratoren des LMW auch vermittelt werden kann. Die Ergebnisse können dementsprechend entweder dazu führen, dass die Inhalte der Angebote an das Interesse der Teilnehmer und Besucher angepasst werden – oder aber das Interesse der Befragten entspricht nicht den Zielen der Restauratoren; dann sollte über die Inhalte ein andersgelagertes Interesse der Teilnehmer geweckt werden.

Das Thema Interesse ist in drei Teile gegliedert. Zunächst wird das allgemeine Interesse der Besucher an Themen der Restaurierung und somit die Ergebnisse der angebotsunabhängigen Fragestellungen erläutert (siehe Punkt 11.1.1). In Teil 2 und 3 dieses Kapitels werden das jeweilige Interesse an den Führungen (siehe Punkt 11.1.2) und Filmen (siehe Punkt 11.1.3) im Speziellen diskutiert.

11.1.1 Interesse der Besucher an Themen der Restaurierung

Die Besucher des LMW erweisen sich grundsätzlich sehr interessiert an Themen der Restaurierung. Das verdeutlichen die Ergebnisse der Besucherstrukturanalyse zu den »LegendärenMeisterWerken« und die Evaluierung der Filme und Führungen (siehe Punkt 10.1.1) Dies stellt für die Restaurierungswerkstätten des LMW ein erfreuliches Ergebnis dar, gilt doch das große Interesse der Besucher als Grundvoraussetzung für deren Teilnahme an Angeboten zum Thema Restaurierung sowie für das Museum, ebendiese Programme anzubieten.

V.a. in den Führungen befinden sich Personen, die Angaben dazu machten, hochinteressiert zu sein (sog. »Hochinteressierte«). Das mag daran liegen, dass eher Personen an Interviews zum Thema Restaurierung teilnehmen, die grundsätzlich mehr Interesse für Restaurierungsthemen aufbringen. Von den Führungsteilnehmern stechen dabei wiederum – wie zu erwarten – ganz besonders jene der kostenpflichtigen Führungen hervor, nachdem sie den Aufwand der Anmeldung und der zusätzlichen Kosten auf sich nehmen.

Die Interviewteilnehmer befürworteten es ausdrücklich, dass Museumsbesucher etwas zum Thema Restaurierung erfahren. Die Ergebnisse der im Rahmen dieser Arbeit durchgeführten Studie ebenso wie der Besucherstrukturanalyse sprechen dafür, dass das Thema Vermittlung von restauratorischen Inhalten in Museen vermehrt Einzug erhalten sollte. Im Unterschied zur Besucherstrukturanalyse wurden mit der Evaluation darüber hinaus Interessen und Vorkenntnisse zum Thema explorativ erfasst.

Die Besucher sind dabei interessanterweise nicht nur auf den »Blick hinter die Kulissen«, sondern auch auf inhaltliche und restaurierungsethische Themen aus, wie etwa »Restaurierungstechniken und Materialien werden gezeigt« und »Fachgerechte Restaurierung wird deutlich«. Infolgedessen werden die Angebote im LMW weiterhin verschiedene Schwerpunkte beinhalten. V.a. das Thema der fachgerechten Restaurierung soll dabei vorrangig vermittelt werden, denn häufig herrscht in der Öffentlichkeit ein falsches Bild von der Restaurierungsarbeit. So wird der Restaurator in der Presse und den Medien gerne als »Neumacher« gezeigt, als die Person, die »Altes im neuen Glanz erstrahlen lässt«. Dafür sollten – auch wenn das Thema nicht vorrangig von den Befragten genannt wurde – Aufgaben wie der Erhalt von Objekten, Ausstellungsauf- und -abbau und Leihverkehr thematisiert werden. Wichtig ist dabei ganz besonders die Vermittlung der Bedeutung des Erhalts des kulturellen Erbes sowie der Sinnhaftigkeit des monetären und personellen Aufwands, der von den Museen betrieben wird. Ferner soll damit die wichtige Aufgabe und Verantwortung der Restauratoren an Museen für den Kulturgüterschutz hervorgehoben werden.

Besucher, die an Themen der Restaurierung interessiert sind, sollten die Möglichkeit erhalten, insbesondere vor, aber auch bei ihrem Besuch von entsprechenden Angeboten zu erfahren. So ließe sich am Ende der Filme auf Führungen bzw. weitere Angebote der Restauratoren des LMW hinweisen (»Besuchen Sie unsere Führungen ...«). Auch können die Restauratoren am Ende der Führungen die Betrachtung der Filme empfehlen. Dabei könnten sie auf die unterschiedlichen Wege verweisen: So ließen sich beispielsweise die Filme in der Dauerausstellung in Verbindung mit den realen Objekten besser verstehen. Die Filme auf der Homepage hingegen sind in weiterführende Informationen über die Restaurierungswerkstätten eingebettet (u.a. Vorstellung der Werkstätten und Restauratoren, Restaurierungsberichte; siehe Kapitel 7.2.6). Eine weitere Möglichkeit wäre die Anbringung von Prospekthaltern, denen Interessierte Informationsblätter zu bestimmten Restaurierungsthemen und zu weiterführenden Angeboten entnehmen könnten.

11.1.2 Interesse an den Führungen im Speziellen

Dass die Besucher der Führungen insgesamt sehr interessiert an Angeboten zum Thema Restaurierung sind, verdeutlicht das vorangegangene Kapitel. Die Ergebnisse der Fragen nach dem speziellen Interesse an den Führungen geben Hinweise darauf, wie das Museum das Interesse der Besucher an Angeboten zum Thema Restaurierung neu wecken bzw. ausbauen kann.

Die überwiegende Mehrheit der Teilnehmer an den kostenpflichtigen Führungen wird ganz klassisch über Veranstaltungshinweise in Tageszeitungen erreicht. Hinsichtlich dieser Zielgruppe ist es sinnvoll, auch weiterhin die Veröffentlichung der Angebote zum Thema Restaurierung zu forcieren und wenn möglich durch kurze Artikel hervorzuheben. Zur Erweiterung dieser Zielgruppe sollte gemeinsam mit der Abteilung Kulturvermittlung des LMW überlegt werden, ob der Personenkreis auch über andere Kanäle erreicht werden könnte.

Führungen, die im Rahmen von kostenlosen Veranstaltungen wie dem Internationalen Museumstag oder dem Tag des offenen Denkmals angeboten werden, sollten über die Tagespresse hinaus auch auf anderen Wegen beworben werden, denn nur ein knappes Drittel der entsprechenden Gruppe bezieht seine Information aus Tageszeitungen. Leider kristallisiert sich aus den Antworten keine eindeutige Quelle heraus. Ein Teil erfährt von den Führungen über die Homepage des Museums oder von Freunden/Bekannten/Verwandten. Hier unterscheiden sich die beiden Gruppen deutlich, denn die Homepage und die persönliche Empfehlung werden von keinem einzigen Teilnehmer der kostenpflichtigen Führung als Informationsquelle angegeben. Diese Tatsache – der Multiplikator im persönlichen Umfeld, der für ausgewählte Besucher noch keinerlei Rolle spielt – sollte vermehrt genutzt werden. So könnten den Teilnehmern im Anschluss an die Führungen Gutscheine mit einem Rabatt für den zukünftigen Besuch einer kostenpflichtigen Führung in der Restaurierungswerkstatt zur Weitergabe an Dritte ausgehändigt werden. Dies würde die Besucher der kostenpflichtigen Führungen womöglich animieren, mit Freunden/Bekannten/Verwandten über die Teilnahme zu sprechen und diese ebenfalls zu einem Besuch zu animieren. Die Teilnehmer der kostenlosen Führungen wiederum könnten Freunde/Bekannte/Verwandte zu einem kostenpflichtigen Besuch anregen oder selbst ein weiteres Mal teilnehmen. Im Sinne der Erreichbarkeit von Interessenten an kostenlosen Führungen sollten diese wie bisher auf der Homepage des LMW beworben werden.

Daneben sollten die Gründe, die die Interviewpartner für die Öffnung der Restaurierung für die Öffentlichkeit vornehmlich genannt haben (»Blick hinter die Kulissen wird möglich« und »Restaurierungstechniken und Materialien werden gezeigt«), bei der Bewerbung stärker in den Vordergrund treten.

Bereits in den Gesprächen mit den Teilnehmern während der Führungen fiel auf, dass einige Eltern mit Kindern im Teenageralter bzw. jungen Erwachsenen anwesend waren. Die Evaluierung bestätigt dies. So ist knapp jeder zehnte Teilnehmer an den Führungen unter 24 Jahre alt. Aus den Fragen der Eltern (nicht der Kinder) geht dabei hervor, dass die Teilnahme an der Führung vorrangig aus Gründen der bevorstehenden Berufswahl des Kindes stattfand. Auf dieses Nutzerinteresse sollte bei der Wahl der Inhalte weiterhin Rücksicht genommen werden, da es für den Berufsstand wesentlich ist, interessierten und engagierten Nachwuchs zu rekrutieren, und auch das Museum an sich Interesse an dieser Besuchergruppe haben dürfte. Hierauf zielt auch das nächste Ergebnis.

So ist, wie unter Punkt 10.1.3 aufgeführt, die Hälfte der Teilnehmer zwischen 45 und 64 Jahren alt. Um mehr jüngere Menschen für das Thema Restaurierung zu gewinnen, sollten verstärkt Führungen an Ereignisse geknüpft werden, die jüngere Altersgruppen ansprechen, wie beispielsweise die Lange Nacht der Museen. Es ist aber auch möglich, das Programm – z.B. in Form von »Studenten führen Studenten« – gezielt an Interessenten verwandter Studienfächer wie Chemie, Kunstgeschichte oder Physik auszurichten. Eine weitere Option stellen Spezialführungen für Schulklassen, Kinder etc. mit angepassten, altersgerecht aufgearbeiteten Inhalten dar.

Besonders Bewohner aus dem Stadtgebiet Stuttgart bzw. aus dem Bereich des öffentlichen Nahverkehrs zeigen Interesse an den Führungen – drei Viertel der Teilnehmer stammen aus nächster Umgebung. Dementsprechend sollten die Führungen intensiv regional beworben werden. Hierfür sind die Abteilungen Öffentlichkeitsarbeit der Museen von den jeweiligen Restaurierungswerkstätten mit Fotos vergangener Führungen oder interessanten Detailaufnahmen und Vorlagen für die Pressetexte zu beliefern. Darüber hinaus sollte inhaltlich auf die Personengruppe eingegangen werden. Denkbar ist beispielsweise die Vorstellung von Restaurierungsvorhaben speziell von Objekten oder Themen aus der Region. Durch das erlangte Wissen können aber auch explizit andere Zielgruppen mit entsprechenden Maßnahmen angesprochen und ausgebaut werden.

Teilnehmer an den Führungen in den Restaurierungswerkstätten können – pointiert formuliert – als »Wiederholungstäter« bezeichnet werden. Ein Fünftel der Befragten hatte bereits zuvor Führungen in den Restaurierungswerkstätten des LMW besucht. Besonders die Teilnehmer der kostenpflichtigen Führungen zählen zu den Besuchern, die wiederkehren. Deshalb ist zum einen darauf zu achten, dass die kostenpflichtigen Führungen in ihren Schwerpunkten und Inhalten wechseln. Dies kann beispielsweise bewerkstelligt werden, indem die Restaurierungswerkstätten unterschiedliche Fachbereiche vorstellen oder Führungen zu bestimmten Themen anbieten (z.B. Farbe oder Ergänzungen, Restaurierungen für aktuelle Ausstellungen). Dies bedeutet im Umkehrschluss, dass mit den kostenlosen Angeboten überwiegend neue Besucher angesprochen werden sollten.

Nahezu alle Teilnehmer der Befragung – unabhängig, ob bei der kostenlosen oder kostenpflichtigen Führung – würden mit einer überwältigenden Mehrheit wieder an Führungen in den Restaurierungswerkstätten des LMW teilnehmen. Die Gründe für das Gefallen sind unter Punkt 11.3.2 aufgeführt.

11.1.3 Interesse an den Filmen im Speziellen

Dass nur sehr wenige Besucher die Filme zum Thema Restaurierung in der Dauerausstellung »LegendäreMeisterWerke« gesehen haben, ist das Ergebnis der Interviews der Filmbetrachter (siehe Punkt 10.3.1; das Resultat der Besucherstrukturanalyse wird aus den unter Punkt 10.3.1 aufgeführten Gründen an dieser Stelle nicht weiter betrachtet). Die diesbezügliche Evaluierung deckt somit ein Dilemma auf, denn einerseits gefallen die Filme den Befragten (siehe Punkt 11.3.2), werden aber von der großen Mehrzahl der Besucher nicht wahrgenommen und rezipiert. Für das Gefallen spricht indes auch die Angabe jedes Zweiten, dass er die Filme auch angesehen hätte, wenn er nicht zur Teilnahme am Interview aufgefordert worden wäre.

Jene, die sich die Filme nicht mehr oder nur vielleicht ansehen würden, gaben an, sich für diese speziellen Filme nicht zu interessieren. Mehr als der Hälfte dieser Personen fehlte indes die Zeit dafür – was ein weiteres Problem aufdeckt: Die Filme stehen in Konkurrenz zu den zahlreichen alternativen Angeboten und v.a. der Größe der Ausstellung (4500 ausgestellte Objekte, 450 Vitrinen, Bereichs-, Themen- und Objekttexte, Medienstationen, »Mitmach«-Stationen, Kinderebene etc.) und werden obendrein nur schwer entdeckt. Dieser Schwierigkeit müsste entgegengewirkt werden, indem die Filme anhand von Bewegungsmeldern starten und somit Aufmerksamkeit auf sich ziehen. Allerdings hat das Museum aufgrund von Beschwerden des Aufsichtspersonals die Bewegungsmelder vor Kurzem erst gegen Druckknöpfe zum Start der Filme ausgetauscht, wodurch die Filme nun vermutlich noch seltener gesehen werden.

Daneben besteht die Problematik, dass die Filme nicht konzentriert angesehen werden können. Um die Texte der Filme über Lautsprecher zu verstehen, muss es in der Umgebung relativ ruhig sein, es darf zum entsprechenden Zeitpunkt z.B. keine Gruppenführungen in der Nähe sein, die durch Hintergrundgeräusche oder ablenkende Bewegungen stören. Dieses Problem lässt sich nicht ohne Weiteres beheben, es gibt aber Möglichkeiten der Verbesserung.

Folgende Änderungen – gestaffelt von der Minimal- zu Maximallösung – könnten zur verbesserten Beachtung der Filme führen:

- deutliche(re) Beschriftung an den Druckknöpfen zum Auslösen der Filme
- Hinweise an jedem der drei Filme auf das Vorhandensein weiterer Filme
- Aufnahme der Filme als Hinweise oder gar mit dem Gesamttext zum separaten Aufrufen innerhalb der Führungsprogramme auf dem Audioguide
- Montage von Sitzgelegenheiten zum entspannten Betrachten der Filme
- Schaffung eines Kinoraums: Dadurch könnten viele Besucher gleichzeitig in ruhiger Atmosphäre und bei guter Ton- und Bildqualität den Filmen folgen.

Insgesamt verdeutlicht dieses Ergebnis, dass es mitnichten ausreicht, lediglich auf das Gefallen und Verständnis der Filme zu achten, sondern dass von Anfang der Planung von Ausstellungen an auch deren genauer Platzierung Beachtung geschenkt werden muss.

11.2 VORWISSEN

Im folgenden Kapitel werden die Ergebnisse aus Punkt 10.1.2 diskutiert. Mithilfe der Kenntnis um das Vorwissen der Teilnehmer und Besucher im LMW sollen die Angebote in den Restaurierungswerkstätten angepasst werden, ohne diese zu über- oder zu unterfordern. Hierbei steht besonders im Vordergrund, ob das Vorwissen der Besucher zu den vermittelnden Inhalten der Angebote passt. Mit der Erhebung, welche Vorstellungen die Befragten zum Thema Restaurierung mitbringen, sollte geklärt werden, ob die Inhalte stärker auf eine restaurierungsethische Vermittlung ausgelegt werden müssen.

11.2.1 Vorwissen der Besucher zum Thema Restaurierung

Die Mehrheit der Befragten hat bereits etwas über Restaurierung an Museen gehört. Auch dieses Ergebnis weist zunächst auf ein gutes Resultat im Sinne des Berufsbilds und der öffentlichen Wahrnehmung hin. Hierbei zeigt sich erwartungsgemäß deutlich, dass die Hochinteressierten zu einem größeren Anteil als die Geringinteressierten schon einmal etwas über Restaurierung an Museen erfahren haben.

Das Vorwissen der Interviewteilnehmer ist allerdings sehr allgemein (siehe Punkt 10.1.2), knapp jede zweite Antwort lautet: »Ein Restaurator am Museum restauriert Objekte«. Dass darüber hinaus aber ein breit gestreutes Tätigkeitsprofil von den (wenigen) befragten Personen entworfen wird, spiegelt zwar ein verhältnismäßig weites Wissensgebiet wider, doch ist dieses individuell stark differenziert. Daher ist es ebenso wenig überraschend, dass sich Spektrum und Umfang in den Angaben zwischen den Filmbetrachtern und den Führungsteilnehmern unterscheiden. Allerdings sind hier keinerlei Schwerpunkte zu erkennen: Beide Gruppen nennen vereinzelte Tätigkeiten, aber auch Allgemeines. Dies erschwert insgesamt die Anpassung der inhaltlichen Angebote – nicht nur der Filme und Führungen –, denn die Besucher bzw. Teilnehmer müssen bei verschiedenen Wissensständen »abgeholt« werden. Dennoch ist die Sachkenntnis grundsätzlich als gering zu bezeichnen, insofern sollte an diesem Punkt angesetzt werden, und die Teilnehmer sollten nach der Nutzung des Angebots mehr als nur die o.g. Aussagen verinnerlicht haben. Um dies zu erreichen, könnten Führungen zu bestimmten Tätigkeiten im Museum wie Ausstellungsauf- und -abbau, Erhalt von Objekten oder Leihverkehr angeboten werden.

Auch auf die Frage, was eine fachgerechte Restaurierung mit sich bringt, ergibt sich ein breites Antwortspektrum (siehe Punkt 10.1.2); keine der Antworten wird auffällig häufig gegeben. Ein Unterschied zwischen den Filmbetrachtern und den Führungsteilnehmern ist ebenso wenig zu erkennen. Ein derart ambivalentes Bild kann aber nicht Ziel der Vermittlung sein.

Eine gewisse Häufung zeigt sich bei den Antworten »Eine Restaurierung sollte so wenig sichtbar wie möglich sein«, »Es sollte so wenig wie möglich restauriert werden« sowie »Material und Technik sollten möglichst originalgetreu verwendet werden«. Allerdings sind die erste und dritte Antwort aus restaurierungsethischer Sicht nicht völlig richtig. So sollte die Restaurierung bei genauem Hinsehen erkennbar und für nachfolgende Generationen nachvollziehbar sein. Außerdem müssen häufig neue Materialien und Techniken angewendet werden, da historische Materialien unter Umständen schwer wieder zu entfernen wären bzw. den Anforderungen an Stabilität oder Optik nicht länger standhalten (siehe Kapitel 5.1).

Ob diese Thesen fälschlich bzw. unklar vermittelt wurden, sollte allerdings geprüft werden. Ziel der restauratorischen Vermittlung muss schließlich sein, dass im Anschluss an die Teilnahme der Führungen oder an die Betrachtung der Filme ein unmissverständlicher Eindruck von fachgerechter Restaurierung beim Besucher entstanden ist. Im Vorfeld von Restauratoren ausgewählte restaurierungsethische Grundsätze und klar formulierte Statements im Zuge der Angebote können dabei bewirken, dass die Besucher ihr Wissen weiter ausbauen und die Restauratoren im Sinne der Professionalisierung Einfluss auf das Erlernte und ihre eigene Außenwahrnehmung nehmen. Wichtige Statements sind daher von den Restauratoren deutlicher zu formulieren und zu wiederholen. Eine weitere Möglichkeit wäre, diese zu Beginn der Führungen in der Einleitung oder plakativer in den Filmen zu erläutern. Ein anderer Weg wiederum wäre, die Führungen unter ein Motto mit einem restaurierungsethischen Thema zu stellen, wie etwa: »Restaurieren heißt nicht neu machen.«

Die Befragten beziehen ihre Informationen zum Thema Restaurierung aus unterschiedlichen Quellen. So differieren die Angaben zur Herkunft des Wissens der Führungsteilnehmer von jenen der Filmbetrachter und spiegeln verschiedentlich die Bedeutung der Restaurierung im Alltag der Interviewten wider.

Die Befragten aus den Führungen beziehen ihr restauratorisches Wissen vermehrt über soziale Kontakte wie Freunde/Bekannte/Verwandte, was für einen aktiven Erwerb ihres Wissens spricht. Doch auch innerhalb der »Führungsgruppe« unterscheiden sich die diesbezüglichen Ergebnisse: Die zahlenden Teilnehmer beziehen ihr Wissen zu je einem Viertel von Freunden/Bekannten/Verwandten sowie aus Zeitungen, die Besucher der kostenfreien Führungen hingegen zu einem Drittel bei Veranstaltungen anderer Museen. Es handelt sich somit um unterschiedliche Besuchergruppen, die sich überdies in einem weiteren Merkmal unterscheiden: Die Teilnehmer der kostenlosen Führungen scheinen grundsätzlich Angebote zum Thema Restaurierung im Rahmen von Veranstaltungen auch an anderen Museen zu nutzen.

Die Filmbetrachter hingegen beziehen ihr Vorwissen verstärkt aus Fernsehbeiträgen (unabhängig vom Bildungsgrad). Rund jeder Zehnte aus dieser Gruppe hat sich im Unterschied zu den Führungsteilnehmern Wissen im Zuge eines Hobbys angeeignet. Diese Tatsache dürfte für die Restauratoren in Führungen spürbar sein; vermutlich werden von jenen Teilnehmern eher spezielle Fragen zu Restaurierungstechniken und -materialien gestellt. Bei der Beantwortung der Fragen sollten die Restauratoren deshalb insbesondere betonen, dass eine fachgerechte Restaurierung ausschließlich von einem ausgebildeten Restaurator durchgeführt werden sollte, auch wenn dies unter Umständen zu Unmut führt.

Zusammenfassend ist das Vorwissen der Besucher und Teilnehmer verhältnismäßig heterogen, aber insgesamt nicht ausgeprägt, weshalb die restauratorischen Botschaften besonders klar und verständlich formuliert werden müssen, eventuell mithilfe von Wiederholungen. Das betrifft v.a. die Führungen (siehe Punkt 11.3.1). Hier können die Restauratoren ganz besonders auf den unterschiedlichen Kenntnisstand der Teilnehmer eingehen, indem sie spontan auf vorhandenes Vorwissen und individuell auf Fragen reagieren.

In den Filmen wiederum muss eine gleichbleibende, bei guter Vorbereitung hohe Qualität sichergestellt werden. Auf das individuelle Vorwissen des Betrachters kann bei dieser Vermittlungsform nur bedingt eingegangen werden. So könnten Besucher vertiefende Inhalte oder spezielle Themen zu den Filmen mithilfe von Touchscreens auswählen.

11.3 GEFALLEN UND VERSTÄNDNIS

Das Gefallen der Angebote und ihr Verständnis nehmen einen wichtigen Teil der Untersuchung ein. Sie werden im Folgenden getrennt nach Führungen und Filmen besprochen. Die Ergebnisse stellen Grundlagen für die Erarbeitung weiterer Vermittlungsangebote in den Restaurierungswerkstätten des LMW dar und dienen dazu, die Filme und Führungen zu verbessern.

11.3.1 Gefallen und Verständnis der Führungen im Speziellen

Das Führungsprogramm wird von allen Teilnehmern positiv aufgenommen. Dies zeigt sich nicht nur an den unter Punkt 11.1.2 aufgeführten Antworten auf die Fragen nach dem Interesse, sondern auch an den Rückmeldungen der Interviewten zum Gefallen und Verständnis. So vergeben die Befragten im Schnitt sehr gute und gute Noten für die Führungsteile. Gründe hierfür sind im Wesentlichen die inhaltliche Vermittlung und die didaktische Aufbereitung.

Die Gemäldeführungen schließen dabei in der Gesamtbewertung am besten ab. Dass die anderen Führungsteile weniger gut bewertet werden, liegt womöglich an den unterschiedlichen Fachbereichen, ist aber auch – wie bei allen Führungen grundsätzlich der Fall – abhängig vom Vortragenden. Daneben werden die kostenlosen Führungen (bis auf die Führung zur kunsthandwerklichen Restaurierung) besser bewertet als die kostenpflichtigen. Die Erklärung hierfür ist vermutlich, dass mit dem entrichteten Eintrittspreis auch höhere Erwartungen angelegt werden, die bedient werden müssen.

Neben den inhaltlichen Anforderungen werden – trotz guter bis sehr guter Noten – Wünsche zur Veränderung der Dauer und des Inhaltes geäußert. Jeder zweite Befragte wünscht sich längere Führungen. Diese Kritik wird von den Teilnehmern sowohl der kostenfreien als auch der kostenpflichtigen Führungen geäußert und das, obwohl die Führungen ohnehin schon eine volle Stunde in Anspruch nehmen und zu vermuten gewesen wäre, dass die Besucher des Internationalen Museumstags am selben Tag noch an weiteren Veranstaltungen am LMW oder in anderen Museen hätten teilnehmen wollen. Eine Möglichkeit stellt hier die Reduzierung der Vorstellung der Fachbereiche von drei auf zwei dar, die dann jeweils länger (ca. 30 Minuten) präsentiert werden könnten. Somit würde sich die Gesamtdauer des jeweiligen Führungsangebots nicht erhöhen, dafür aber die Intensität des jeweiligen Themas mitsamt der Möglichkeit, Fragen zu stellen.

Dem Wunsch nach Teilnahme an einer praktischen Restaurierung – von einem Viertel der Befragten genannt – kann allerdings nur bedingt entsprochen werden. So könnten die Restauratoren kleine Restaurierungsmaßnahmen wie Oberflächenreinigung oder Firnisabnahme zeigen. Doch die meisten Maßnahmen wären zu aufwendig und langwierig, um sie im Rahmen einer Führung zu präsentieren. So wird eine Klebung nicht rasch genug trocknen, eine Retusche dauert zu lange. Daneben müssen zum Schutz der Restauratoren mitunter lösemittelhaltige oder Staub erzeugende Arbeiten unter dem Abzug durchgeführt werden; der Besucher würde demnach nur eingeschränkt etwas zu sehen bekommen. Außerdem besteht die Gefahr, dass Teilnehmer versuchen könnten, die vorgeführten Maßnahmen an eigenen Stücken nachzumachen bzw. sich als »Hobbyrestauratoren« fortzubilden. Dies ist gemäß des restaurierungsethischen Selbstverständnisses zu vermeiden. Dafür ließen sich an Testobjekten »Fehler« zeigen, d.h. Schäden, die durch unsachgemäße Restaurierung entstehen.

Um die Restaurierungsarbeiten und einzelne Schritte kennenzulernen, sind Filme besser geeignet. Dort werden – ähnlich einem Zeitraffer – gut sichtbar der Gesamtprozess sowie die Fertigstellung eines Restaurierungsprojekts gezeigt.

Den Informationsgehalt der Führungen finden knapp drei Viertel »gut«. Aus den offenen Angaben ist zudem bekannt, dass sich jeder Fünfte nicht alle drei Führungsteile wünscht, sondern die Vorstellung weniger Fachbereiche oder gar nur einer Werkstatt. Diese Idee lässt sich leicht aufgreifen, indem künftig nur noch ein oder zwei Führungsteile in den Werkstätten angeboten werden, wie im Zusammenhang mit der Führungslänge bereits dargelegt. So wären die Vorstellungen der Fachbereiche jeweils länger und würden auch mehr Informationen beinhalten. Die Einführung – die aufgrund der Bewertungen so bleiben sollte, wie sie ist – muss aus didaktischen Gründen stets Bestandteil sein.

Erste Maßnahmen in dieser Richtung ergeben ein positives Bild: So stellten die Restauratoren des LMW am Tag des offenen Denkmals 2014 jeweils zwei – statt bisher drei – Fachbereiche (für jeweils 30 Minuten) pro Führung vor (Führung 1: Gemälde + Glas, Führung 2: Textil + Gemälde, Führung 3: Glas + Textil). Dabei wurde darauf geachtet, dass eine Führung nicht mit demselben Fachbereich endete, mit dem die nächste beginnen sollte – dies ließ mehr Zeit für Fragen. Außerdem konnten die jeweiligen Restauratoren auf diese Weise zwischen den Führungen kurz pausieren. Die Aufteilung wurde vorab kommuniziert (Zeitung, Homepage, Programmheft) oder war an der Kasse zu erfragen, sodass die Besucher die Möglichkeit hatten, sich für zwei spezielle Themen zu entscheiden. Im Ergebnis waren die Führungen intensiver und liefen trotzdem entspannter ab. Es blieb mehr Zeit für Fragen, und ein Teil der Besucher nahm sogar an zwei Führungen teil, um alle drei Fachbereiche zu durchlaufen.

Mit der Verständlichkeit der Führungen waren sämtliche kostenpflichtigen Teilnehmer sehr zufrieden. Die kostenlosen Führungen konnten aufgrund der vorliegenden Ergebnisse ein wenig vereinfacht werden, nachdem sich herausgestellt hatte, dass ein Teil der Befragten das Angebot als zu kompliziert, zu technisch oder »zu chemisch« empfunden hatte. Auch wenn dies nur jeweils ein kleiner Anteil der Teilnehmer gewesen war, verdeutlichen diese Werte doch die heterogene Zusammensetzung beider Gruppen. So unterscheiden sie sich in den Merkmalen Interesse und Vorwissen, v.a. aber auch hinsichtlich ihrer Informationsquellen. Obwohl die Verschiedenheiten nicht allzu klar ausgeprägt sind, können die Restauratoren doch versuchen, im Vorfeld der Führungen verschiedene inhaltliche Niveaustufen auszuarbeiten.

Trotz des generell großen Gefallens an den Führungen und deren Verständlichkeit nehmen die Teilnehmer verhältnismäßig wenig Inhaltliches mit. So werden die Botschaften während der Führungen nicht so deutlich aufgenommen wie bei den Filmen. Das verdeutlichen auch die Ergebnisse der Fragen nach den Tätigkeiten eines Restaurators im Museum und der fachgerechten Restaurierung. Aus diesem Grund sollten, wie bereits unter Punkt 11.2.1 erwähnt, die Botschaften in den Führungen vorbereitend benannt und später wiederholt klar kommuniziert werden. Dies hätte zudem den Effekt, dass innerhalb der Restaurierungswerkstätten Diskussionen über restaurierungsethische Grundlagen, verschiedene Ansichten der unterschiedlichen »Generationen von Restauratoren« und Grundlagen der Vermittlung entstehen. Ein Konsens über die zu vermittelnden Inhalte innerhalb der Restaurierungswerkstätten eines Hauses und somit auch des LMW hätte den Vorteil, dass Botschaften und Inhalte noch klarer, weil einheitlicher und wiederholt von den Restauratoren weitergegeben würden. Dies würde im Sinne der Professionalisierung einen weiteren wichtigen Beitrag zur Entwicklung des Berufsbilds beitragen.

Eindeutige Gründe für das Gefallen der Führungen sind indes nicht auszumachen. Es überwiegen allgemeine Angaben wie »interessant«, »informativ« oder »Blick hinter die Kulissen wird möglich« sowie »Fachwissen wird vermittelt« und »gut erklärt«. Diese unterschiedliche Rezeption korrespondiert mit den Ergebnissen aus der Besucherforschung (siehe Kapitel 8.2).

Bezüglich der Einführung überwogen bei den Befragten die Antwortoptionen »Ausbildung und Qualifikation der Restauratoren ist wichtig« und »Umgebungsbedingungen sind wichtig für den Erhalt«. Diese – für die Restaurierung wesentlichen – Themen sollten demnach auch bei zukünftigen Angeboten Bestandteil der Vermittlung bleiben. Dabei erscheint es sinnvoll, diese Aspekte einleitend zu besprechen, da sie während der Werkstattführung selbst weniger Beachtung finden.

Im Hinblick auf die Führungen in den Werkstätten nannten die Interviewpartner aus den vorgegebenen Statements mehrheitlich »Restaurieren heißt nicht neu machen« sowie »Restaurierung für nachfolgende Generationen gut dokumentieren«. Diese beiden Aussagen sind wesentliche restaurierungsethische Grundsätze und sollten in jedem Fall Bestandteil der Führungen bleiben. Dass sie auf besonders großes Interesse stoßen, ist erfreulich. Zur Verdeutlichung der Aussagen ließen sich beispielsweise »überrestaurierte« Objekte im Vergleich zu sensibel restaurierten zeigen, oder aber die Besucher könnten in einer Art »Ratespiel« nach Schäden, Überarbeitungen, »guten« oder »schlechten« Restaurierungen suchen. Verschiedene Dokumentationsformen wie Röntgenbilder oder Kartierungen wären ebenfalls gut geeignet zur Vermittlung der zweiten Aussage.

11.3.2 Gefallen und Verständnis der Filme im Speziellen

Auch die Filme fanden großen Anklang bei den Interviewten; sämtliche Filme erhielten eine gute bis sehr gute Bewertung. Der Film zur Gemälderestaurierung schloss am besten ab. Allgemein wurde als Grund für das Gefallen der Filme die Darstellung des Berufes und des Fachwissens angegeben. Dies ist ein positives Resultat, denn zum einen machen die Betrachter hier eine differenzierte Angabe zum Gefallen der Filme, zum anderen vermitteln diese beiden Themen ein aus restauratorischer Sicht qualitatives Bild der Restaurierung.

Die Filme fanden fast alle Befragten verständlich – ein ermutigendes Ergebnis, das für die gute Vorarbeit der Restauratoren bezüglich der Wahl der theoretischen und praktischen Inhalte, der Umsetzung der restauratorischen Inhalte in verständliche Texte durch die Filmproduktionsfirma und die Zusammenarbeit zwischen dieser und den Restauratoren spricht.

Auch bei den Filmen war vorab die Diskussion um zu vermittelnde Inhalte innerhalb der Restaurierungsabteilung nötig, was der Auseinandersetzung mit den eigenen berufsethischen Grundsätzen förderlich war. Daneben dienen sorgfältig erstellte Filme der Professionalisierung des Berufsbilds, da diese in einer Dauerausstellung über Jahre angeboten und von vielen Besuchern dort, aber auch auf YouTube oder auf der Homepage rezipiert werden können.

Besonders erfreulich ist, dass die zentralen Botschaften bei allen drei Filmen erkannt wurden. Das spricht zusätzlich für die Verständlichkeit der Filme und ihrer Aussagen. Aber auch die Inhalte zu den Themen Technik und Chemie sowie der Informationsgehalt wurden mit großer Mehrheit für gut befunden.

Die inhaltliche Klarheit und Verständlichkeit ist von großer Bedeutung, da – im Gegensatz zur Vermittlung restauratorischer Inhalte mittels Führungen – bei den Filmen keine Möglichkeit besteht, Missverständnisse durch den persönlichen Dialog auszuräumen.

Und doch lassen sich auch bei diesem Angebot einige Verbesserungen durchführen. Wieder andere können erst in zukünftigen Konzeptionen beachtet werden. So bemängelten zwei Drittel der Befragten, dass die Lautstärke zu gering gewesen sei, obwohl die Filme nach den Pretests lauter eingestellt worden waren. Die Filme lassen sich in der aktuellen Form nicht noch lauter regeln, sonst würden geführte Gruppen, Personal und Personen mit Audioguides gestört (Maßnahmen zur Verbesserung siehe Punkt 11.1.3).

Knapp ein Viertel der Befragten wünschte sich mehr Informationen im Gemäldefilm. Diese Aussage spiegelt sich auch in dem Wunsch jedes Vierten nach einem längeren Gemäldefilm wider. Für eine Nachbesserung müsste mit der Filmproduktionsfirma über die Machbarkeit (es ist noch unverarbeitetes Material vorhanden) und die Kosten einer Einbindung gesprochen werden.

Alles in allem dürfen die Filme als gelungen bewertet werden. Dennoch könnten das Gefallen und insbesondere das Verständnis anhand der vorgeschlagenen Maßnahmen zur Erhöhung des Interesses optimiert werden (siehe Punkt 11.1.3).

12. Gesamtfazit der Arbeit und Ausblick

Museen haben sich im Laufe ihrer langen Geschichte verändert bzw. mussten sich verändern, aber besonders in den vergangenen zwei Jahrzehnten wurden sie verstärkt einem Wandel unterzogen, der bis heute Auswirkungen auf alle Funktionsbereiche, Berufsgruppen und Beschäftigte hat. Um dies nachzuvollziehen, musste zunächst die Frage beantwortet werden, wie die Museen, wie wir sie heute kennen, entstanden und wie sie zu charakterisieren sind. Dabei zeigt sich, dass der Restaurator sowie der Erhalt von Kunst- und Kulturgut in der historischen Betrachtung stark unterrepräsentiert sind. Dies mag v.a. daran liegen, dass die Geschichte der Museen überwiegend eine Geschichte des Ausstellens ist – und hier finden Restauratoren zwangsläufig wenig Beachtung.

Außerdem galt es zu betrachten, wie sich dieser Wandel auf die grundlegenden Funktionen – das Sammeln, Forschen, Bewahren und Ausstellen/Vermitteln – auswirkt. V.a. dem Restaurieren bzw. dem Restaurator – der insbesondere dem Bewahren verpflichtet ist – wurde in diesem Zusammenhang besondere Beachtung geschenkt. Es zeigte sich, dass in allen vier Funktionen des Museums die Restaurierung ein wichtiger Bestandteil sein sollte, dies jedoch in der Realität nicht immer der Fall ist. Im Bereich Bewahren haben Restauratoren bzw. ihre Tätigkeiten zwar einen verhältnismäßig großen Stellenwert, dies gilt allerdings nicht für die anderen Bereiche. Insbesondere in der Forschung sind Themen zur Restaurierung und Konservierung nach wie vor selten vertreten. Dies verdeutlicht auch die Analyse von museumsspezifischen Grundsatzpapieren. Dafür ließ sich verdeutlichen, dass sich im Zuge des Wandels der Museen und den zusehends »jüngeren« Aufgaben wie Vermittlung, Öffentlichkeitsarbeit und Marketing sowie Sponsoring und Fundraising interessante neue Verknüpfungen und gemeinsame Ziele ergeben.

Im Zuge dieser Arbeit wurde dem Vermitteln besondere Aufmerksamkeit zuteil. So wurden die geschichtliche Entwicklung und Möglichkeiten der Zusammenarbeit mit Vertretern der Restaurierung dargelegt. Keine Ausstellung geschieht ohne die Vermittlung an den Besucher. Allerdings ist dies nicht die einzige Form von Vermittlungstätigkeit an einem Museum. Auch die Restaurierungswerkstätten offerieren Angebote, wie beispielsweise Führungen in ihren Räumen. In der vorliegenden Arbeit wurden diese sowie weitere Vermittlungsangebote im Spiegel einer Umfrage an deutschen Museen beschrieben. Die Angebote der Restaurierungswerkstätten am LMW wurden dabei in den Mittelpunkt gerückt. Die Betrachtung der Inhalte, die Restauratoren vermitteln, und der berufsethischen Grundsätze, die Restauratoren ihrer Arbeit zugrunde legen, ergibt ein inhomogenes Bild, wodurch es zu Unschärfen bezüglich des beruflichen Selbstverständnisses kommen kann: Nicht immer ist klar, welche Inhalte genau vermittelt werden. An diesem Thema sollten die Restauratoren selbst arbeiten.

Auch wurden das Berufsbild des Restaurators speziell am Museum, dessen Aufgaben und mögliche Spannungsfelder betrachtet. So ringen Restauratoren seit je her mit ihrer Stellung und der damit einhergehenden Bezahlung innerhalb der Museen. Die Betrachtung von museumsspezifischen Grundsatzpapieren verdeutlicht die häufig untergeordnete Rolle von Restauratoren. Eine Ursache mag in der Veränderung des Berufs des Restaurators vom Handwerker hin zum Akademiker liegen. Heute ist es in der Regel nur noch möglich, mit einem abgeschlossenen Studium der Restaurierungs- und Konservierungswissenschaften an einem oder für ein Museum zu arbeiten. Dieser Wandel spielt für das bereits aufgeführte berufliche Selbstverständnis eine wichtige Rolle und hat starke Auswirkungen auf die aktuellen Anforderungen an Restauratoren an Museen. So ist es für viele Restauratoren selbstverständlich geworden, Ausstellungen inhaltlich mitzugestalten und Forschung zu betreiben. Dieses Selbstbild hat allerdings bisher zu wenig Einzug in die Museen erhalten. Immer noch wird der Restaurator in Entscheidungen zu selten eingebunden und unter Umständen als Konkurrent zu anderen Berufsvertretern betrachtet. Hier wäre es vielversprechend, das gemeinsame Ziel – die vier Funktionen des Museums – ins Auge zu fassen und neue Möglichkeiten der Zusammenarbeit zu finden.

Doch nicht nur die Veränderung des Berufsbilds an sich hat Einfluss auf die Arbeit von Restauratoren an Museen. Auch der eingangs erwähnte Wandel der Museen selbst betrifft sie, weil er Auswirkungen auf ihre Tätigkeiten hat. So geraten die eigentlichen Kernaufgaben (Konservieren und Restaurieren) zusehends in den Hintergrund, während neue Aufgaben wie Ausstellungsauf- und -abbau, Leihverkehr und eben die Vermittlung hinzukommen. Hier wäre es wichtig sicherzustellen, dass die Kernaufgaben des Restaurators nicht zu sehr in den Hintergrund rücken. Der Wandel darf nicht zulasten des Erhalts der Museumsobjekte gehen. Nichtsdestotrotz sollten Restauratoren in den hinzugekommenen Aufgaben eine Chance auf Mitgestaltung sehen.

Wird über die Vermittlung von Inhalten – in diesem Fall restauratorischer – gesprochen, kann dies nicht ohne die Betrachtung des Empfängers – dem Besucher – erfolgen. Hierfür wurden im Zuge einer Besucherstrukturanalyse zur Dauerausstellung »LegendäreMeisterWerke« den Besuchern Fragen zum Thema Restaurierung gestellt. Daneben wurde mithilfe einer Evaluierung der Führungen in den Restaurierungswerkstätten und Filmen in der Dauerausstellung am LMW untersucht, wer die Besucher bzw. die Teilnehmer der restauratorischen Angebote sind, wie deren Interessenlage und Vorwissen aussieht und wie die angebotenen Maßnahmen verbessert werden können.

Zunächst kann – gemäß der eingangs formulierten Ziele und des dreistufigen Untersuchungsaufbaus der Arbeit – bestätigt werden, dass Restaurierungswerkstätten an deutschen Museen für interessierte Besucher Inhalte anbieten. Dies geben drei Viertel der befragten Restauratoren an deutschen Museen in Experteninterviews an (siehe Kapitel 6). Dabei wird deutlich, dass der Impuls, restauratorische Inhalte zu vermitteln, überwiegend von den Restauratoren selbst ausgeht, sie diese Art der Tätigkeit gutheißen und auch die Inhalte selbst bestimmen. Geheimniskrämerei, wie sie Restauratoren auch heute noch in Teilen vorgeworfen wird, scheint es in der Praxis nicht mehr zu geben.

Und doch werden klassische Angebote wie Führungen und Vorträge mit dem Ziel, die Restaurierung bekannter zu machen, meist nur unregelmäßig angeboten. Das Potenzial sozialer Netzwerke wird kaum genutzt.

Als Zielgruppe der Maßnahmen wird von den Befragten überwiegend die breite Öffentlichkeit angegeben. Diesbezüglich sind die Möglichkeiten noch lange nicht ausgeschöpft. Zum einen könnte die Bandbreite der Angebote – Live-Restaurierungen, Restaurierungsausstellungen, Vorträge, aber auch Blogs, Homepage- und Facebookauftritte – erweitert werden (wie sie mit ihren Vor- und Nachteilen in Kapitel 6 vorgestellt wurden). Zum anderen sollten die Vermittlungsangebote aber auch spezifischer auf bestimmte Zielgruppen angepasst werden – auch in der Restaurierung am LMW. Spezielle Programme für Senioren, Kinder, Schüler, aber auch Personen mit körperlichen Einschränkungen erweitern den Interessenkreis oder dienen der Nachwuchsförderung. Überlegungen, Führungen in den Werkstätten für Sehbehinderte anzubieten, werden gemeinsam mit der Kulturvermittlung des Hauses bereits angestellt. Hier ist es beispielsweise denkbar, betastbare Objekte und verschiedene Oberflächen von Originalen (soweit konservatorisch unbedenklich) zur Verfügung zu stellen oder Herstellungs- oder Restaurierungsmaterialien zu riechen (z.B. Leimsorten, Holzarten) und zu fühlen (z.B. historische Schleifmittel wie Schachtelhalm, Kreidesorten, grobe und feine Pigmente).

Die Interviewpartner aus den Film- und Führungsgruppen wurden gemäß ihrer Angaben zum Interesse an Themen der Restaurierung in Hoch- und Geringinteressierte unterteilt. Gemäß dieser Differenzierung sind unterschiedliche Inhalte für die verschiedenen Gruppen denkbar. Ein regelmäßiges Angebot macht es dem interessierten Publikum zudem leichter, dieses wahrzunehmen und daran teilzuhaben.

In der Regel werden die Angebote in Restaurierungswerkstätten von Museen nicht evaluiert. Doch haben die Untersuchungen im Rahmen dieser Arbeit gezeigt, dass sich dies am LMW – v.a. im Sinne einer Verbesserung der Maßnahmen – bewährt hat. Anderen Museen kann daher nur empfohlen werden, die eigenen Angebote ebenfalls zu überprüfen.

Gemäß des zweiten Untersuchungsteils bestätigt die Besucherstrukturanalyse aus dem Jahr 2013, durchgeführt in den »LegendärenMeisterWerken«, dass sich die Besucher des LMW grundsätzlich für Themen zur Restaurierung interessieren. Die Restaurierungswerkstätten des LMW führen – wie drei Viertel der musealen Restaurierungswerkstätten in Deutschland – seit vielen Jahren Maßnahmen der Vermittlung durch (siehe Kapitel 7); das ermittelte Stimmungsbild soll als Grundlage für den weiteren Ausbau von Angeboten dienen.

Kapitel 8 umriss den Themenkomplex der Besucherforschung in Museen und erläuterte deren Geschichte. Die Beschreibung der Gegenstandsfelder der Besucherforschung sollte anhand der eingesetzten Methodik der Untersuchung – der Evaluierung – verdeutlicht werden.

Der dritte Untersuchungsteil der Arbeit widmete sich der Überprüfung zweier konkreter Vermittlungsangebote in der Restaurierung am LMW: der Führungen in den Werkstätten und dreier Restaurierungsfilme in der Dauerausstellung (Kapitel 9). Hierfür wurden insgesamt 86 Interviews mit Teilnehmern bzw. Besuchern geführt.

Die Ergebnisse (in Kapitel 10 und 11 zusammengefasst) verdeutlichen, dass die Besucher des LMW grundsätzlich ein hohes Interesse an Themen der Restaurierung aufbringen und die Öffnung der Restaurierung für ein breiteres Publikum befürworten. Allerdings scheint das Vorwissen zum Thema Restaurierung entgegen der Angaben durch die Befragten selbst nicht allzu groß zu sein. Um diesem Defizit zu begegnen, sollte vorab Arbeit in die Vermittlungsangebote investiert werden, damit die von den Restauratoren zu vermittelnden Inhalte – Handlungen, Materialien etc. – klar und unmissverständlich, d.h. möglichst in einfacher und verständlicher Sprache formuliert werden, was insbesondere bei frei gesprochenen Programmen wie Führungen oder Erläuterungen im Zuge von Live-Restaurierungen von Bedeutung ist.

Der Bewertung durch die Besucher zufolge werden sowohl die Führungen als auch die Filme sehr gut angenommen. Die zentralen Botschaften beider Angebote werden erkannt und verstanden, und zumindest die Besucher der kostenpflichtigen Führungen fühlen sich von den technischen und chemischen Inhalten nicht überfordert. Die Teilnehmer der kostenfreien Führungen hingegen wünschen sich zu einem kleinen Anteil ein weniger anspruchsvolles Programm. Die Befragungen haben – neben der Evaluierung des Gefallens und Verständnisses an sich – auch zu Verbesserungsvorschlägen geführt. So wurde die Lautstärke der Filme als zu gering bemängelt. Auch dass die Filme nur von einer geringen Anzahl der Besucher gesehen werden, sollte durch eine veränderte Platzierung, die Hervorhebung im Raum oder die Einbindung in das Audioguideprogramm optimiert werden. Die Führungen hingegen dürfen länger sein, beispielsweise indem statt drei nur zwei Fachbereiche vorgestellt und diese dafür jeweils länger betrachtet werden.

Ein zielgruppendifferenziertes Angebot von Vermittlungsangeboten in der Restaurierung dürfte zusätzlich Besucher ins Museum locken. Viele Teilnehmer von Führungen kommen eigens für bestimmte Vermittlungsangebote ins Museum, auch wenn sie zuvor nicht einmal in den Ausstellungen des LMW gewesen sind. Eine Konkurrenzsituation unterschiedlicher Angebote innerhalb des eigenen Hauses entsteht demnach nicht. Außerdem animiert die Teilnahme an den Vermittlungsprogrammen die Besucher, erneut an Führungen in den Restaurierungswerkstätten teilzunehmen: Sie werden zu »Wiederholungstätern«. Andererseits können Besucher, die an den Angeboten zum Thema Restaurierung partizipieren, dazu angeregt werden, andere Bereiche im Museum zu besichtigen – ein Synergieeffekt entsteht.

Die Auseinandersetzung mit dem Thema Restaurierung und Öffentlichkeit zeigt aber auch, dass die Professionalisierung in den Museen die Erwartungen aufseiten der Besucher an Angebote in den Restaurierungswerkstätten erhöht. Die Teilnehmer nehmen nur zweitrangig zum Zweck eines »Blicks hinter die Kulissen« an Führungen in den Werkstätten teil – und die Teilnehmer der kostenpflichtigen Führungen erweisen sich als anspruchsvoller als andere Besucher, sie erhoffen sich v.a. mehr Inhalte zum Thema Chemie und Technik. Diesem Wunsch sollte durch die Ausarbeitung eines speziellen Programms mit vertiefenden Inhalten entsprochen werden.

Doch was nutzt die Vermittlung restauratorischer Inhalte den Restauratoren selbst? Zunächst dient sie der Auseinandersetzung mit den eigenen berufsethischen Grundsätzen und dem eigenen Berufsbild. Dabei ist nicht nur eine Diskussion innerhalb der Restaurierungswerkstätten, sondern auch in Fachkreisen – besonders den Verbänden – und an den Hochschulen nötig.

Die Ausarbeitung von klaren Zielen hilft dabei, die zu vermittelnden Inhalte zu schärfen und somit für sich und den Besucher transparenter zu machen. Die Einbindung der Museumspädagogik – sofern im Haus vorhanden – in die Entwicklung von Programmen ist dabei anzuraten. Sie dient der Professionalisierung, der Vernetzung im eigenen Haus und der Erweiterung des eigenen beruflichen Horizonts. Dies gilt auch für die Zusammenarbeit mit anderen Abteilungen eines Museums (siehe Kapitel 4.2). Mit der Evaluierung der eigenen Angebote haben die Restauratoren und das Haus gleichermaßen die Chance, ihre Empfänger kennenzulernen, ihre Programme bestätigt zu sehen oder aber sie zu verbessern.

Daneben wird auch deutlich, welche Schwierigkeiten der Wandel an Museen mit sich bringt. Zugunsten anderer Aufgaben wird immer weniger restauriert und konserviert. Dadurch entsteht eine Diskrepanz zwischen den Erwartungen der Besucher, was Restaurieren am Museum mit sich bringt, und den tatsächlichen Tätigkeiten eines Restaurators am Museum. Dies sollten Verbände, Museen, aber v.a. Hochschulen diskutieren. Viele dieser neuen, andersgelagerten Aufgaben sind sowohl sinnvoll als auch spannend – wie diese Arbeit versucht hat zu verdeutlichen. Sollen diese Aufgaben aber professionell gemeistert werden, brauchen sie Zeit – nicht nur für die Durchführung, sondern auch in der Vor- und Nachbereitung. Weitere personelle und finanzielle Kürzungen, wie sie in den letzten 20 Jahren vermehrt in Restaurierungswerkstätten vollzogen wurden, behindern die professionellen Tätigkeiten.

Ausblick

Das Ziel der Arbeit, die Restaurierung im Öffnungsprozess der Museen zu positionieren, kann lediglich als ein erster Versuch verstanden werden. Weitere Untersuchungen zum Thema Vermittlung von restauratorischen Inhalten an Museen wären für die Professionalisierung der restauratorischen Angebote sinnvoll.

Zunächst sollte mit dieser Arbeit ein Verständnis für die Restaurierungsarbeit und den Erhalt von Objekten, für den Berufsstand des Restaurators und die professionelle Durchführung seiner Tätigkeiten sowie die Arbeit auf Augenhöhe mit anderen fachwissenschaftlichen Disziplinen an Museen geweckt werden. Daneben zeigt sich in der Bearbeitung des Themas aber auch, dass es erfolgsversprechend wäre, weitere Forschungsarbeiten zu verwandten Themen anzugehen – insbesondere im Bereich des Selbstverständnisses des Restaurators. So sollte das Bild der Restaurierung und sein Wandel in der Öffentlichkeit genauer durchleuchtet werden. Auch über die Geschichte der Restaurierung und der Formulierung ethischer Grundsätze für den Beruf des Restaurators, insbesondere für seine Tätigkeiten am Museum, sollte vertiefend nachgedacht werden.

Daneben würden Evaluierungen weiterer Angebote in der Vermittlung Aufschluss über deren Verständnis, Zielgruppen und Verbesserungsmöglichkeiten bringen. Dies betrifft v.a. Vorträge oder Live-Restaurierungen, aber auch Maßnahmen der Öffentlichkeitsarbeit wie die Darstellung restauratorischer Inhalte auf der Homepage, in sozialen Netzwerken oder in Pressemeldungen.

Zu guter Letzt soll diese Arbeit ein Anstoß für Restauratoren in Museen sein, ihre Angebote zu überprüfen und die Empfänger ihrer Vermittlungstätigkeit besser kennenzulernen. Außerdem soll sie die Auseinandersetzung mit dem eigenen Berufsbild und dem Selbstverständnis befördern. All dies dient der Professionalisierung des Restauratorenberufs und soll animieren, an seinem Arbeitsplatz in einem Museum aktiv Herausforderungen anzunehmen, Chancen der Veränderung zu sehen, zu nutzen und die Arbeit am eigenen Haus aktiv mitzugestalten sowie nicht zuletzt sich seinem Publikum zu öffnen.

Literaturverzeichnis

Almasan, Anneliese (1991): Modelle als Testinstrumente bei der Ausstellungsplanung. In: Hans-Joachim Klein (Hg.): Evaluation als Instrument der Ausstellungsplanung, Karlsruher Schriften zur Besucherforschung, Karlsruhe, S. 25-47.

Atteslander, Peter (1969; 2006): Methoden der empirischen Sozialforschung, Berlin.

Bachmann, Karl-Werner (1989a): Die weitere Entwicklung des Verbandes und seine Aktivitäten. In: Zeitschrift für Kunsttechnologie und Konservierung, Sonderheft, Worms, S. 19-24.

Bachmann, Karl-Werner (1989b): Konservieren, Restaurieren, Renovieren. In: Zeitschrift für Kunsttechnologie und Konservierung, Sonderheft, Worms, S. 41-42.

Baur, Joachim (2010): Was ist ein Museum? Vier Umkreisungen eines widerspenstigen Gegenstands. In: Joachim Baur (Hg.): Museumsanalyse. Methoden und Konturen eines neuen Forschungsfeldes, Bielefeld, S. 15-48.

Besch, Ulrike (2012): fehlende Lobby. In: Siegl's Infos für Restauratoren, München, Heft 2, München, S. 11 (oder unter http://www.siegl.de/restaurierung/info/ vom 29.02.2016).

Besch, Ulrike (1995): Restauratoren Taschenbuch 1996, München.

Blahut, Martina und Klein, Hans Joachim (2003): Im Banne eines großen Museums. In: Annette Noschka-Roos (Hg.): Besucherforschung in Museen. Instrumentarien zur Verbesserung der Ausstellungskommunikation, München, S. 16-44.

Bortoluzzi Durbach (2008), Elisa: Kultursponsoring. In: Armin Klein (Hg.): Kompendium Kulturmanagement. Handbuch für Studium und Praxis, München, S. 467-491.

Brink, Marina (2013): Gefällt mir: Museen auf Facebook. Eine quantitative Befragung zur Nutzung der Facebook-Profile von Museen. Unveröffentl. Masterarbeit, Westfälische Wilhelms-Universität Münster, Institut für Kommunikationswissenschaft.

Buchholz, Ralf und Homann, Hannes (1994): restaurieren heißt nicht wieder neu machen – Ein Berufsbild im Wandel. In: Cornelia Weyer (Hg.): Restaurierung und Öffentlichkeit. Beiträge zur Berufsbilddiskussion, Düsseldorf, S. 107-116.

Cagiano de Azevedo, Michelangelo (1952): Restaurierung und Konservierung von Kunstwerken. In: Das Atlantisbuch der Kunst. Eine Enzyklopädie der bildenden Künste, Zürich, S. 708-734.

Christiansen, Jörn (2007): Transparenz im Museum – Beispiel Schaumagazin. In: Museumskunde, H. 2, S. 45-51.

Cunningham, David D. (1999): The Philosophy of Visible Storage at the Museum of Anthropology. In: Übersee-Museum Bremen (Hrsg.): TenDenZen99, Jahrbuch VIII, Bremen, S. 41-54.

DMB (2006): Standards für Museen, Hg. Deutscher Museumsbund e.V. gemeinsam mit ICOM-Deutschland, Kassel/Berlin. (oder unter http://www.museumsbund.de/fileadmin/geschaefts/dokumente/Leitfaeden_und_anderes/Standards_fuer_Museen_2006.pdf vom 25.04.2014).

DMB (2008): Museumsberufe – Eine europäische Empfehlung, Hg. Deutscher Museumsbund e.V. gemeinsam mit ICOM Deutschland und ICTOP – International Committee for the Training of Personnel, Berlin. (oder unter http://www.museumsbund.de/fileadmin/geschaefts/dokumente/Leitfaeden_und_anderes/Europaeische_Museumsberufe_2008.pdf vom 25.04.2014).

DRV (1989): Ehrenkodex für Restauratoren. In: Zeitschrift für Kunsttechnologie und Konservierung, Sonderheft, Worms, S. 27-29.

E.C.C.O. (2012): Kompetenzen für den Zugang zum Beruf des Konservators-Restaurators, Deutschland. (oder unter http://www.ecco-eu.org/documents/ecco-documentation/index.php vom 07.04.2014).

Ehring, Michael (2001): Strategische Kommunikation. In: Hans Scheurer (Hg.): Presse- und Öffentlichkeitsarbeit für Kultureinrichtungen. Ein Praxisleitfaden, Bielefeld, S. 9-38.

Falk, John H. und Dierking, Lynn D. (2013): The Museum Experience Revisited, Walnut Creek, California.

Falk, John H. und Dierking, Lynn D. (2000): Learning from Museums. Visitor Experiences and the Making of Meaning, Lanham, Maryland.

Fayet, Roger (2005): »Ob ich nun spreche oder schweige«. Wie das Museum seine Dinge mit Bedeutung versieht. In: Roger Fayet (Hg.): Im Land der Dinge. Museologische Erkundungen, Schaffhausen, S. 11-32.

Flinsch, Annemarie und Flinsch, Stefanie (1989): Vorgeschichte und Gründung des Verbandes deutscher Gemälderestauratoren. In: Zeitschrift für Kunsttechnologie und Konservierung, Sonderheft, Worms, S. 9-14.

Fuhrer, Ursula und Most, Mechthild (2001): Der Museumsrestaurator /die Museumsrestauratorin: Qualifikation, Aufgaben und Kompetenzen. In: Zeitschrift für Kunsttechnologie und Konservierung, Worms, Heft 1, S. 202-205.

Funck, Andrea (2010a): Schaudepots – Zwischen Wunsch und Wirklichkeit, unveröffentlichte Masterarbeit, PH Ludwigsburg, Kulturmanagement.

Funck, Andrea (2010b): Schaudepots – Zwischen Wunsch und Wirklichkeit. In: Tobias Natter et al. (Hg.): Das Schaudepot. Zwischen offenem Magazin und Inszenierung, Bielefeld, S. 167-182.

Glogner, Patrick und Föhl, Patrick S. (2010): Publikumsforschung im Kulturbereich: Relevanz, Herausforderungen, Perspektiven. In: Patrick Glogner und Patrick S. Föhl (Hg.): Das Kulturpublikum. Fragestellungen und Befunde der empirischen Forschung, Bielefeld, S. 9-22.

Graf, Bernhard und Noschka-Roos, Annette (2009): Stichwort: Lernen in Museen oder: Eine Kamerafahrt mit der Besucherforschung. In: Zeitschrift für Erziehungswissenschaft, Heft 1, S. 7-27.

Graf, Bernhard (2003): Ausstellungen als Instrument der Wissensvermittlung? Grundlagen und Bedingungen. In: museumskunde, Band 68, S. 73-81.

Graf, Bernhard (1991): Besucherorientierte Ausstellungsplanung: Projekte, Konzeptionen, Ergebnisse. In: Haus der Bayerischen Geschichte (Hg.): Besucherforschung und Vermittlungsstrategien in historischen Ausstellungen, München, S. 14-19.

Griesser-Stermscheg, Martina (2013): Tabu Depot. Das Museumsdepot in Geschichte und Gegenwart, Wien.

Grimm-Cobet, Renate (1994): Ist eine *Messe* genug? *oder* Ist *eine* Messe genug? In: Cornelia Weyer (Hg.): Restaurierung und Öffentlichkeit. Beiträge zur Berufsbilddiskussion, Düsseldorf, S.101-106.

Hausmann, Andrea (2001): Besucherorientierung unter Einsatz des Benchmarking, Bielefeld.

Höge, Holger (2004): Lights on – Hans on – Minds on? Zur Intensität musealen Erlebens. In: Beatrix Commandeur und Dorothee Dennert (Hg.): Event zieht – Inhalt bindet. Besucherorientierung von Museen auf neuen Wegen, Bielefeld, S. 39-60.

ICOM (2006): Ethische Richtlinien für Museen von ICOM, Hg. von ICOM – Internationaler Museumsrat: ICOM Schweiz, ICOM Deutschland, ICOM Österreich, Paris. Überarbeitete 2. Auflage der deutschen Version unter http://www.icom-deutschland.de/client/media/364/icom_ethische_richtlinien_d_2010.pdf vom 29.02.2016.

ICOM (1986): The Conservator-Restorer: A Definition of the Profession, Hg. von ICOM (International Council of Museums), Committee for Conservation, Working Group for Training in Conservation and Restauration, In: icom news, Vol. 39, No. 1, Paris, S. 5-6.

Janis, Katrin (2005): Restaurierungsethik im Kontext von Wissenschaft und Praxis, München.

Jensen, Jørgen (1994): Das goldene Zeitalter der Museen. In: Annesofie Becker et al.: Wunderkammer des Abendlandes: Museum und Sammlung im Spiegel der Zeit, Bonn, S. 160-169.

Joachimides, Alexis (2001): Die Museumsreformbewegung in Deutschland und die Entstehung des Modernen Museums 1880-1940, Dresden.

Jürgens, Ekkehard (2008): Öffentlichkeitsarbeit im Kulturbetrieb. In: Armin Klein (Hg.): Kompendium Kulturmanagement. Handbuch für Studium und Praxis, München, S. 615-648.

Kaiser, Brigitte (2006): Inszenierung und Erlebnis in kulturhistorischen Ausstellungen. Museale Kommunikation in kunstpädagogischer Perspektive, Bielefeld.

Kirchberg, Volker (2010): Besucherforschung in Museen: Evaluation von Ausstellungen. In: Joachim Baur (Hg.): Museumsanalyse. Methoden und Konturen eines neuen Forschungsfeldes, Bielefeld, S. 171-184.

Klein, Armin (2008): Kulturmarketing. In: Armin Klein (Hg.): Kompendium Kulturmanagement. Handbuch für Studium und Praxis, München, S. 535-554.

Klein, Armin (2003): Besucherbindung im Kulturbetrieb. Ein Handbuch, Wiesbaden.

Klein, Alexander (2004): Expositum. Zum Verhältnis von Ausstellung und Wirklichkeit, Bielefeld.

Klein, Hans Joachim (2001): Das Interesse des Publikums, Besuchererwartungen und die Problematik der Dauerausstellungen. In: Museumsblatt, Mitteilungen aus dem Baden-Württembergischen Museumsverband, Heft 31, S. 13-21.

Klein, Hans Joachim (1996): Besucherforschung als Antwort auf neue Herausforderungen. In: Haus der Geschichte Bonn (Hg.): Museen und ihre Besucher. Herausforderungen in der Zukunft, Berlin, S. 72-84.

Klein, Hans-Joachim (1991): Evaluation für Museen: Grundfragen – Ansätze – Aussagemöglichkeiten. In: Hans-Joachim Klein (Hg.): Evaluation als Instrument der Ausstellungsplanung, Karlsruher Schriften zur Besucherforschung, Karlsruhe, S. 3-23.

Klein, Hans-Joachim (1990): Der gläserne Besucher. Publikumsstrukturen einer Museumslandschaft, Berlin.

Klein, Hans-Joachim (1985): Besucherreaktionen auf visuelle Medien in Museen – Erste Befunde einer laufenden Studie mit Bildschirm-Kommunikation. In: Bernhard Graf und Günter Knerr (Hg.): Museumsausstellungen. Planung. Design. Evaluation, München, S. 53-65.

Klein, Hans-Joachim und Bachmayer, Monika (1981): Museum und Öffentlichkeit. Fakten und Daten – Motive und Barrieren, Berlin.

Korff, Gottfried (2002): Museumsdinge. deponieren – exponieren, Köln.

Kowalski, Christine (2014): Mehr Frauen, gut ausgebildet, aber in unsicheren Arbeitsverhältnissen – Schlechte Aussichten für das Berufsfeld der Restaurierung? In: Christine Kowalski: Restauratoren Handbuch 2014/2015, München, S. 106-114.

Kühl, Isabel (2004): Der internationale Leihverkehr der Museen, Bucerius Law School, Schriften zum Kunstrecht, Köln.

Lewalter, Doris und Noschka-Roos, Annette (2010): Museum und Erwachsenenbildung. In: Rudolf Tippelt und Aigna von Hippel (Hg.): Handbuch Erwachsenenbildung/Weiterbildung, 4., durchgesehene Auflage, Wiesbaden, S. 527-541.

Lissek-Schütz, Ellen (2008): Fundraising. In: Armin Klein (Hg.): Kompendium Kulturmanagement. Handbuch für Studium und Praxis, München, S. 492-523.

Loomis, Ross J. (1996): Museen und Besucherforschung. In: Haus der Geschichte Bonn (Hg.): Museen und ihre Besucher. Herausforderungen in der Zukunft, Berlin, S. 26-37.

Maats, Peter (2007): Einführung in das Datenmanagement und die Datenauswertung. In: Reinhard Stockmann (Hg.): Handbuch zur Evaluation. Eine praktische Handlungsanleitung, Münster, S. 278-313.

Macdonald, Sharon (2011): Museumsbesuch und Ausstellungsdesign. Wechselseitige Verbindung und Austausch. In: Doris Harrasser (Hg.): Wissen spielen. Untersuchungen zur Wissensaneignung von Kindern im Museum, Bielefeld, S. 237-259.

Mayer, Horst. O. (2006): Interview und schriftliche Befragung. Entwicklung, Durchführung und Auswertung, München.

Miles, Roger (1989): Evaluation in its communication context, Ala Jacksonville, (Hg.): Center for Social Design, S. 1-5.

Miles, Roger (1982): The design of educational exhibits, London.

Miles, Roger und Tout, Alan (1992): Exhibitions and the public understanding of science. In: John Durant (Hg.): Museum and the Public Understanding of Science, London, S. 27-34.

Mörsch, Carmen (2009): Am Kreuzungspunkt von vier Diskursen: Die documenta 12 Vermittlung zwischen Affirmation, Reproduktion, Dekonstruktion und Transformation. In: Carmen Mörsch (Hg.): KUNSTVERMITTLUNG 2. Zwischen kritischer Praxis und Dienstleistung auf der documenta 12. Ergebnisse eines Forschungsprojekts, Zürich, S. 9-33.

Noschka-Roos, Annette (2012): Ein komplexes Forschungsfeld. Welches sind die Motive der Besucherforschung, und gibt es noch offene Fragen? In: Museum Basel Magazin, Basel, S. 18.

Noschka-Roos, Annette (2003): Besucherforschung am Deutschen Museum. Oder: Tradition verpflichtet. In: Annette Noschka-Roos (Hg.): Besucherforschung in Museen. Instrumentarien zur Verbesserung der Ausstellungskommunikation, München, S. 8-15.

Noschka-Roos, Annette (2002): Der Vermittlungsauftrag als Teil der Corporate Identity von Museen. In: Matthias Dreyer und Rolf Wiese (Hg.): Mit gestärkter Identität zum Erfolg. Corporate Identity für Museen, Band 40 der Schriften des Freilichtmuseums am Kiekeberg, Ehestorf, S. 171-198.

Noschka-Roos, Annette (1994): Besucherforschung- und Didaktik. Ein museumspädagogisches Plädoyer, Opladen.

Noschka-Roos, Annette und Lewalter, Doris (2013): Lernen im Museum – theoretische Perspektiven und empirische Befunde. In: ZfE, Zeitschrift für Erziehungswissenschaft, Wiesbaden, Heft 3, S. 199-214.

Paatsch, Ulrich und Schulze, Christa (1992): Besuchererhebungen selbst durchführen. Ein Werkstattbericht aus der Praxis bildungsorientierter Erhebungen an Museen. Methoden, Reichweite, Probleme, Heidelberg.

Parmentier, Michael (2009): Der Einbruch der Bildungsidee in die Sammlungsgeschichte. Auf der Suche nach den Ursprüngen des modernen Museums. In: Zeitschrift für Erziehungswissenschaft (ZfE), H. 1, S. 45-63.

Pomian, Krzysztof (2007): Was macht ein Museum erfolgreich? In: Museumskunde, H. 2, Berlin, S. 16-25.

Reussner, Eva M. (2010): Publikumsforschung für Museen. Internationale Erfolgsbeispiele, Bielefeld.

Ritter, Henning (2003): Die Wiederkehr der Wunderkammer. In: Museumskunde, H. 2, Berlin, S. 96-107.

Roth, Martin (1990): Heimatmuseum. Zur Geschichte einer deutschen Institution, Berlin.

Schärer, Martin R. (2003): Die Ausstellung – Theorie und Exempel, München.

Schaible, Volker (2014a): Übersichtsfolien zur Vorlesung Einführung in die Geschichte der Restaurierung, unveröffentl. Powerpoint zur Vorlesung, Staatliche Akademie der Bildenden Künste, Stuttgart.

Schaible, Volker (2014b): Einführung in die Geschichte der Restaurierung, unveröffentl. Powerpoint zur Vorlesung, Staatliche Akademie der Bildenden Künste, Stuttgart.

Schaible, Volker (2014c): Einführung in die Geschichte der Restaurierung. Teil II 16. und 17. Jahrhundert, Reformation – Bildersturm – Gegenreformation, unveröffentl. Powerpoint zur Vorlesung, Staatliche Akademie der Bildenden Künste, Stuttgart.

Schaible, Volker (2014d): Einführung in die Geschichte der Restaurierung. Teil III: Entwicklungen im 17. und 18. Jahrhundert, unveröffentl. Powerpoint zur Vorlesung, Staatliche Akademie der Bildenden Künste, Stuttgart.

Schaible, Volker (2014e): Einführung in die Geschichte der Restaurierung. 9. der Konflikt des 19. Jahrhunderts, unveröffentl. Powerpoint zur Vorlesung, Staatliche Akademie der Bildenden Künste, Stuttgart.

Schaible, Volker (2014f): Einführung in die Geschichte der Restaurierung. 10. Tendenzen und Entwicklungen des Restaurierungswesens im 20. Jahrhundert, unveröffentl. Powerpoint zur Vorlesung, Staatliche Akademie der Bildenden Künste, Stuttgart.

Schaible, Volker (2011): Begrüßung und Eröffnung durch den Präsidenten des VDR – Quo vadis Restaurierung? Vorträge der Jubiläumsveranstaltung zum 10-jährigen Bestehen des Verbands der Restauratoren e.V., Dresden, S. 4-6.

Schaible, Volker (2005): Einführung in die Berufsethik. Konservierung – Restaurierung – Renovation – Rekonstruktion, unveröffentl. Papier zum Weiterbildungskurs »Restaurator im Orgelbauwerk«, Ludwigsburg, S. 1-6.

Schießl, Ulrich (2001): Vom Autodidakten zum Diplomrestaurator. In: Zeitschrift für Kunsttechnologie und Konservierung, Worms, Heft 1, S. 196-201.

Schießl, Ulrich (1989): Eine bibliographische Übersicht über die Literatur zur Restauratorenausbildung in den letzten dreißig Jahren. In: Zeitschrift für Kunsttechnologie und Konservierung, Sonderheft, Worms, S. 67-79.

Schmid, Ulrike (2011): Museen und Orchester im Social Web: Da geht noch was! In: Museumskunde, H. 2, Berlin, S. 69-73.

Schormann, Sabine (2004): Vorfahrt- oder Einbahnstraße? Informationsvermittlung mit Eventcharakter. In: Beatrix Commandeur und Dorothee Dennert (Hg.): Event zieht – Inhalt bindet. Besucherorientierung von Museen auf neuen Wegen, Bielefeld, S. 91-102.

Schuck-Wersig, Petra und Wersig, Gernot (1996): Marketing und konsequente Besucherorientierung – neue Schubkraft für die Museumskultur? In: Vom Elfenbeinturm zur Fußgängerzone: Drei Jahrzehnte deutsche Museumsentwicklung. Versuch einer Bilanz und Standortbestimmung, Landschaftsverband Rheinland (Hg.), Opladen, S. 151-164.

Screven, Chandler D. (1985): Lernen und Motivation von Besuchern in Ausstellungen: Folgerungen für die Planung. In: Bernhard Graf und Günter Knerr (Hg.): Museumsausstellungen. Planung. Design. Evaluation, München, S. 11-34.

Screven, Chandler D. (1984): Educational evaluation and research in museums and public exhibits: A bibliography. In: Curator, Vol. 27, S. 147-165.

Shettel, Harris H. (1996): Aktueller Stand der Besucherforschung. In: Haus der Geschichte Bonn (Hg.): Museen und ihre Besucher. Herausforderungen in der Zukunft, Berlin, S. 11-25.

Silvestrini, Stefan (2007): Organisatorischer Ablauf von Evaluationen. In: Reinhard Stockmann (Hg.): Handbuch zur Evaluation. Eine praktische Handlungsanleitung, Münster, S. 108-142.

Simon, Nina: Das partizipative Museum. In: Susanne Gesser et al. (Hg.): Das partizipative Museum. Zwischen Teilhabe und User Generated Content, Bielefeld, S. 95-108.

Speidel, Markus und Dauschek, Anja (2012): Stadtmuseum Stuttgart. Partizipation als Chance, einer sich verändernden Stadtgesellschaft gerecht zu werden. In: Susanne Gesser et al. (Hg.): Das partizipative Museum. Zwischen Teilhabe und User Generated Content, Bielefeld, S. 41-45.

Steinbüchel, Christa (1994): Zum Stand der Berufsbilddiskussion heute. In: Cornelia Weyer (Hg.): Restaurierung und Öffentlichkeit. Beiträge zur Berufsbilddiskussion, Düsseldorf, S. 20-28.

Stockmann, Reinhard (Hg.) (2007): Handbuch zur Evaluation. Eine praktische Handlungsanleitung, Münster.

Thristle, Paul C. (1990): Visible Storage for the Small Museum. In: Curator, Malden, H. 1, S. 49-61.

Treinen, Heiner (1974): Museum und Öffentlichkeit. In: Deutsche Forschungsgemeinschaft (Hg.): Denkschrift Museen. Zur Lage der Museen in der Bundesrepublik Deutschland und Berlin (West), Boppard, S. 21-38.

UNESCO (1964): Die Öffentlichkeitsarbeit der Museen. Deutsche UNESCO-Kommission (Hg.), Köln.

Vonesch, Gian-Willy (1994): »Wahrscheinlich guckt wider einmal kein Schwein!« Kulturgütererhaltung und Öffentlichkeitsarbeit kritisch hinterfragt. In: Cornelia Weyer (Hg.): Restaurierung und Öffentlichkeit. Beiträge zur Berufsbilddiskussion, Düsseldorf, S. 39-49.

Waidacher, Friedrich (1996): Handbuch der Allgemeinen Museologie, 2. erg. Aufl., Wien u.a.

Waltl, Christian (2012): Für ein offenes Museum. In: Museen Basel Magazin, H. 2, Basel, S. 14-15.

Wegner, Nora (2010): Besucherforschung und Evaluation in Museen: Forschungsstand, Befunde und Perspektiven. In: Patrick Glogner und Patrick S. Föhl (Hg.): Das Kulturpublikum. Fragestellungen und Befunde der empirischen Forschung, Bielefeld, S. 97-152.

Wegner, Nora (2007a): Der große Spagat. Besucher in der Schausammlung des Landesmuseums Württemberg und in der »Großen Landesausstellung, Das Königreich Württemberg 1806-1918 Monarchie und Moderne«, Karlsruhe, unveröffentl. Forschungsbericht.

Wegner, Nora (2007b): Besucherpotenzial des Landesmuseums Württemberg und des Museums für Volkskultur Schloss Waldenbuch, Karlsruhe, unveröffentl. Forschungsbericht.

Wember, Bernward (1983): Wie informiert das Fernsehen? Ein Indizienbeweis. Dritte, erweiterte Auflage, München.

Weyer, Cornelia (1994a): Restaurierung und Öffentlichkeit. Einführung in die Thematik. In: Cornelia Weyer (Hg.): Restaurierung und Öffentlichkeit. Beiträge zur Berufsbilddiskussion, Düsseldorf, S. 9-19.

Weyer, Cornelia (1994b): Restaurierungsethik. Die Argumente der aktuellen Debatte. In: Zeitschrift für Kunsttechnologie und Konservierung, Worms, Heft 2, S. 345-355.

Wihr, Rolf (1996): Vierzig Jahre AdR (ATM) – Die Geschichte eines Berufs und seiner Organisation. In: AdR-Schriftenreihe zur Restaurierung und Grabungstechnik, Zweibrücken, Heft 2, S. 7-60.

Zacher, Inge (1994): Restaurierung unter den Augen der Öffentlichkeit. In: Cornelia Weyer (Hg.): Restaurierung und Öffentlichkeit. Beiträge zur Berufsbilddiskussion, Düsseldorf, S. 78-83.

Edition Museum

Ulli Seegers
Ethik im Kunstmarkt
Werte und Sorgfaltspflichten zwischen Diskretion und Transparenz

Mai 2017, ca. 200 Seiten, kart., ca. 28,99 €,
ISBN 978-3-8376-2625-4

Carmen Mörsch, Angeli Sachs, Thomas Sieber (Hg.)
Ausstellen und Vermitteln im Museum der Gegenwart

Oktober 2016, ca. 300 Seiten, kart., zahlr. Abb., ca. 34,99 €,
ISBN 978-3-8376-3081-7

Michael Kraus, Karoline Noack (Hg.)
Quo vadis, Völkerkundemuseum?
Aktuelle Debatten zu ethnologischen Sammlungen in Museen und Universitäten

2015, 378 Seiten, kart., zahlr. z.T. farb. Abb., 34,99 €,
ISBN 978-3-8376-3235-4

Leseproben, weitere Informationen und Bestellmöglichkeiten finden Sie unter www.transcript-verlag.de

Edition Museum

Robert Gander, Andreas Rudigier, Bruno Winkler (Hg.)
Museum und Gegenwart
Verhandlungsorte und Aktionsfelder für soziale Verantwortung und gesellschaftlichen Wandel

2015, 176 Seiten, kart., zahlr. z.T. farb. Abb., 29,99 €,
ISBN 978-3-8376-3335-1

Luise Reitstätter
Die Ausstellung verhandeln
Von Interaktionen im musealen Raum

2015, 262 Seiten, kart., farb. Abb., 29,99 €,
ISBN 978-3-8376-2988-0

Museumsverband des Landes Brandenburg (Hg.)
Entnazifizierte Zone?
Zum Umgang mit der Zeit des Nationalsozialismus in ostdeutschen Stadt- und Regionalmuseen

2015, 244 Seiten, kart., 29,99 €,
ISBN 978-3-8376-2706-0

Leseproben, weitere Informationen und Bestellmöglichkeiten finden Sie unter www.transcript-verlag.de

Edition Museum

Anna Döpfner
Frauen im Technikmuseum
Ursachen und Lösungen für gendergerechtes Sammeln und Ausstellen
April 2016, 222 Seiten, kart., zahlr. z.T. farb. Abb., 24,99 €,
ISBN 978-3-8376-3432-7

Katharina Knacker
Mission Museion
Museen der katholischen Kirche im deutschsprachigen Raum
Februar 2016, 450 Seiten, kart., 47,99 €,
ISBN 978-3-8376-3304-7

Karin Mihatsch
Der Ausstellungskatalog 2.0
Vom Printmedium zur Online-Repräsentation von Kunstwerken
2015, 386 Seiten, kart., zahlr. Abb., 39,99 €,
ISBN 978-3-8376-2959-0

Britta Hochkirchen, Elke Kollar (Hg.)
Zwischen Materialität und Ereignis
Literaturvermittlung in Ausstellungen, Museen und Archiven
2015, 222 Seiten, kart., zahlr. Abb., 34,99 €,
ISBN 978-3-8376-2762-6

Leo von Stieglitz, Thomas Brune (Hg.)
Hin und her – Dialoge in Museen zur Alltagskultur
Aktuelle Positionen zur Besucherpartizipation
2015, 144 Seiten, kart., zahlr. z.T. farb. Abb., 24,99 €,
ISBN 978-3-8376-2761-9

Stapferhaus Lenzburg, Sibylle Lichtensteiger, Aline Minder, Detlef Vögeli (Hg.)
Dramaturgie in der Ausstellung
Begriffe und Konzepte für die Praxis
2014, 134 Seiten, kart., zahlr. z.T. farb. Abb., 19,99 €,
ISBN 978-3-8376-2714-5

Sophie Elpers, Anna Palm (Hg.)
Die Musealisierung der Gegenwart
Von Grenzen und Chancen des Sammelns in kulturhistorischen Museen
2014, 218 Seiten, kart., zahlr. Abb., 28,99 €,
ISBN 978-3-8376-2494-6

Katerina Kroucheva, Barbara Schaff (Hg.)
Kafkas Gabel
Überlegungen zum Ausstellen von Literatur
2013, 328 Seiten, kart., 32,99 €,
ISBN 978-3-8376-2258-4

Nadine Pippel
Museen kultureller Vielfalt
Diskussion und Repräsentation französischer Identität seit 1980
2013, 274 Seiten, kart., zahlr. Abb., 33,99 €,
ISBN 978-3-8376-2549-3

Felix Ackermann, Anna Boroffka, Gregor H. Lersch (Hg.)
Partizipative Erinnerungsräume
Dialogische Wissensbildung in Museen und Ausstellungen
2013, 378 Seiten, kart., 34,80 €,
ISBN 978-3-8376-2361-1

Monika Kaiser
Neubesetzungen des Kunst-Raumes
Feministische Kunstausstellungen und ihre Räume, 1972-1987
2013, 298 Seiten, kart., zahlr. Abb., 35,80 €,
ISBN 978-3-8376-2408-3

Leseproben, weitere Informationen und Bestellmöglichkeiten finden Sie unter www.transcript-verlag.de